대한민국
안철수

대한민국 안철수 v.1

2016년 6월 29일 초판 1쇄 발행

지은이 이지혁
펴낸이 길도형
디자인 인디나인
인쇄 천일문화
제책 제일제책
펴낸곳 타임라인
출판등록 제406-2016-000076호
주소 10881 경기도 파주시 회동길 445-4 301호
전화 031-8071-8667 **팩스** 031-8071-8668
E-mail jhanulso@hanmail.net
ⓒ이지혁, 2016
ISBN 978-89-94627-55-7 03340

「이 도서의 국립중앙도서관 출판시도서목록(CIP)은 e-CIP 홈페이지 (http://www.nl.go.kr/ecip)와
국가자료공동목록시스템(http://www.nl.go.kr/kolisnet)에서 이용하실 수 있습니다.
(CIP제어번호: CIP2016015109)

대한민국 안철수

글 이지혁

타임라인

그동안 저는 인터넷 뉴스 매체에 정치, 문화, 사회를 소재로 한 칼럼을 기고해 왔습니다. 정치 카테고리 내에 속한 글이 가장 많았고, 그중에서도 가장 관심을 가지고 써 온 것이 '안철수' 관련 칼럼이었습니다. 그렇게 된 것에도 이유는 있습니다. 2012년 9월 19일, 안철수 원장이 대선 출마를 선언하는 순간의 기쁨을 잊지 못합니다. 하지만 그 기쁨과 동시에 마음 한구석에는 우려의 마음이 자리 잡고 있었습니다. 그 우려란 평생 현실 정치와는 다른 길을 걸어 온 안 교수가 현실 정치에 몸을 담그는 순간 벌어질 것으로 예상되는 기득권의 무자비한 마타도어를 견뎌낼 수 있을까 하는 걱정에서 나온 것이었습니다.

결국 제18대 대선은 안철수 후보의 뼈아픈 사퇴로 인해 야권 후보 단일화는 이루어졌지만, 정권 교체는 실패로 끝났습니다. 후보 단일화 과정에서 기득권의 전방위적 공격은 상상을 초월했고, 후보직을 사퇴하고 민주통합당의 후보를 도왔음에도 불구하고 오히려 정권 교체의 실패에 대한 책임 소재를 안 후보에게 뒤집어씌우는 일각의 행태들을 목격하고서 더 이상 정치가 이렇게 흘러가서는 안 되겠다, 미력하나마 기성 언론의 왜곡이나 편파 보도에 맞서 국민에게 '알 권리'를 찾아 주자는 뜻에서 본격적으로 글을 쓰기 시작한 것입니다.

이 책은 2012년 대선으로부터 2016년 제20대 총선에 이르기까지 안철수 의원의 정치적 행보와 제1야당 안팎으로 생겨난 주요 정치 이슈들을 중심으로 당시의 생각과, 직접 현장에서 목격한 주요 정치 행사들을 치열하게 기록한 글들을 날짜별로 정리했고, 총선의 결과 분석과 그 결과를 토대로 대선을 어떻게 준비할 것인가에 대한 고민을 피력한 책입니다. 지난 3년여 기간 동안 '안철수 현상'과 '새 정치'에 관련한 안철수 의원의 행보를 나름 누구보다도 꾸준하고 진정성 있게 기록해 왔다고 생각합니다. 이 길지도 짧지도 않은 시간 동안에 생겨난 파란 만장한 정치적 기록들을 다시 추려 보고, 가까운 미래에 대한 서슴없는 제안을 해 보는 것도 의미 있는 작업이 될 것이라는 생각이 들어 책으로 출간하게 되었습니다. 돌이켜보면 가장 마음 졸이면서 쓴 글이 '안철수 의원의 결단을 촉구하며'라는 칼럼이었던 것 같습니다. 2015년 9월 9일에 게재된 글인데, 나름 작심을 하고 쓴 글이었습니다. 논조의 방향이 추후 안 전 대표가 선택하는 현실의 방향과 크게 엇나갔을 경우에 저에게 있어서도 두고두고 난처해질 수 있는 상황이었습니다. 안 전 대표가 반드시 새정치민주연합을 탈당해야 한다는 주장을 한 것이었는데, 네티즌 반응이 뜨거웠던 것으로 기억합니다. 열성 지지자들 사이에서도 정색을 하고 탈당을 반대하던 분들도 있었습니다만, 불과 석 달 후에 안철수 의원은 탈당을 결행했고, 국민의당을 창당하고, 총선까지 훌륭하게 치렀습니다. 상상하기 힘든 일들이 연쇄적으로 현실로 나타난 것입니다. 그래서 가장 기억에 남는 글이기도 합니다.

실명을 모두 다 밝힐 수는 없으나, 책 제작 과정에서 최종적으로 반영되지는 못했지만 책 제목에서부터 표지 디자인까지 여러 아이디어를 제공한 분들, 자료에 도움 주신 B기업 하재준 상무이사님, 그리고 책이 나오기까지 격려를 아끼지 않은 모든 분들께도 깊이 감사드립니다.

2016년 6월
이지혁

차례

프롤로그 · 제20대 총선 결과가 의미하는 것들_10

1장 · 무소속 의정 활동 12

안철수 열풍과 제18대 대선 | 청춘콘서트를 접목한 지역 구민과의 소통 시작 | 악플 다는 사람은 환자다? | 화법이 달라지는 안철수 | 성공한 최초의 신당을 기다리며 | 야권 유력 지도자들의 엇갈린 정치 행보 | 노원 토크 콘서트 이야기 | 안철수의 짧았던 여름휴가는 끝나고 | 최장집 '정책네트워크 내일' 이사장의 사임 | 무수한 네거티브 공세에 시달리다 | 종군 위안부 의식 팔찌 에피소드 | 고조되어 가는 창당 분위기 | 실행 위원 선정으로 지역 조직화 시작 | 안철수 기사는 엿장수 맘대로 | 안철수는 약속을 지킨다 | 새로운 정치 지형의 필요성 | 민주당의 야권 단일화 비망록 공개 | 의사에서 기업인, 그리고 대권 후보까지 | 복지국가정치추진위원회 출범식에서 | '새 정치'를 대하는 마음 | '민주와 평화를 위한 국민 동행' 창립 대회에서

2장 · 독자 세력화 추진 76

안철수 신당이 성공해야만 하는 이유 | 다큐멘터리 영화 〈두물머리〉 시사회에 나타난 안철수 | 계속되는 대선 단일화 공방 | 새정치추진위원회

의 출범 | 신당 창당 준비 기구 '새정치추진위원회' 사무실 오픈 | 2014 갑오년(甲午年)의 새 아침은 밝아 오고 | 안철수 중도 세력이 풀어 나가야 할 대국민 과제 | 안풍(安風)의 진원지에서 열린 새 정치 토론회의 뜨거운 열기 | 신당 창당 준비 조직, 기기 홍보에 나서다 | 안철수와 SNS 지지자들과의 만남 | 신당 창당과 6.4 지방선거에 임하는 안철수의 우생마사(牛生.馬死) | 안철수의 일갈, "기득권은 새 정치를 모른다고 시치미 떼고 있다." | 마침내 새정치연합 중앙당 창당 발기인 대회가 열리다 | 안철수 중앙운영위원장의 '기초선거 무공천 선언'의 정치권 파장

3장 · 민주당과의 통합 120

전혀 예측하지 못한 새정치연합과 민주당의 통합 | 정신적 공황 상태를 극복해야 | 새정치민주연합 중앙당 창당 발기인 대회에서 | 공교육 정상화를 위한 노력 | 합당의 명분마저 부정하는 새정치민주연합의 주류들 | 안철수 지지자들 사이의 팬덤 현상 | 안철수 공동대표, 기초선거 무공천 서명 운동에 나서다 | 참여형 아카데미 프로그램을 선보인 '정책네트워크 내일' | 개탄스러운 기초선거 무공천 내부 총질 | 실리도 명분도 잃은 기초선거 무공천 찬반 투표 | 와해 직전의 새정치 조직 | 새로운 뜨거운 감자, 전략 공천 | 다시 발로 뛰는 안철수 | 6.4 지방선거 결과에 대한 단상(斷想) | 언론과 안철수 | 스포츠와 정치 | 안철수 대표의 서울 동작을 선거 유세 지원 현장에서

4장 · 좌절, 그리고 와신상담 **170**

강경파들의 자충수 | 안철수의 흔적을 청소하자? | 안철수의 고뇌 | 차분하게 지역구 챙기면서 외부 활동 재개하다 | 안철수의 새로운 시작 | 노원에서 경제 강연회 가져(공정성장론의 부각) | 안철수 의원이 미통과 법안들을 폐기하지 않는 이유 | 지금 야권에 필요한 것은 | 정치인들의 행보를 바라보는 이중 잣대 | 새정치민주연합 전당대회, 그들만의 잔치 | 역술, 여론조사, 그리고 정치 | 재보궐선거를 앞두고 몸을 사리는 신임 당 지도부 | 안철수의 적극적인 행보에 맞춘 《월간 안철수》 창간 | 세월호 1주기 토론회에서 | 선거와 여론조사 | 분노하는 새정치민주연합의 비주류 | 휘청거리는 새정치민주연합 | 진보 교육 혁신주의자 김상곤의 엉거주춤한 선택 | 고려대학교에 나타난 안철수 | 우려스러운 혁신 기구의 등장 | 이상한 내려놓기 | 한가한 셀프 디스 | 안철수 의원의 '콘텐츠 정치'에서 2퍼센트 모자라는 것들 | 신당 창당은 필수, 야권 재편은 상수

5장 · 다시 독자 세력화에 도전 **254**

안철수 의원의 결단을 촉구하며 | 안철수 의원의 '공개서한'이 주는 의미 | '정책네트워크 내일' 창립 2주년 회원의 밤 | 혁신하지 않으면 승리

는 요원하다 | 안철수식 최후통첩 | 안철수, 혈혈단신 광야에 서다 | 야 권발 신당의 핵심 키워드는 정권 교체 | '국민의당'을 창당하다 | 일찍 찾아온 국민의당 위기 | 더민주의 허울 좋은 '혁신선대위' | 국민의당 당 색에 담긴 의미 | 종편 채널의 정치시사 토론방송, 이내로 좋은가 | 언론 의 과도한 국민의당 폄하 | 국민의당, 긍정적 변화는 시작되고 | 야권 연 대 없는 총선을 치러야 | 안철수 후보, 노원병 선거사무소 입주 | 각 당 의 공천, 경선 잡음 | 일부 재야 원로들의 뻔뻔스런 선거 개입 | 노원병 안철수 후보 유세 현장 스케치 | '안철수의 국민 속으로' 인터넷 생방송 40일째 | 저급한 일부 정치 평론가들 | 김미경 교수에 대한 기억

6장 · 대선을 어떻게 준비할 것인가 336

국민의당의 등장으로 인한 중도층의 움직임 | 희망을 품은 정당 득표(비 례대표) 결과 | 국민의당의 힘으로도 대선 승리는 가능하다 | 추가 정계 개편의 필요성 | 달라진 안철수의 위상 | 2017 대선, 안철수에게 기회를 주어야 하는 이유

에필로그 · 2017 담대한 혁명을 기다리며_358

4.13 총선이 끝났다. 출구 조사 결과와 최종 개표 결과가 나왔을 때, 적지 않은 사람들이 놀랐을 것이다. 우선 국민의당은 신생 정당으로 처음으로 출전하여 38석이라는 놀라운 성과를 거두었다. 필자는 개인적으로 국민의당이 37석을 얻을 것으로 예상했다. 그 근거로는 호남에서 22석, 수도권에서 5석, 비례대표 10석으로 총 37석을 차지할 것으로 보았던 것이다. 총선 직전에 쓴 칼럼에서도 큰 이변이 없는 한 국민의당의 약진을 확신하기도 했다.

물론 내용적으로는 다소 빗나간 부분도 있다. 수도권 당선자는 두 명에 그친 반면, 비례대표는 무려 13번까지 당선이 되었기 때문이다. 문제는 선거를 앞둔 방송 언론의 행태였다. 대부분의 언론은 국민의당을 폄하하기에 바빴고, 심지어 여론 전문 기관의 대표와 정치 평론가들조차 국민의당의 최대 의석 예상 수가 20석대 후반 수준이거나, 힘겨운 20석 턱걸이, 혹은 20석 미만을 예상한다는 기사를 읽고서 쓴웃음부터 나왔다. 정말 정치를 모르는 사람들인지, 아니면 알고도 왜곡 발언을 통해 선동을 하는 사람들인지 알 수가 없는 노릇이다. 문제는 이런 보도를 보고 여과 없이 믿는 사람들도 많다는 사실이다. 그러므로 공정한 언론 보도와 상식 있는 방송인들의 출연이 요구되는 것이다.

국민의당의 38석은 여러 면에서 각별한 의미를 내포하고 있다. 우선 국민의당은 신생 정당임에도 선거를 통해 원내교섭단체 구성을 재확인받았고, 20석을 훨씬 뛰어넘는 성과를 통해 제3정당으로서 완전한 안착에 성공했다. 선택의 폭이 좁은 양당 체제에서 유권자의 선택의 폭이 넓어졌고, 양당이 바짝 긴장함으로써 국회가 정책 대결의 장이 될 수 있는 계기도 마련했다. 이는 곧 단순한 캐스팅보터로서가 아닌 선도 정당으로서의 입지를 구축했다는 것을 보여 준다.

국민의당은 호남 전체 의석 28석 중 23석을 석권함으로써 확실한 지지 기반도 확보했다. 특히 정권 교체의 열쇠를 쥐고 있는 호남에서 친노 세력의 퇴출을 확인받았다는 사실과 정당 득표율에서 26.7퍼센트를 기록, 전국 정당 득표율에서 2위를 차지하며 비례 의석 13석을 확보했다. 특히 야권의 불모지라 일컫는 영남에서는 경북 14.8퍼센트, 대구 17.4퍼센트, 부산 20.3퍼센트, 울산 21.1퍼센트를 기록하는 성과를 거두었다. 수도권에서는 비록 안철수, 김성식 두 의원을 배출하는 데 그쳤으나 정당 득표율에서 서울 28.8퍼센트, 경기 27퍼센트, 인천 26.7퍼센트를 수확했다. 국민의당 입장에서는 선거 기간이 조금만 더 길었더라면 하는 탄식이 저절로 나올 만한 상황이다.

국민의당이 얻은 전국 정당 득표율의 가장 큰 의미는 다가오는 대선에서 국민의당이 다자 구도에서도 성과를 낼 수 있는 가능성을 확인했다는 점이다. 또 정치 공학적인 야권 연대, 단일화의 굴레에서 벗어날 수 있는 계기를 마련했고, 제3정당도 1위를 할 수 있나는 난초를 마련했다는 점이다.

세간에 '새 정치'가 무엇이냐는 비아냥거림이 있으나, 필자는 안철수 의원이 국민의당을 창당하여 새로운 정치 세력화에 성공한 사실 그 자체가 '새 정치'라고 말하고 싶다. '새 정치'는 특별함에서 나오는 것이 아니라 기성의 것들과 차별화된 노선, 즉 낡은 프레임에서 벗어나는 것, 정치의 기본으로 돌아가는 것이 가장 기본적인 '새 정치'의 의미라고 생각하기 때문이다. 국민의당이 당내 연대론자들의 내부 총질에 휘말렸을 때 지지율이 추락했다가 안철수 대표가 뚝심 있게 선거 연대는 없음을 거듭 못 박고 나섰을 때부터 지지율이 반등했음을 우리는 기억한다. 결론적으로 '안철수 현상'은 '탈패권주의, 탈권위주의'를 통한 정치의 정상화, 정치의 상식화, 정치의 기본으로 돌아가라는 국민의 엄명인 것이다. 필자는 최근 국민의당이 내놓는 정책들을 예의주시하고 있다. 기대했던 것보다 좋은 내용들이 참 많다. 이제 독자 세력화에 성공하며 '새 정치'라는 집을 지었으니, 그 안에 튼튼하면서도 실용적인 내용물들을 가득 채워야 할 것이다.

1장 · 무소속 의정 활동

안철수 열풍과 제18대 대선 | 청춘콘서트를 접목한 지역 구민과의 소통 시작 | 악플 다는 사람은 흰자다? | 화법이 달라지는 안철수 | 성공한 최초의 신당을 기다리며 | 야권 유력 지도자들의 엇갈린 정치행보 | 노원 토크 콘서트 이야기 | 안철수의 짧았던 여름휴가는 끝나고 | 최장집 '정책네트워크 내일' 이사장의 사임 | 무수한 네거티브 공세에 시달리다 | 종군 위안부 의식 팔찌 에피소드 | 고조되어 가는 창당 분위기 | 실행 위원 선정으로 지역 조직화 시작 | 안철수 기사는 엿장수 맘대로 | 안철수는 약속을 지킨다 | 새로운 정치 지형의 필요성 | 민주당의 야권 단일화 비망록 공개 | 의사에서 기업인, 그리고 대권 후보까지 | 복지국가징치추진위원회 출범식에서 | '새 정치'를 내하는 마음 | '민주와 병화를 위한 국민 동행' 창립 대회에서

사진 ⓒ 이지혁

■안철수 열풍과 제18대 대선

이미 1998년 8월 MBC 다큐멘터리 '성공시대'에 소개되면서 거침없는 성공 신화를 쓰고 있었고, 2009년 6월 '무릎팍도사'에 출연, 그해 10월부터 전국을 순회하며 진행된 '청춘콘서트'를 통해 이 사회에 이른바 '안철수 현상'을 불러일으킨 안철수 교수는 2011년 10월 26일 서울시장 재보궐선거를 앞두고 50퍼센트대의 지지율을 가지고도 당시 5퍼센트대 지지율이던 박원순 희망제작소 상임이사에게 아무런 조건 없이 후보직을 양보함으로써 '안철수 신드롬'의 정점을 찍었다.

제18대 대선을 앞두고도 정치권뿐만 아니라 국민적 열기는 좀처럼 식을 줄몰랐고, 우여곡절 끝에 안철수 교수는 2012년 9월 19일 제18대 대선 출마를 공식 선언하였다. 필자는 2012년 9월 19일의 오후를 아직도 생생하게 기억한다. 기자회견 생중계를 지켜보면서 그의 입에서 대선에 출마하겠다는 말이 나오는 순간 나도 모르게 환호하고 말았다. 안 교수의 대선 출마 선언으로 정치권이 발칵 뒤집히고, 이후 여러 가상의 여야 일대일 대결 구도에서 강력한 여권 후보를 오차 범위 밖에서 앞서 나가는 높은 지지율을 기록했지만, 한편으로는 마음 한구석에 자리 잡고 있는 불안한 마음을 억누르기가 힘들었다. 민주통합당 후보와 단일화 협상을 시작하면서 단일화 경쟁에서 이길 수 없는 덫에 빠졌다는 생각이 들었기 때문이다.

친민주당 언론들은 '안철수 대통령은 없다' 라는 대담한 저격성 칼럼을 필두로 무시무시한 화력을 쏟아냈다. 각계각층의 친민주당 지식인들의 선동과 전통의 당원 조직과 각종 SNS를 장악하고 있는 사이버 전사들, 친민주당 성향의 종편과 여론조사 기관, 재야 원로 그룹 등 전방위적 압박은 상상을 초월한 것이었다. 범국민적 여론을 등에 업고 대선에 등판했지만, 현실적인 조직과 세력, 여론을 이끌어 가는 오피니언 그룹이 거의 없는 것이 결정적인 약점이었다.

일을 마치고 저녁에 귀가하던 중 필자는 차 안에서 흘러나오는 라디오 뉴스에서 안철수 후보의 사퇴 소식을 접하고 받은 엄청난 충격을 결코 잊을 수가 없다. 결국 후보직을 사퇴하는 것으로 꿈만 같았던 두 달여 시간이 막을 내렸고, 정권 교체도 실패했다. 여러모로 우울한 시기였다. 심지어 후보직을 사퇴하고 문재인 후보를 도와주었음에도 불구하고 진보 언론들이나 민주당, 그리고 민주당 지지자들 대부분이 정권 교체 실패에 대한 화풀이를 안철수 후보에게 퍼부어 대는 것을 목격하고 난 후에 언론의 공정성에 대한 생각을 많이 하게 되었고, 최소한 '안철수' 에 관한 한 공정한 논조의 기사를 실어 주는 언론의 필요성에 대해 많은 고민을 하는 계기가 되었다.

필자는 대선 기간보다 오히려 대선이 끝나고 난 시점부터 더 관심을 가지고 정치인 안철수를 지켜보기 시작했고, 그런 관점은 지금도 여전히 진행형이다. 안철수 의원이 2013년 4.24 재보궐선거에서 노원병 지역에 출마 의사를 밝힌 후 여전히 쌀쌀한 날씨의 3월말 주말, 당고개 근린공원을 찾아갔다. 표밭을 일구고 있는 안철수 후보와 김미경 교수를 지켜보면서 기회는 다시금 찾아오리라고 생각했다.

가까이서 지켜본 안철수 후보는 눈썰미가 좋아서 한 번 마주친 사람의 얼굴에 대한 기억력이 뛰어났다. 유권자들에게 명함을 건네주면서 성심성의껏 다가가는 모습이 인상적이었고, 멀리 구석에 있는 유권자들도 빠뜨리지 않고 찾아가서 명함을 건네주는 모습이 기억에 남는다. 우윳빛처럼 흰 얼굴이 선거 막바지에 이르러서는 햇볕에 그을어 갔지만, 항상 여유로운 미소를 잃지 않는 모습이었다. 드디어 선거 결과가 나왔고, 혈혈단신 무소속으로 출마했지만 무려 60.5퍼센트의 압도적인 득표율로 당선이 되었다. 새로운 길이 열린 날이었다.

청춘콘서트를 접목한 지역 구민과의 소통 시작

지난 3월과 4월, 필자는 안철수 후보가 다니던 현장을 지켜보면서 안 후보가 유권자 한 사람 한 사람마다 다가가고, 인사하고, 명함을 건네고, 사진 촬영에 응할 때의 공손한 태도를 기억한다.

선거니까, 표가 필요하니 당연한 것 아니냐고 할 수도 있겠지만, 적어도 기계적이거나 유명 인사, 혹은 전 대선 후보로서 묻어 나올 수 있는 권위적인 모습은 좀처럼 찾을 수가 없었다.

이는 후보자의 평소 품성이 드러나는 것일 수도 있고, 지난 대선에서의 뼈아픈 경험에서 나온 절박함이 묻어 나온 것일 수도 있다. 어쨌든 밑바닥부터 다시 시작해야만 하는 절박한 상황에 처해 있음은 부인하기 힘들다.

선거 운동에서 가장 기본적인 홍보 방법은 발로 뛰고 맨투맨으로 접촉하는 방식인데, 시간과 에너지가 가장 많이 소비되는 방식이다. 여러 사람들을 한자리에 모아 놓고 연설하는 방식도 있다. 안 후보는 발로 뛰는 방식을 가장 많이 활용했다.

그런데 사실 안 의원은 토크 콘서트에도 강하다. 2009년부터 전국을 누빈 청춘콘서트를 통해서 이미 충분히 내공을 쌓았기 때문에 대규모 청중들과의 소통에도 익숙하다. 안 후보는 선거 기간 중에 노원 문화거리 등지에서 이색적인 토크 콘서트로 유권자들을 만나기도 했다. 안 후보가 유권자들과 만나는 방식들은 과거 오랜 세월 익숙하게 보아 왔던 선동적 유세 이미지와는 거리가 있어 보였다. 사생결단을 내야 하는 아사리판 선거운동이 아니라 즐거운 소통 행위로 느껴졌다.

자칫 심각해질 수 있는 이 시대의 여러 문제들을 어떻게 해야 유권자들이 정치인에게 편안하고, 즐겁게 다가설 수 있고, 거리낌 없는 대화를 통해 서로의 벽을 허물 수 있을지에 대한 방법을 잘 알고 있는 듯했다.

"결과를 내는 새 정치를 하겠다. 아이들의 멘토가 되겠다. 학생과 학부모들을 상대로 매달 한 차례씩 토크 콘서트를 열겠다."는 것이 안철수 후보가 노원병 유권자들에게 약속한 것들이다.

안철수 후보는 60.5퍼센트라는 놀라운 득표율로 당선이 되었는데, 얼굴이 익히 알려진 유명한 사람이 일시적인 전략지로 노원을 선택하여 잠시 머물다가 떠날지도 모른다는 선거 초반 일각의 의구심을 극복하고, 낮은 자세로 열심히 바닥 표심을 훑고 다니는 모습에서 지역 주민들에게 신뢰감을 준 것이 가장 큰 이유일 것이다.

안 의원의 최초의 제도권 진입 이후 선거공약을 실천하기 위해 시작한 최초의 토크 콘서트는 노원정보도서관이 마련한 '휴먼북 초대석'이라는 이름의 프로그램 중 하나로 기획됐다.

안 의원 측은 "학생과 학부모에 대한 선거공약 사항이었고, 지역 행사인 만큼 교육이나 지역 현안 등에 대해 주로 대화가 있을 것이고, 가능하면 매달 한 차례씩 또는 휴가철이나 명절을 제외하더라도 일 년에 열 번 정도는 콘서트를 열 것"이라고 했고, 지역구인 서울 노원병에서 '노원비전위원회'와 '안철수 정책카페'와 같은 주민 소통 기구를 개설하여 좋은 정책들을 반영하기 위한 기틀을 마련했다.

특히 정책카페와 노원비전위원회는 단순한 지역 사무소로서의 공간이 아니라, 지역구의 정책 추진 과제를 주민들과 함께 고민하고 소통하며, 지역 주민들의 의사를 현실 정치에 반영하는 이른바 안철수식 정치를 접목하는 새로운 정치 모델이 될 것이라는 전망이다.

안철수 의원은 실제로 지난 5월 25일 자신의 지역구인 서울 노원구 상계동의 상원초등학교에서 당선 후 최초의 토크 콘서트를 열고 지역 주민들과 만났다.

이날 안 의원은 정치권 일각의 정치 공세를 의식한 듯 강연 처음부터 "오늘은 정치적인 자리가 아닌 만큼 정치적인 질문은 하지 말아 달라."고 운을 뗀 후 고등학생, 주부, CEO 등 여러 계층의 주민들과 만나 '사춘기인 아이들을 대하는 법, 고등학생의 진로 고민' 등 개인적인 문제부터 사교육 문제, 학교 폭력 문제 등 사회 전반의 문제에 대해 이야기를 나눴다.

6월 들어서는 8일에 정책카페 개설, 9일에는 정책연구소 개설 등 매우 바쁜 일정 탓에 6월에는 토크 콘서트가 열리기 힘들지 않을까 생각도 했는데, 29일 국회 입성 후 두 번째로 지역 주민을 대상으로 토크 콘서트를 개최한다고 발표했다.

온라인 뉴스 기사에 올라오는 일부 사진들을 보면 카메라 기자들이 일부러 그런 사진만 골라서 올렸는지는 알 수 없으나 종종 피곤해 보이는 듯한 모습의 사진들이 올라오기도 했지만, 유권자들과의 '약속'을 지키기 위해 초기의 강행군을 마다하지 않는 걸로 보였다.

상계동 신상계초등학교 시청각실에서 이루어진 '안철수의 노원 콘서트'는 '세상을 꿈꾸는 방학'을 주제로 학생 및 학부모와 얘기를 나누었다. 이날 행사에는 곽노현 전 서울시 교육감의 정책 보좌관 출신으로 지난 대선 기간 '안철수 캠프'에서 교육정책을 개발했던 교육 평론가 이범 씨도 초청됐다.

이날 안 의원은 행사가 끝날 무렵 앞으로는 주인인 주민들이 직접 주제를 채택하고 콘서트의 날짜도 제시하면 좋겠다고 하였다. 주민에 의한, 주민을 위한, 주민의 콘서트가 되게 하겠다는 생각에서다.

일부에서 안철수 의원의 토크 콘서트가 사전 선거운동 혐의가 짙다며 거세게 항의를 하거나 아이돌 정치라며 비꼬고 있는 것은 일종의 낡은 견제 심리에서 나온 한심하면서도 구태의연한 발상이라 생각한다.

과거 국민의정부 때 김대중 대통령의 '국민과의 대화'는 신선한 반향을 불러일으킨 바 있다. 국가의 수반이 텔레비전에 생중계로 출연하여 국민과 전화 통화를 하고 좋은 정책이 즉시 취합되어 반영되던 모습은 오래오래 기억에 남는다.

정치인에게 있어 소통만큼 중요한 것은 없다. 과거 독재자들의 비참한 최후는 독선과 불통의 결과이다. 불통의 정치인들은 지금이라도 생각을 완전히 뜯어고쳐야 할 것이다.

주민들과의 열린 소통은 보여주기식 이벤트성이 아니라 정치인의 일상 속에 파고들어가야만 한다. 트위터와 같은 SNS에 간헐적으로 등장해서 글자 몇 개 올린다고 해서 그것이 소통이 될 수는 없다. 리트윗 수가 소통의 척도가 될 수도 없다.

매달 평가받고, 매달 소통하고, 현장에서 얻은 주민의 목소리를 반영하는 토크 콘서트는 앞으로도 반드시 지속되어야 할 행사이다. 기득권은 질투하고 흥분하는 데 에너지를 낭비할 것이 아니라 오히려 정치 초년생 안철수를 통해서 벤치마킹할 것은 없는지 고민하는 게 훨씬 유익할 것이다. (2013-07-06)

악플 다는 사람은 환자다?

안철수 의원이 6일 진주의료원을 방문하자마자 곧바로 인터넷으로 관련 기사들이 올라왔다. 안 의원이 진주의료원을 방문해 '의료원 살리기 투쟁'을 하고 있는 전국보건의료산업노동조합 진주의료원지부 조합원들을 만나 격려하던 중 조합원 한 사람이 인터넷 악성 댓글 때문에 마음이 아팠다고 했더니, 안 의원은 "마음이 굉장히 상할 것이고, 저도 정치하지 않을 때는 욕을 안 듣다가 정치하면서 악플을 보면서 마음이 아팠다."고 하면서, "아마도 국가정보원이 여기도 악플을 달았을 것이고, 대부분 악플을 다는 사람들은 정신적 · 사회적으로 문제가 많다. 여러분들은 의료인이니까 그분들을 환자로 보고, 불쌍하다고 생각하면 마음을 다스리는 데 도움이 될 것"이라고 발언했다는 것이다.

그런데 조금 지나 모 인터넷 뉴스 매체에 느닷없이 〈안철수, "악플 다는 사람은 환자라고 생각한다."〉는 제목의 기사가 대문짝만 하게 실렸다. 앞뒤 내용을 자른 채 제목으로만 툭 갖다 붙여 놓으니, 내용을 전혀 모르는 사람이 봐서는 해석이 옆으로 엇나갈 수도 있겠다는 생각이 들었다.

문제는 이런 기사를 악용하여(아니란 걸 알면서도) 온라인에 퍼 나르면서 온갖 욕설을 퍼붓는 극렬 네티즌의 반응이다.

안철수의 정치권 등장이 본인들이 지지하는 특정 정당과 정치인의 앞날에 걸림돌이 된다고 여겼던지 그 증오가 대단한 것으로 보이는데, 이런 행위는 결코 본인들이 지지하는 정당과 정치인에게 도움이 되지 않는다는 점을 말하고 싶다.

표현의 자유는 존중되어야겠지만 금도를 넘어서는 것은 곤란하고, 언론은 정확한 내용을 보도해야 할 책임이 있음을 망각해선 안 될 것이다. (2013-07-07)

화법이 달라지는 안철수

　지난 6일 안철수 의원은 '진주의료원 폐업'과 관련하여 조합원들과 가진 간담회에서 "그동안 임금 체납에도 불구하고 파업하지 않으신 분들이어서 제가 보기에는 연약한 노조다. 이런 분들을 강성 노조로 왜곡하고 반노조 감정을 자극하는 정치인은 정말 정의롭지 못하고 상식적이지 못하다."고 홍준표 경남지사를 강하게 질타했다. 그는 또 "진주의료원 해산을 막을 실마리는 복지부의 대법원 제소밖에 없는데 시한이 월요일까지이며, 제소하도록 강하게 요구할 것"이라고 밝혔다.

　8일에는 국회의원회관 제1소회의실에서 개최한 국정원 개혁 방안 토론회에서 "국정원 대선 개입 진상 규명에 대한 박근혜 대통령의 입장 표명을 요구한다. 최근 박 대통령의 침묵에 깊은 유감을 표한다. 국정원 문제는 중요 사안이다. 왜 침묵하고 계신지 알 수 없다. 대통령으로서 여야 정파 간 논쟁이 되기 전에 국정원 개혁 방안을 국민에게 발표했어야 한다. 이 문제는 박근혜 대통령이 직접 나서야 한다. 국정원의 불법적인 정치 개입은 국정원을 그렇게 만든 정권이 일차적으로 책임을 져야 하지만 국정원 자체도 문제가 있다. 국익보다 조직의 명예를 앞세우는, 조직의 명예를 위해서는 국익도 저버리는 국가 정보

기관이 바로 국정원의 현주소"라고 지적했다.

국정원 문제의 가장 큰 책임은 국정원을 정권의 도구로 타락시킨 이명박 정권의 책임이 가장 크지만, 10년간 국정을 담당했던 민주 세력의 책임도 적지 않다고 직격탄을 날렸고 "국정원의 전신인 중정과 안기부에 직간접적으로 수많은 핍박을 받았으면서 집권 후에는 국정원이 물어다 주는 달콤한 정보의 유혹에 넘어간 것은 아닌지 짚어 봐야 한다."며 "근본적인 개혁을 미룬 채, 통치자의 선의가 통할 때만 통제가 가능한 조직으로 방치했던 것은 아닌지 반성해야 한다."고 말했다. 이 정도면 가히 돌직구라 해도 과언이 아니겠다.

언론은 안철수가 달라졌다고 한다. '돌직구'라는 표현을 쓰면서 강해진 면모를 놀라워한다. 그런데 재미난 것은 언론의 이런 칭찬 분위기의 논조 이면에는 국정원, NLL 정국에서 묻힌 자신의 '존재감 부각'을 위한 고육지책 때문일 것이라는 부정적 뉘앙스를 기사에다 깔아 놓고 있다는 점이다. 악마는 디테일에 있는 것일까.

안철수가 정말 최근에 갑자기 화법이 강성으로 돌변한 것이 사실이 아니라는 점은 가까운 과거에 있었던 기사들을 훑어보면 금세 발견이 된다. 시간을 조금 뒤로 되돌려서 안철수 전 대선 후보가 미국에서 귀국하고 나서 조금 더 지난 시점인 3월 중순의 기사들을 살펴보면, 이미 '안철수가 달라졌다'고 보도하고 있었음을 발견할 수 있다. 행보도 빨라지고, 명확해졌고, 이전처럼 모호한 화법도 많이 줄었고, 시종일관 여유롭고 한 톤 올라간 목소리에, 자신감과 단호함까지 갖췄다고 쓰고 있다.

3월 중순의 이런 기사는 시간을 조금 더 뒤로 돌려 봐도 찾을 수 있다. 2012년 9월 19일 대선 출마 선언 때 언론 기사를 보면 '안철수가 달라졌다. 직설화법으로 표현했다'고 되어 있다. 이 시점보다 조금 더 뒤로 시간을 되돌려 2012

년 6월 30일자 한겨레신문의 '안철수 지지 3인 인터뷰' 기사를 보면, 당시 안철수를 잘 아는 이재웅, 금태섭, 유민영 씨가 안철수 원장의 성격에 대해 평가하였고, 유민영 씨의 경우 안 원장의 리더십을 말하기를 "쿨하고 강하다. 결정을 내리는 순간에는 과단성을 갖고 대담한 결정을 해 왔고, 자신이 감당하지 못하는 영역에 대해서는 빨리 포기하고 잊어버린다. 또 움직임이 있기 전까지 굉장히 정적인 것처럼 보이지만 행동을 시작할 때는 코끼리처럼 성큼성큼 빠르게 움직인다는 인상을 받았다. 결정해야 할 시기에 결정하지 못한 경우는 없었던 것 같다."고 소개하고 있다.

안철수 의원이 정계 입문 전의 사회적 멘토로서의 행적을 살펴보면 우유부단하고 결단력이 부족하지 않느냐에 대한 의문은 쉽게 풀린다. 그는 전형적인 외유내강형이다.

국정원에 대한 입장도 강하게 수차례 언급했다는 내용의 기사를 따지고 들어가 보자. 한 번도 아니고 수차례 언급을 했다면 평소 한 번이라도 제대로 된 기사를 내보내면 간단히 해결이 된다. 그럼에도 불구하고 방송 언론에서 제대로 다루어 주질 않는 탓에 안철수가 아무 말도 안 했다는 이미지를 심어 주고, 안철수가 묻혔다는 식으로 기사를 내보내는 건 좀 앞뒤가 맞지 않은 처사이다.

안철수 의원이 수차례 적절한 시점에서 자신만의 수위로 해결 방안을 제시했다는 것이 팩트라면, 언론은 있는 그대로를 보도해 주면 되는 것이다.

안타깝게도 벌써부터 안철수 의원에 대해 호의적이거나, 혹은 있는 그대로의 발언이나 행보들을 다루어 주는 매체가 상당히 귀해졌다. 정치 초년생 안철수가 벌써부터 기사에서 소외될 만큼의 가치가 떨어졌다고 보기는 힘들 텐데, 언론의 분위기가 참 묘하다.

아무튼 이런저런 어려운 상황들이 생겨나면서도 인상적인 의정 활동과 결과물들을 만들어 내야 하는 것은 그가 풀어야 할 숙제이다. 말로서가 아닌 결과를 내는 정치도 새 정치라 하였고, 그 결과는 국회의원 한 사람만이 할 수 있는 일이 아니므로 언론도 관심을 가져 주고, 그의 정치 행보에 관심을 가지거나 지지하는 사람들도 결과를 낼 수 있게끔 지속적으로 응원해 주는 것도 필요하다고 보겠다. 분명한 것은 안철수의 정치는 진화중이라는 것이다. (2013-07-11)

성공한 최초의 신당을 기다리며

작년 대선이 있기 직전에 KBS2 '추적60분'은 〈2012 대선, 누가 민심을 잡는가〉라는 제목으로 방영되었다. 제18대 대선을 마지막으로 정리해 보는 프로그램이었는데, 필자가 주목하는 점은 막판 부동층의 선택이었다.

제18대 대선에 단기필마로 출마한 안철수는 다양한 스펙트럼의 지지층을 형성했던 가장 유력한 대선 후보였지만 기득권의 높은 벽과 화력을 실감하며 후보직을 사퇴하는 아름답지 못한 단일화가 되고 말았을 때, 열성 지지층과 중도층에서 가진 허탈감과 표심을 방송에서 자막 화면으로 보여 주기도 하였다.

부산에 거주하는 어느 트위터 사용자는 "그동안 노력해 준 많은 안 후보 지지자 분들, 그리고 이번 대선에 투표하지 않겠다고 하는 건 마지막으로 후보님에 대한 제 지지입니다."라고 격한 마음을 트위터에 표출하기도 했다. "저희는 차선이라는 건 없어요. 최선의 선택 아니면 기권하는 것도 국민의 권리니까 아무도 지지하지 않겠다는 얘기죠."

막판 여론조사 결과, 마지막까지 마음을 정하지 못한 유권자들은 약 10퍼센트인 것으로 나타났고, 언론에서는 야권 단일화 과정에서 사퇴한 안철수 전 후보의 지지자들을 가리켜 '신 부동층'이라는 신조어까지 만들어 내면서 '부동층'의 영향력에 놀라움을 나타내기도 했다.

대선 후보에서 사퇴한 안철수, 그는 3월 초순 미국에서 돌아오고 노원병 재보궐선거에 출마하여 국회에 입성 후 정책카페, 정책연구소 등을 설립하면서 본격적인 현실 정치에 뛰어들었다. 작년 대선, 출마 선언을 하기 전에도 검증이라는 미명하에 혹독한 네거티브 공세를 겪기도 하였고, 야권 후보 단일화 과정에서도 이른바 극렬히 '깨어 있다는 시민들'에 의해 무수한 파상 공격을 받기도 한 그가 국회에 입성한 후에는 '안철수를 중심으로 한 신정치 세력'의 결집을 두려워하고 못마땅해하는 기성 정당들이 연일 회유와 으름장을 놓고 있다.

새 정치가 무엇인지 도무지 알 수 없다는 식의 조롱과, 감히 민주당을 놔두고서 야권 분열을 획책하느냐는 식의 강한 으름장, 민주당에 입당해서 정치를 해야 되지 않느냐는 식의 회유, 양당 체제에서 벗어난 독자 노선으로는 도저히 성공할 수 없다는 등의 김 빼기로 발을 묶어 두려고 하고 있다.

과거 제3의 신생 정당들은 대선이나 총선을 앞두고 특정 인물 중심으로 급조, 선거가 끝난 후 소멸되거나 거대 양당 사이에서 힘겹게 명맥을 유지하는 보조 정당 수준에 불과했다. 양당 체제가 공고히 유지될 수 있었던 가장 큰 배경은 무엇보다도 여야 양당이 가진 사회 곳곳에 퍼져 있는 기득권 공조 세력과 양당의 적대적 공생 관계에서 기인한다.

정치권의 양극단주의는 극단적인 정치의 팬덤화를 낳아 안철수 의원의 경우 극우세력뿐 아니라 낡은 진보 세력으로부터도 정치적 야유를 받고 있으며, 최근 극우 세력에 의해서는 종북이라 공격받거나 왼쪽으로부터는 'MB 아바타, 뉴라이트' 등과 같이 우익 세력과의 커넥션 의혹에 시달리고 있다.

이런 가운데 지난 10일에는 민주당 김한길 대표가 출입기자단과의 저녁 간담회 자리에서 안 의원의 인재 영입에 대해 "그쪽에서 영입을 제안받고 거절한 사람들이 우리에게 이야기를 해 준다. 영입이 잘 안 되는 분위기였다."고 언급한 데 이어서 11일에 안철수 의원은 기자들과 만나 "민주당 전·현직 의원 중에서 제가 영입을 제안한 적은 한 번도 없다. 제가 제안한 적이 한 번도 없는데 제안받았다는 사람은 왜 이렇게 많은지······."라고 했다. 누구의 말이 옳은 것일까.

현 시점에서 실제 누군가가 안철수 측의 세력화에 관심이 있거나 안철수 측으로부터 제안을 받은 사실이 있더라도 언론에 이름이 공개되는 순간 상상하기 힘든 공세에 시달릴 게 뻔한 상황에서 영입 제안을 받을 만한 사람들의 이름을 미리 거명하여 견제를 하는 것이 아닌가 하는 의구심이 들게 했다.

안 의원 측의 금태섭 변호사는 인재 영입과 관련하여 "일각에서는 우리가 인재 영입에 어려움을 겪고 있다고 하는데 그런 일은 없다. 많은 분들로부터 제의도 오고, 우리 쪽에서도 적극적으로 인재 발굴에 심혈을 기울이고 있다. 아직까지 특별히 젊은 인재들에 대해 논의가 오간 것은 없지만, 나이에 상관없이 우리가 찾는 인재상과 부합되는 분들을 모실 계획"이라며 입장을 정리하기 시작했다.

새로운 가치에 부합하는 인재를 단기간에 쉽게 발굴하기란 쉽지가 않은 것이다. 인재 영입의 기준을 기존 정당의 정치인들보다 분야별 전문가들을 최우선적으로 찾고 있다 하니 좀 더 많은 노력과 시간이 필요해 보인다.

민주화 운동, 투쟁의 시대는 지났다. 이제는 시대가 변했다. 새로운 시대는 새로운 시대의 정신과 새로운 시대적 가치를 필요로 하며, 그러한 것들을 담아 둘 수 있는 새로운 인물과 세력이 필요하다.

따라서 서둘러서 세력화하는 것보다는 시간이 걸리더라도 가치 중심적으로 사람들을 모으고, 국민들의 관심을 끌어내고, 국민의 목소리를 대변할 수 있는 기틀을 마련한 후에 신당을 창당한다면 더욱 오래갈 수 있는 당을 만들 수 있을 것이다.

안철수의 정치권 등장과 함께 무르익어 가는 새로운 정치적 실험이 성공할 수 있게끔 소시민들이 도와줄 수 있는 방법에는 어떤 것이 있는지 함께 고민해 보기도 하고 실천을 할 시기라고 본다. 생산적인 온라인 활동과, 악플에도 적극적으로 대응하고, 좋은 점은 칭찬해 주고, 잘못된 점이 있다면 비판도 필요하다. 언론과 방송의 왜곡 보도에 대해서는 필요하다면 해당 매체에 항의 전화라도 하는 적극성도 필요하다. 토크 콘서트나 공식적인 외부 행사에 찾아가서 도와주고 응원해 주는 것도 방법이고, 크지는 않지만 한 달에 얼마라도 정기적으로 후원해 주는 것도 방법이 되겠다. 도움 줄 수 있는 것들을 찾다 보면 의외로 할 수 있는 일들이 많이 있다. 대한민국 정당 사상 최초로 성공하는 신당은 새로운 가치를 가진 세력과 시민들이 함께 일구어 나가는 정당이 되어야 한다. (2013-07-15)

야권 유력 지도자들의 엇갈린 정치 행보

국정원, NLL 여야 대치 정국이 전개되면서 안철수의 존재감이 실종되었다는 기사들이 넘치는 가운데 발생한 '폭탄주 러브샷 스캔들'은 새누리당과 민주당의 이중성을 재차 확인시켜 주었다. 여야 대치 정국도 한시적인 힘겨루기에 불과하고, 결국 이를 멈추는 것은 양당의 물밑 접촉을 통해 서로가 원하는 카드를 내미는 수밖에 없었을 것이다.

효과가 있는 한 새누리당은 계속해서 민주당과 문재인 의원 측에 NLL 건으로 집요하게 물고 늘어질 것으로 예상되고, 국정원 건도 마찬가지로 지루한 국지전을 펼칠 것으로 예상되지만, 이러한 국면이 거듭될수록 힘의 균형은 새누리당 쪽에 유리한 방향으로 기울고 있다. 게다가 양당을 바라보는 국민들의 시선이 곱지 않다.

국정원 문제의 핵심은 국정원의 댓글이 몇 개냐가 중요한 것이 아니라 국가정보 기관이 대통령 선거에 불법으로 개입을 했다는 사실 그 자체에 있다. 국정감사를 통해 진실을 규명하고, 책임자를 문책하고, 나아가 추후 재발하지 않도록 시스템의 개편을 강력 요구하는 데에 화력을 집중했어야 했다. 그런데 이런 과정에서 분위기를 일거에 흩뜨린 것이 NLL 진실 공방이었고, 그 중심엔 문재인 의원의 오락가락 발언이 있었다. 국정원 대선 개입과 관련해서는 소극적인 태도로 일관하다가 NLL 건에 대해서는 즉각적인 반응을 보이고 말았던 것이다. 게다가 대통령 선거 때도 걸지 않았던 정치 생명까지 내민 것은 경솔한 처사로 보였다.

대통령 선거에서 지역 구민의 의사를 내세우며 기득권을 내려놓지 못하는 바람에 더 큰 것을 놓쳐 버린 터라 그 가벼움이 더 커 보였다. 대한민국 헌정 사상 유례가 없는 국가 기밀 사항의 완전 공개 제안도 그렇고, 여론에서 밀리기 시작하자 이젠 그만하자며 적당히 마무리하려는 태도에서 더 개운하지 않은 뒷맛을 남겼다.

새누리당과 민주당이 헛발질을 할 동안에 존재감이 상실되었던 안철수 의원은 실제로는 민생 챙기기에 주력하고 지역 순회 세미나에 공을 들이고 있었다. 안철수 의원의 성향상 불필요한 정치적 발언을 쏟아 내거나, 과격한 장외 진출을 통한 메시지 전달보다는 주민이나 국민의 삶과 밀접한 현장에서 모범 답안을 찾고, 원내에서 그것을 제도화할 수 있는 방식을 추구하는 것으로 확실한 방향을 잡은 것으로 보인다.

이런 가운데 김한길 민주당 대표가 긴급 기자회견을 열고 '국정원 대선 개입 국정조사와 민생 살리기'에 집중하자는 제안을 했다. 결국은 먼 길을 돌고 돌아 원점에서 다시 만났고, 평소 안철수 의원이 강조하던 방향으로 흘러가게 되었다.

여야의 대결 정국이 오더라도 국회가 해야 할 일은 해야 하고, 민생을 살리기 위한 노력은 멈추어서는 안 된다. 야권의 유력한 정치 지도자들의 정치적 행보가 묘하게 대조가 될 수밖에 없다. (2013-07-24)

노원 토크 콘서트 이야기

안철수의 노원 콘서트가 7월 26일에 열렸다. 국회 입성 후 지난 5월, 6월에 이어 연이어 세 번째로 마련된 자리다. 장소는 그동안 지역 내 초등학교에서 열렸던 것과 달리 노원 정책카페에서 진행되었다.

토크 콘서트 장소가 앞으로 정책카페에서 열리게 되냐는 필자의 질문에 관계자는 "그렇지 않고 매달 장소를 바꾸어 진행할 것"이라고 한다. 꼭 매달 해야만 하느냐는 두 번째 질문에는 "공약으로 내걸었던 부분이다. 매달 진행을 할 것이다."라는 답변도 돌아왔다.

지난 두 차례의 토크 콘서트가 다소 큰 장소에서 개최되면서 게스트 중심으로 진행되다 보니 즐거움도 있었지만 참석한 주민들의 발언 시간이 모자랐던 반면, 금일 토크 콘서트는 소위 '타운홀 미팅' 방식으로 참석한 주민들의 질문을 더 많이 받고 안철수 의원과 보육 전문가들이 답변하는 형식으로 진행되었다. 안 의원은 첫 번째 행사나 두 번째 행사 때와 비교해서 훨씬 진행이 세련되어졌고, 주민들의 발언을 경청하면서 꼼꼼히 메모하기도 했다.

노원 토크 콘서트는 세를 과시하기 위한 대규모 정치 집회가 아니다. 따라서 취지에 맞게끔 외관상의 거품을 빼고, 내용에 걸맞은 알찬 주제들을 마련하여 주민들과 더욱 가까이 호흡할 수 있는 방식이 더 중요하다. 매월 행사에 몇 명이 왔는지에만 관심을 갖고 시비를 거는 무리들이 있는데, 그냥 무시해 버리는 게 좋다.

내용과 소통 면에서 오늘과 같은 방식의 진행이 개인적으론 흡족했다. 금일 콘서트는 이성은 '평등정책네트워크' 대표의 사회로 보육과 육아를 주제로 3~6세 영유아 부모 및 지역 주민, 보육 전문가들과 함께 진행하였다. 깔끔한 실내 현수막에 쓰인 '아이를 키우는 데 온 마을이 필요하다' 가 주제였으며, 온라인 카페 운영자, 어린이집 원장 등도 참석하여 운영의 어려움, 정책 개선 등을 건의하기도 하였다. 남편의 육아 휴가, 공동 육아, 워킹맘, 복지 정책 홍보, 육아에 좀 더 적극적인 아빠가 되기 위한 남성 주민의 고민 등 많은 말들이 이어졌다.

아이를 어린이집에 맡기기가 걱정되어 공동 육아를 시작했다는 분, 민간 어린이집 운영과 재정적 어려움을 말하는 분, 아이를 기르는 아빠로서 남성 육아 휴가 문제를 제기하며 기업이 장려하는 법안을 마련해 달라는 분, 좋은 제도들이 많은데 왜 홍보하지 않느냐는 분들까지 많은 발언들이 이어졌다. 이에 대해 안철수 의원은 "아이와 함께하는 시간이 중요하다. 육아는 남성도 분담해야 한다. 그래야 아이와 아빠에게도 좋다. 한국의 노동시간은 세계에서 가장 긴 시간에 속한다. 부모가 아이와 함께 놀아 주고 키우는 절대 시간이 필요하다. OECD 국가 평균 노동시간에 근접해야 하고, 삶의 질을 향상시켜 나가야만 한다. 카페가 언제든 개방되어 있고 상주하는 직원들이 있기 때문에 언제든지 제언을 해 달라. 취합을 하겠다. 카페에서 여러 주제별 소모임을 개최해도 된다. 아시다시피 제가 보건복지위 소속이기 때문에 많은 말씀을 듣고, 해결을 위해 노력하고, 정책에 반영하기 위해 노력하겠다."고 답변했다.

지난 6월 카페 개소식에 방문했을 때보다 서재에 꽂힌 책들이 훨씬 많이 늘어났고, 유리로 된 카페 출입문에는 마치 안철수 의원이 손님을 맞이하는 듯한 아크릴로 된 그림과 함께 '안철수의 정책카페 방문을 환영합니다.' 라는 문구가 부착되어 시선을 끌었다. 유리 진열장에는 젊은이들과 함께 활짝 웃는 그림, 지난 재보궐선거 때 방문한 경로당에서 어르신들이 만들어 주신 부침개를 맛있게 먹는 모습 등 흑백으로 된 인상적인 문양들이 부착되어 있었다.

안철수 의원은 현재 많은 과제를 동시에 풀어 나가야 하는 상황이다. 새로운 정치의 씨앗을 뿌릴 가장 적합한 지역으로 선택한 노원을 일구는 일, 전 대선 후보로서 그리고 현재에도 유력하고도 강력한 차기 대선 주자로서 지역구에 국한된 지역 의원 신분뿐만이 아닌 새로운 정치에 대한 결과물 도출과 정치 세력 형성 등 시간을 쪼개 써야 할 처지이다.

국민들이 안철수 의원을 험난한 정치판에 끌어들여 너무 많은 짐을 지게 하는 건 아닌지 모르겠지만, 이미 주사위는 던져졌으니 부족한 점이 있다 하더라도 새 정치가 성장할 수 있도록 관심을 가져야 할 것이다. 8월의 노원 토크 콘서트는 또 어떤 모습으로 다가올지 궁금하다. (2013-08-06)

안철수의 짧았던 여름휴가는 끝나고

안철수 의원의 짧은 여름휴가가 끝났다. 휴가를 떠나기 전 안 의원은 조정래 작가의 『정글만리』 세 권, 윤태호 작가의 『미생』 일곱 권, 조지프 스티글리츠의 『불평등의 대가』 등의 도서목록을 공개하고 각각의 책들을 선정한 이유에 대한 평도 곁들였다. 일찌감치 8월의 노원 토크 콘서트 일정도 공지(28일 온곡중학교)해 놓았다.

지난 노원병 재보궐선거에서 왕성한 자원봉사 활동을 하며 선거를 도운 김상봉 씨의 책 『가슴으로 하는 말-안철수 새 정치 이야기』의 출간 소식도 들려왔다.

안 의원은 휴가를 보낸 후 7일 저녁 서울 마포구 동교동 가톨릭청년회관에서 열린 박원순 서울시장의 출판기념회 '정치의 즐거움' 북 콘서트에 특별 게스트로서 참석했다. 오마이뉴스의 오연호 대표, 박원순 시장과의 대화를 통해 지난 서울시장 선거에서의 후보직 양보에 대한 소회 등을 곁들여 즐거운 시간을 이어 갔고, 다음 일정이 기다리고 있기에 긴 시간 함께할 수 없어 죄송하다면서 자리에서 일어났다.

휴가 후 첫 공식적인 자리이다 보니 기자들은 큼지막한 정치 현안들에 대한 질문을 던졌고, 굵직한 답변들이 쏟아졌다. 국정원 건에 대해서 진실을 규명하고, 책임자를 처벌하고, 제도화해서 재발 방지하는 결과를 내기를 바란다고 한 것과, 국조특위가 국정조사 기간을 23일까지 8일간 연장하기로 한 것에 대해서 실제적인 결과를 낼 수 있도록 기간을 더 연장해야 한다는 것, 김한길 민주당 대표의 '대통령 단독 회담' 제안에 청와대가 '5자 회담'을 역제안한 것에 대해 부적절하다고 비판한 것 등이 주요 발언이었다.

민주당의 장외투쟁에 대해서는 폭우 속에서 고생하고 있어서 안타깝다고 하면서도 국정원 사태에서 1차적인 책임이 여당과 정부에 있는 것은 분명하지만 야당도 좀 더 슬기롭게 대처해서 헤쳐 나갔으면 좋았을 것이라면서 민주당에 대해서도 적정한 수위에서의 비판도 하였다. 서울광장 등에서 진행되고 있는 국정원 개혁 촛불 집회에 참여할 계획에 대해서는 현재로서는 없다고 밝혔다.

안철수 지지자들 사이에서 촛불 집회와 관련한 불편한 심기가 표출되고 있는 이유는, 촛불 집회 그 자체에 대한 거부감 때문이 아니라 민주당의 강성 지지자들이 때로는 금도를 넘어서면서까지 안철수를 향해 조롱을 하면서도 정작 작년 대선의 핵심 당사자인 문재인 의원의 침묵과 방조에 대해서는 비판을 삼가하고 있다는 사실에 공분하고 있기 때문이다. 게다가 국회에 들어간다면 민생 정치를 최우선으로 하겠다는 약속과 원내 정치를 지향하는 안 의원의 성향 때문이기도 하다.

또 다른 관심사인 박원순 시장과의 관계는 현재까지는 매우 심플하고도 우호적으로 보인다. 하지만 박원순 시장도 대권에의 꿈을 숨길 수 없는 상황이 오게 된다면 껄끄러운 상황이 연출될지도 모를 일이다. 특히 최근에 박원순 시장이 안철수 신당을 향해 "안 의원, 국민들이 우려하는 일은 안 할 것"이라는 발언으로 인해 안철수 지지자들의 심기가 불편해 있기도 하다.

최근 몇몇 여론조사 기관에서 이루어진 안철수 신당에 대한 25퍼센트대 지지율은 견고하다. 거대 양당들의 대치 정국에서 존재감이 상실되었다고 언론들이 호들갑을 떨었지만, 시간이 갈수록 여론은 현 정국에 대해 식상함을 느끼고 있음이 감지된다. 아무튼 짧은 여름휴가를 마치고 돌아온 안 의원으로서는 2013년 하반기 격정의 정치 여정을 맞이하게 되었다. (2013-08-08)

최장집 '정책네트워크 내일' 이사장의 사임

'정책네트워크 내일'의 최장집 이사장의 사임 소식이 들렸다. 많은 사람들이 충격에 빠졌다. 언론들은 일제히 '세력화 적신호', 혹은 '측근들이 떠난다, 멘토들이 떠난다'고 보도하기 시작했다.

안철수 측에 악재인 것은 분명하지만, 이런 때일수록 냉정하게 지나간 80일을 복기해 볼 수 있어야겠다.

"자발적이고 공익을 위해 헌신할 사람이 정치를 해야지, 조금이라도 사심이 있다면 지금 정치를 그만두어야 한다."는 반응에서부터, 힘들어하는 원로 학자의 입장을 사전에 감지해서 관리하지 못한 점은 문제가 있다고 지적하는 이도 있었고, 어서 신당을 띄워야 할 텐데 언제까지 보류하고 준비만 하려는지 모르겠다는 반응, 창당을 너무 빨리 하면 실패할 가능성이 높다는 신중한 반응, 안철수 현상에 최장집 교수가 중심이 아닌 이상 자연스런 결별이라고 보는 이도 있었다.

최장집 전 이사장은 퇴임 이유로 안철수 의원 측의 '정책네트워크 내일'에서 자신의 역할이 없었고 자신의 의견, 주장, 아이디어가 관철되거나 수용되는 구조가 아니었다고 했다. 또한 이사장으로서 '결정의 권한'은 부여하지 않으면서도 '결과의 책임'만 지게 하는 구조였다고 지적했다. 그러면서 이러한 문제점에 대해 안철수 의원에게도 얘기했지만 변화가 없었다며 안 의원에 대한 실망감도 드러냈다고 한다. 표면적으로 보면 안철수 의원의 소통에 문제가 있는 듯하지만, 실제론 두 사람 사이의 이념의 차이인 걸로 보인다. 실제 두 사람은 정당 개혁안, 정치적 지향점, 대북정책에서 엇갈린 시각차를 보여 왔다.

이번 일로 인해 누구보다도 안철수 의원이 가장 많이 상심했을 것이다. "내가 잘못 모신 듯하다."라는 말 속에 많은 아쉬움이 녹아 있는 듯 보였다. 안철수 의원 측에서 보안 유지를 위해 일일이 공개할 수 없지만, 대중들이 생각하는 것보다 훨씬 많은 좋은 사람들을 만나고 있다고 하니 그 기다림은 아직 유효하다. 이번 일을 교훈 삼아 더 좋은 사람들을 모을 수 있었으면 한다. 새 정치가 인스턴트식품처럼 금방 내놓을 수 있는 것이 아니기 때문에 좋은 사람들을 모으는 일에도 많은 노력과 인내력이 필요하다고 믿기 때문이다. (2013-08-14)

▌무수한 네거티브 공세에 시달리다

안철수 의원에 대한 기득권과 정치권 언저리 세력들의 비방과 파상 공세가 도를 넘어서고 있다.

정치를 시작하기도 훨씬 전인 4년 전 MBC '무릎팍도사'에 출연하여 발언한 내용들을 꼬투리 잡아 진의를 왜곡시키더니, 결국은 방통심의위가 제재를 가하는 사상 초유의 일이 벌어졌다. 현직 PD들도 안 교수의 정치 참여를 알 수 없는 상황에서 4년 전의 방송을 심의한다는 자체가 코미디 같다며 이해할 수 없다는 반응이었다.

'안철수 일화'가 담긴 교과서 4종이 공격당해 그 내용이 수정되거나 삭제되기도 했고, 그저께는 단국대 의예과 학과장 경력까지 허위라고 공격당하기도 했다. 이런 경우는 안 의원에게 처음 있는 일은 아니다. 대선에 출마하기 이전부터 대선에 출마하면 죽는다는 식의 협박은 서곡에 불과했다. '안철수의 목동 내연녀'를 포함한 각종 확인되지 않은 허위 사실 유포와 인신공격과 욕설 등은 야권 후보 단일화를 앞두고 극에 달했다. 대선이 끝나고 조금 조용해지나 싶더니 그마저도 잠시 뿐이었다.

유감스럽게도 이러한 지속적인 네거티브 공세는 특정인의 이미지 손상에 어느 정도는 영향을 미칠 것 같다. 보수든 진보든 호의적인 사설을 쓰는 언론이 실종된 상태에서 그나마 기본적으로 다뤄 주던 보도 자료는 공중파의 경우 화면 하단의 자막 처리 수준으로 격하되고 말았으니, 존재감이 사라져 보일 수밖에 없다.

정치 기득권으로 봐서는 혜성처럼 나타난 정치 신인이 얼마나 얄밉겠는가. 최근의 모 여론 기관의 여론조사에서도 안철수 의원의 지지율이 하락했다고 한다.

이런 시점에서 안철수 의원에게 필요한 것은 국민에 대한 믿음이다. 불리한 언론 환경을 극복하고 기득권으로부터의 텃세에 정면으로 맞설 수 있는 것이 있다면 정책 비전의 제시, 일관성, 초심을 잃지 않는 낮은 자세 등이라 할 수 있다.

그동안 독자 세력화를 너무 많이 기다려 와서 이제는 지쳤다고 목소리를 내기 시작하는 일부 지지자들에게도 자신감을 줄 수 있는 메시지를 던져 주면 좋겠다. 목표가 명확하다면 서두를 필요는 없다. (2013-08-27)

▌종군 위안부 의식 팔찌 에피소드

지난 8월 10일 안철수 의원은 경기도 광주에 있는 '일본군 위안부 역사관' 개관 15주년 기념식에 참석하여 할머니들을 위로하고, 일본 정부의 진심 어린 공식적인 사과를 촉구하였다. 안 의원의 8월의 뜻깊은 행보들 중에 단연 기억되는 행사였다.

그저께는 2017학년도 입시부터 국사를 필수과목으로 지정한다는 기쁜 소식도 들려왔다. 자국의 역사를 소홀히 해서는, 특히 일본과의 과거사 문제에 대한 분명한 매듭이 이루어지지 않으면 국가로서의 진정한 위상과 미래가 없는 게 당연할 것이다.

지방에 거주하는 지지자 한 사람이 안철수 의원에게 보내는 소포를 필자 앞으로 보내 왔다. 내용물은 '종군 위안부 의식 팔찌'였는데, 고려대학교 학생들이 제작하고 그 수익금이 종군 피해 할머니들에게 보내진다고 하였다.

그런데 선물을 구입한 시기가 궁금하여 물어봤더니, 안철수 의원이 경기도 광주에 가기 훨씬 이전에 구입을 했더라는 것이다. 게다가 소포를 안철수 의원실로 보내지 않은 이유에 대해서는 뜻깊은 물품이다 보니 아마도 직접 육성을 통해 안 의원에게 전달해 주길 바랐던 것이 아닐까 하는 생각이 들었다.

그런 연유로 기어코 사람 많은 행사장 사이로 다음 일정을 위해 바쁘게 가는 안철수 의원을 붙들고서 내용물의 사연에 대해 짧게나마 직접 설명할 수 있는 기회가 있긴 했지만, 워낙 바쁜 일정을 다니는 듯하여 그 짧은 대면조차도 시간을 뺏은 것 같아 미안할 정도였다.

어쨌든 그 내용물(김미경 교수 몫 포함 두 개를 보내 옴)과 물품에 담긴 뜻이 안철수 의원에게도 잘 전달이 되었으면 하는 바람이다.

하나 더 추가한다면, 안철수 의원의 일화를 담은 교과서에 대해 공격을 멈추지 않고 정력을 쏟는 정치인들이 불필요한 것에 에너지를 쏟지 말고 한국의 위정자로서 일본의 역사 왜곡 교과서에 항의할 수 있는 발상의 전환을 이뤘으면 하는 바람도 가져 보았다. (2013-08-29)

■ 고조되어 가는 창당 분위기

9월 8일 일요일 오후 4시, 수원 라마다 호텔 그랜드 볼룸에서 '경기도민과 함께하는 안철수 동행 토크'가 개최되었다.

부산과 인천에 이어 휴일 오후 수도권을 대표하는 수원에서 열린 행사인 만큼 서울 및 수도권의 지지자들과 지역 주민들의 많은 관심 속에 행사가 치러졌다. 여러 안철수 지지 단체에서 자리를 함께하였고, 트위터나 페이스북 등의 SNS 열혈 안철수 지지자들도 많이 자리한 걸로 보여진다.

9월 들어 잇따라 부산과 인천에서 새 정치를 주제로 하여 참석자들의 뜨거운 호응을 이끌어 냈고, 인천에서는 파란 새 정치 풍선이 분위기를 한껏 고조시켰다. 특히 부산과 인천 행사에서는 거의 창당 대회 같은 분위기를 느끼게 할 만큼 열기가 뜨거웠다. 대부분의 사람들이 창당을 기정사실화하는 분위기이기도 하다.

'동행 토크' 행사 전 오후 3시에는 기자 간담회가 있었다. 필자는 먼저 기자 간담회가 열리는 2층으로 향했다. 오후 3시가 조금 안 되어 복도에서 안철수 의원 특유의 목소리가 들렸고, 이내 안철수 의원이 앞문으로 들어왔다. 측근인 금태섭 변호사, 윤태곤 보좌관의 모습도 보였다.

안철수 의원은 기자 간담회가 시작되기 전에 앞에서부터 뒤로 일일이 기자들과 악수를 나누었다. 아무래도 기자 간담회이다 보니 정치 현안에 대한 질문과 신당에 대한 질문이 쏟아졌다.

측근이 출마하는지, 어떤 사람이 출마하는지에 대한 질문에 "적당한 분을 찾고 있는 중이며 적절한 시점에 소개할 예정이다."라고 답변하였다.

신당 창당에 대한 질문에는 "제가 결정하는 것은 아니다. 먼저 결정을 하게 된다면 사당이 된다. 아무리 인물이 훌륭해도 사당화될 경우엔 성공한 전례가 없다. 그 전철을 밟으면 안 된다. 저는 구성원의 일원이며, 거기서 결정되면 따를 생각이다."라고 답했고, 통진당 사태와 관련한 질문에는 "민주 세력과 반체제 세력을 엄밀히 구분해야 한다. 민주 세력도 노력해야 하고, 보수 세력에서도 너무 정치적으로 활용하면 바람직하지 않다."라고 했고, 지방선거에 대한 준비 상황에 대해서는 "내년 지방선거에 대해서는 여력이 없어서 우선 오는 10월에 맞춰서 준비를 하고 있고, 그에 따른 인재 찾기에 주력을 하고 있다."고 답하였다.

최근 언론에 추석 전에 영입된 사람들에 대한 리스트를 공개할 수도 있다고 보도된 적이 있는데, 기사와는 다르게 신중한 모습이었다. 함께할 인재 조건으로는 당선 가능성과 함께 세 가지를 기본 전제로 하였는데, 첫째로 사익보다 공익 추구, 대한민국 전반적인 구조 개혁에 대한 인식을 공유하는 사람, 둘째로 책임 의식을 갖는 사람, 셋째로 정치는 결과를 내야 하므로 아무리 선의라도 결과에 책임질 수 있는 사람을 꼽았다.

기존 정치인도 포함되느냐는 질문에는 "여러 분야에서 결과를 낸 분들이 필요하다. 정치도 마찬가지이므로 기존 정치인도 포함이 될 수 있다. 심지어 양당 공천에서 탈락한 사람들에 대한 영입을 우려하는데, 오히려 기득권 구조에서 당내 정치에서 밀려난 분들에게 기회를 드려야 된다. 최선을 다해서 옥석을 가려낼 것이고, 그 판단은 국민들이 할 것으로 믿는다."고 했다.

기존의 정치인도 포함될 수 있다는 대목에서 인재 영입 외연이 자연스럽게 확장되면서 기존 정치권 인사들과 상당한 논의기 이루어져 실제 결과물이 있을 것으로 보인다.

안랩 주식 처분 등과 관련해서는 주식에 대하여 얘기한 바 없고 언론에서 측근 보도를 내는데, 그 측근이 누군지 실명을 좀 밝혀 달라고 돌직구를 날렸다. 그동안 언론에서 확인할 수 없는 측근이나 관계자라는 이름으로 사실 유무를 확인하기 힘든 기사들을 게재해서 여론의 혼란을 가져왔었는데, 이 부분은 확실히 근절이 되어야 할 것 같다.

기자 간담회가 끝나자, 안철수 의원은 다시 앞자리에서부터 뒤까지 함께한 기자들과 일일이 악수하면서 수고하셨다고 격려하였다.

'경기도민과 함께하는 안철수 동행 토크' 행사는 '농사는 자급, 순환, 공동체', '아이들의 삶을 위한 미래를 여는 교육', '청소년 창업 사회적 기업 T.F.T.A의 꿈과 도전'이라는 주제로 프레젠테이션이 이루어졌고, 이어서 경기도의 미래와 새로운 정치의 과제라는 주제로 토크 행사가 진행되었다.

이 행사의 진정한 의미는 그동안 진행되어 온 상황에 대해 안 의원이 내부적으로 자신감이 생기기 시작하였고, 이를 적극적으로 국민들에게 알림으로써 지지층에게 확신을 심어 주고, 국정원 정국에서 소외된 위상에서 탈피하여 전국 주요 도시를 순회하며 강한 임팩트를 주고 지지 세력을 결집시킬 필요가 있다고 판단되어 이루어진 행사가 아닌가 하는 생각이 들었다.

'새 정치'에 대한 개념도 "새 정치는 민생이 우선되는 정치이고, 정의로운 사회를 만드는 정치, 말로만이 아닌 실천하는 정치가 바로 새 정치이다. 기존의 정치권은 실천이 잘 되지 않았기 때문에 국민들이 이에 염증을 내는 것"이라고 확고한 개념화에 주력한 모습이었다.

새 정치 자체에 대한 확고한 개념 알리기와 새정치 세력에 합류할 인재상은 물론 기존 정치권 출신이라도 가치와 뜻을 같이하고 새정치에 대한 결과물을 낼 수 있는 인물이라면 함께할 수 있다는 종전보다 외연이 확장된 발언을 통해 인재 영입이 비정치권 인재뿐 아니라 기존 정치권을 통해서도 광범위하게 진행이 되고 있고, 실제로도 상당한 성과가 있었음을 알 수 있는 대목이다.

핵심 지지층에 창당이 가시화되고 있음을 알리는 메시지를 전달함으로써 이탈 방지와 결집화, 인재 영입 성과를 예고하고, 권역별 중추적인 역할을 하는 대도시를 순회함으로써 국정원 정국의 그늘에서 벗어나 확실한 반등을 하고자 하는 시도가 역력하다.

새 정치는 정치인 혼자서 하는 것이 아니다. 새 정치를 지지하는 사람들의 지속적인 응원이 필요하다. (2013-09-09)

실행 위원 선정으로 지역 조직화 시작

안철수 의원 측에서 전국적으로 지역 단위의 조직화를 본격화하기 시작했다. 이미 작년 대선 출마 선언 전후를 기점으로 온라인과 오프라인에서 각종 지지자 모임과 카페 등이 생겨나고 있고, 지역 구심체인 지역 포럼이 조직화되어 활발하게 움직이고 있었는데, 이는 모두 안철수 지지자들의 자생적으로 형성된 모임이었다.

한편 안철수 의원 측은 지역별 인사들 가운데 이력서를 받아 지역에 대한 공헌도 등을 체크하여 '정책네트워크 내일'의 '실행 위원'으로 선정하는 작업을 진행 중이다.

안철수 지지층의 특성은 워낙 다양한 정치 성향을 포괄하고 있다 보니 최근 일련의 정국 상황에서 지지자들 사이에서도 의견이 갑론을박하며 합일점을 찾지 못하고 있는 모습도 보인다. 가능하면 소통 창구는 단일화가 필요하고, 안철수 의원 측의 생각을 대변할 창구도 통일시키는 것이 훨씬 효율적이다.

작년 대선 때 다수 일반 회원들의 뜻과 무관하거나 충분한 내부 토론을 거치지 않은 채 운영진 몇몇이 일방적으로 문재인 후보 지지 선언을 하거나 박근혜 후보 측에 흡수되는 황당한 일도 자생적 모임의 수뇌부의 자질에서 촉발된 일이었고, 또한 선거 때마다 등장하는 정체불명의 사이비 지지자 단체를 양산한 결과이기도 하였다.

자생적인 안철수 지지자 모임 속의 정치적 성향은 워낙 다양한 구성원들이 있을 수 있고, 그룹을 이끌어 가는 리더의 성향들도 다양할 것이다. 하지만 실행 위원은 자생적인 포지션이 아니라 안철수 측에서 검증을 하고 위임하는 직책이다 보니 철저히 지역의 구심점이 될 수 있는 사람이어야 하겠다. 안철수 측에서 잘 걸러 내고 선정하리라는 생각이 들지만, 실행 위원으로 일할 사람들은 안철수의 정치 지향점을 완벽하게 이해할 수 있는 사람이라야 한다.

지역구 단위로 배정받은 지역을 책임질 사람들은 자신의 이익보다 안철수 지지층의 다양한 스펙트럼의 구조를 이해하고, 그런 여러 이질적인 부분을 잘 화합하고 융화시키면서 실질적으로 선거와 같은 현실 정치의 시험대에서 최대한 결과물을 만들어 낼 수 있는 사람이어야 하겠다.

그런 마인드가 수반되지 못한다면 새 정치를 가장한 또 하나의 완장질을 할 가능성도 있다. 반면에 시대정신을 잘 이해하고 실천에 옮길 준비가 된 인물들이라면 안철수의 새정치 세력화에 큰 토대가 될 것이다.

이미 결정이 난 인물들도 상당히 많겠고 새로 합류할 사람들도 많겠지만, 앞으로 중대한 역사적 소임을 맡게 될 사람들이기 때문에 기대가 크다. (2013-09-22)

안철수 기사는 엿장수 맘대로

지난 9월 19일은 안철수 의원이 대선 출마를 선언한 지 1년이 되는 날이다. 정치권에 큰 파장을 불러일으킨 그날은 안철수 의원 본인으로서도 뜻깊은 날이고, 안철수 지지자들에게도 의미가 남다른 날이다.

추석 연휴 탓일까. 기자들이 1주년 기획 기사들을 미리 작성해 두었다가 해당일에 보도한 티가 나는 몇몇 언론들의 기사들을 읽으면서 우려의 마음이 커졌다.

안철수에 대한 가열된 비판은 보수든 진보든 별반 다를 게 없었다. 먼저 민주 정론지를 자처하는 모 인터넷 신문의 기사를 보면, 대선 출마를 선언하던 날 취재 기자 100여 명이 회견장에 몰렸으나 지난 5일 국회의원회관에서 있었던 기자 간담회에 참석한 기자는 20여 명에 불과했다고 지적하고 있다.

오후 2시에 있었던 안철수의 기자 간담회 시간에 민주당 측에서도 갑자기 시간을 동일한 시간대로 급변경한 이유도 석연치가 않다. 기사에서는 마치 안철수가 민주당의 그늘에 가려져 기자들에게 버림받은 듯한 뉘앙스로 이를 의도적으로 기술하고 있다.

안철수 의원의 기자 간담회 내용은 이미 군데군데 내용이 드러난 상태에서 안 의원이 격식을 갖추고 좀 더 세부적으로 브리핑을 하는 자리로 의미를 두고 있었으나, 민주당의 3자회담에 대한 입장 발표는 마치 속보에 가까울 정도로 긴박한 사안으로 돌변해서 발표되었기 때문에 기자들의 숫자만으로 단순 비교한다는 것은 적절하지 못하다.

지난 제18대 대선에서 후보직을 사퇴할 때의 과정에서도 정작 사퇴한 당사자의 입장을 헤아릴 만한 내용은 거의 없고, 정치 쇄신안으로 인해 오히려 크게 타격을 입게 되자(국민들 여론은 호의적인 응답이 더 많았음) 안철수 후보가 단일화에 소극적으로 임하게 됐고, 상대방 후보에게 밀리고 주도권을 빼앗기자 궁여지책으로 후보직을 사퇴했고, 그렇기 때문에 문재인 후보를 마지못해 도왔다는 투로 보도되었다.

노원병 출마와 관련해서도 대부분 부정적인 여론들을 끄집어내어 기사화했다. 존재감 미약과 한계, 속도감 떨어지는 의정 활동과 정치 세력화를 말하고 있으며, 대부분 안 의원에게 부정적이거나 진영의 논리에 사로잡혀 있는 편파적 정치 논객이나 비평가들의 말들을 인용하면서 기사가 마무리되었다.

또 다른 친민주당 성향의 매체는 기사 내용이 아주 심각하다. '세력화도 지지부진한 데다 새 정치의 알맹이도 제대로 보여 주지 못하고 있으며, 10.30 재보선 불참 이유에 대해서는 마땅한 후보감이 없기 때문'이라고 직격탄을 날렸고, 안철수 세력의 축소화, 느슨한 내부 결속력에 대해 언급하면서, 안 의원에 대한 국민적 지지도가 여전히 높은 상황에 대해서는 여야 대치 정국이 장기화되면서 얻은 반사이익 때문이라며 폄하하고 있다. 평소 잘 인용하지 않던 유명 보수 논객의 말까지 인용하면서 기사의 임팩트를 높이고자 애를 쓴 흔적이 역력했다.

비교적 안철수 의원 민생 현장에 취재를 자주 가곤 하던 모 인터넷 신문은 정치권의 추석 민심을 청취한 결과로 민주당 의원들의 말을 인용하면서, 안철수 의원의 존재감이 미약해졌다는 여론을 근거로 들었다.

극우 성향의 모 인터넷 뉴스는 안 의원이 정치 현안마다 자신의 목소리를 내고 있는 것은 양당의 대립 구조 속에서 본인이 설 공간이 상대적으로 없다는 것에 대한 '초조함과 답답함'이 엿보이는 대목이라며, 안철수의 정치력에 대해 여러 보수 논객들의 말을 인용하여 함량 미달의 리더십이라고 깎아내리고 있다.

극히 드물지만 안철수 대선 출마 선언 1주년 관련 기사를 매우 객관적으로 잘 쓴 기사도 있기는 하다. 지난 대선 때부터 지금까지의 일련의 정치적 사실들과 사안들에 대해서 공정하고도 객관적으로 아주 잘 기술해 주고 있는 매체가 눈에 띈다.

종편이나 수구 언론 방송에서 안철수의 1주년 평가는 하나마나한 뻔한 내용으로 채워진다. 재미난 것은 교수 신분이기도 한 모 유명 보수 논객은 진보 매체에도 등장하다가 보수 매체에도 등장한다는 사실이다. 언론 매체들조차도 진보와 보수를 가리지 않고 안철수에 대해 폄하하는 기사를 위해서라면 기꺼이 함께하는 적대적 공생 관계임을 의미한다.

양극단은 닮은꼴일까. SNS상에도 극우 성향 계정들이 안철수에 대해 극렬히 조롱하는 글을 올리면, 극우 지지자뿐 아니라 이른바 극렬 노·문빠로 불리는 진보 성향의 계정들도 반색을 하는 경향이 있다.

가능하다면 기회가 주어지는 대로 안 의원이 언론과의 접촉을 점차적으로 늘려 나가면서 측근보다는 본인이 직접 인터뷰를 늘리는 것도 좋은 방법이 되겠다. 정치인들은 누구나 비판의 대상에서 벗어날 수 없다. 하지만 국민들의 제대로 알 권리도 있다. 좋은 기사를 쓸 자신이 없다면 그냥 있는 그대로 보도

자료나 써 주는 것이 더 낫다.

　공정성과 객관성을 잃지 말아야 할 언론들이 진영의 논리에 의해 유력 정치인을 어설프게 눌러 앉히려는 행위는 자제되어야 한다. 현명한 시민들의 예리하고도 냉철한 눈과 머리를 만만하게 취급해선 안 된다. (2013-09-24)

■ 안철수는 약속을 지킨다

지난 10월 10일 목요일 오후 6시, 시흥에 소재하고 있는 장곡중학교에서 안철수 국회의원 초청 교육 토크가 열렸다. 초청과 자체 기획의 차이가 있긴 하겠으나, 내용으로 보면 8월 28일 온곡중학교 다목적실에서 개최된 '안철수의 노원 콘서트', '청소년들과의 꿈의 대화'의 연장선인 걸로 보인다. 안 의원이 정치인 이전에 청소년이나 사회의 멘토로서의 영향력이 아직 유효하다는 것도 확인했다.

장곡중학교 행사 이틀 후인 10월 12일 토요일엔 두 차례의 소통의 행사가 열렸다. 오전 11시 20분부터 노원구 상계동 안철수의 정책카페에서 입양 부모 20여 명과 타운홀 미팅을 가졌다. 입양에 대한 경험과 과정, 미혼모와 신생아 보호에 대한 법과 현실의 괴리감, 부적절한 현행법의 개정의 필요성에 대해 참석자들은 목소리를 높였다. 특히 입양특례법으로 인해 친부모가 입양 보낼 아기를 본인의 친생자로 출생신고를 해야 하고, 예비 입양 부모는 가정법원으로부터 입양 허가를 받아야 하며, 가정법원은 허가에 앞서 친생부모의 의견을 듣고 가사조사관 등으로 하여금 양부모의 가사 조사를 할 수 있게 하는 등 절차가 상당히 까다롭게 된 연유로 인해 불법 낙태와 불법 입양이 오히려 증가되고 있는 실정을 지적하였는데, 안철수 의원은 현실을 반영한 입법 활동과 사회공론화를 약속하였다. 타운홀 미팅 후 안철수 의원은 상원초등학교로 이동했다.

9월엔 추석 연휴가 겹쳐서 정기 토크 콘서트를 개최하지 못했다. 그런데 특수한 상황을 고려했을 때 한 번쯤은 양해 말씀을 공지하고서 건너뛸 수도 있지 않을까라는 생각이 드는데, 약속을 지키기 위해서 10월에만 두 번 노원 토크 콘서트를 개최한다고 공지를 하였고, 곁들여 타운홀 미팅까지 개최하였으니, 약속을 제대로 지키는 꼼꼼한 성품과 의지가 느껴진다.

상원초등학교에서 열린 노원 토크 콘서트는 '대한민국에서 아버지로, 남편으로 살아간다는 것'이라는 주제로 대화를 나눴다. 자녀를 가진 남성 주민들이 강당을 빼곡히 채웠고, 열성 안철수 지지자들의 모습도 보였다.

가장 기억에 남는 책이 무엇이냐는 질문에 "아무리 좋은 책이라도 아이가 읽을 자세가 되어 있지 않을 때 좋은 책을 제대로 받아들일 기회를 잃게 된다. 마음의 준비가 되어야 읽을 수 있다. 책방에 아이를 데리고 가서 풀어 놓고 마음껏 둘러보게 하여 읽고 싶은 책을 사 주는 것이 책을 선정해서 읽게 하는 것보다 더 좋다."며 아버지에 대한 추억에 대한 질문에는 "어릴 때 거의 대화가 없었다. 아버지가 달동네에서 50년간 같은 자리에서 개인 의원을 운영하였는데, 어느 날 부산일보에 아버지의 기사가 실렸다. 신문팔이 소년을 치료해 주고 진료비를 내는 소년을 야단치면서 진료비를 받지 않고 보냈다는 기사를 읽으면서 아버지에 대해 좀 더 알게 되었다. 환자가 없을 때는 항상 독서를 하셨는데, 그런 모습을 따라하게 된 것 같다."고 답변하였다.

그 외 선행학습이나 혁신 학교의 활성화 방안 등에 대한 생각을 밝혔다. 2세를 키우면서 겪었던 보육의 어려웠던 경험도 풀어 나갔고, 기업을 운영하면서 초기에 겪은 어려웠던 기억도 언급하였다. '인생을 살아가는 것은 맷집을 길러 가는 과정'이라는 말로써 어려운 시기를 잘 극복하게 되면 앞으로 어려운 때가 오더라도 잘 극복할 수 있다는 말을 덧붙였다. 한국이 짧은 기간에 가난을 극복하고 민주주의를 이룩한 만큼 그다음 단계로 복지를 언급하며 최근 불거진 기초연금 문제에 대해 좋은 안을 가지고 관철시키겠다고 약속하기도 하였다.

행사 끄트머리에서 '우생마사(牛生馬死)'라는 사자성어를 인용하면서 "커다란 저수지에 말과 소를 동시에 던지면 둘 다 헤엄쳐서 뭍으로 나온다. 말이 헤엄치는 속도가 훨씬 빨라 거의 소의 두 배 속도로 땅을 밟게 된다. 그런데 갑자기 몰아닥친 홍수에 소와 말이 동시에 빠지면 소는 살아나오는데 말은 익사한다. 그 이유는 말은 강한 물살이 자신을 떠미니까 그 물살을 이기려고 물을 거슬러 헤엄쳐 올라가는데, 1미터 전진했다가 물살에 밀려 1미터 후퇴를 반복하며 20분 정도 헤엄치면 제자리에 맴돌다가 나중에 지쳐서 익사해 버리지만, 헤엄이 둔한 소는 물살에 편승해서 조금씩 강가로 나와 목숨을 건진다는 것이다. 제가 국회 등원한 지 5개월이 되었다. NLL 관련 원본 공개 본회의 표결에 반대표를 던졌다. 국가정보원의 선거 개입 사안이 NLL 건으로 옮겨 가는 것, 본질이 흐려지는 것을 방지하기 위함이었다. 정상회담은 공개가 되었을 때 대한민국 외교상의 국익이 심각하게 훼손될 수 있는데도 여야가 국회에서 통과시켰다. 그동안 정치를 하면서 가능성이라고 한다면 반대표를 던져 의사를 밝힐 수 있었다는 것과, 한계성이라면 거대 양당에 가려서 그 힘을 막지 못했다는 것이다. 민심의 강물에 몸을 맡기고 우생마사 하는 심정으로 뚜벅뚜벅 행보를 하다 보면 소처럼 강기슭에 도달하지 않을까 하는 믿음이 있다."는 말로 마무리하였다.

오는 15일에는 노원구청 6층 소강당에서 노원 토크 콘서트가 열린다. 매월 주민들과의 만남과 소통, 정책 고심과 반영으로 이어지는 과정에서 안철수 의원 본인으로서도 엄청난 학습이 축적될 것 같다. 안철수의 노원 토크 콘서트는 계속되어야만 한다. (2013-10-13)

▋새로운 정치 지형의 필요성

제18대 대선이 끝난 지 열 달이 가까워지고 있다. 새로운 정부가 들어선 이후에 정치권은 기울어진 나라 살림과 산적한 민생 현안들을 해결하기 위해서 어떤 노력을 기울였는지 짚어 본다.

대선이 끝나자마자 야권에서 수개표 문제가 제기되기 시작하면서 대선 불복의 분위기가 피어나기 시작하더니 국정원 댓글 개입에 대한 이슈가 재점화되었고, 이어서 여야 간의 NLL 건, 대화록의 공개 유무, 삭제 유무, 존재 유무 등에 대한 진실 공방이 이어지고 일부 깨어 있는 시민들이 촛불 시위에 가담하며 국정원의 해체, 박근혜 대통령의 대국민 사과 요구에서 더 나아가 박근혜 하야마저 외치고 있다.

국정원은 통진당 이석기 의원에게 내란 음모 혐의를 씌우며 경색된 정국에서 더욱 집요한 종북 색출 작업에 들어가면서 정국 반전을 꾀하고자 했으며, 북한 김정은의 남한 총공격 명령, 3년 내 무력통일 등의 발언을 연이어 공개하며 국정원의 존재감을 부각시키는 데 올인하고 있다. 새누리당, 박근혜 정권은 연이은 대선 공약 파기로 인해 국민들에게 불신을 쌓아 가고 있기도 하다.

지난 대선은 안철수라는 혜성 같은 인물이 정치권에 등장하여 정치 쇄신, 정권 교체에 대한 열망을 드높였다. 국민에 의해 부름을 받으며 신뢰를 잃어버린 정치권에, 무기력증에 빠져 대선을 앞두고 정권 교체 열망을 실현시킬 원동력마저 상실한 야권 앞에 등장한 안철수는 새로운 정치에 대한 기대감과 정치 쇄신에 대한 희망을 불어넣기에 충분하였다.

민주당은 끝내 기득권을 포기하지 못했고, 여론 선동적 집단들을 이용하여 전통의 조직의 힘으로 밀어붙여 국민 후보를 주저앉혀 버렸다. 죽고자 하면 살 있을 터인데 안타깝게도 우리가 목격한 것은 말로만 내려놓는 통 큰 대국민 기만 코스프레뿐이었다. 결과에 책임지는 사람은 아무도 없었으며, 전 야권 대선 단일 후보를 지냈던 야당 지도자조차도 신중치 못한 돌출 발언으로 더욱 정국을 꼬이게 만들었다.

박근혜 정권도 국정원 선거 불법 개입에 대한 책임 소재를 묻지 않고 있으며, 책임자를 처벌하고 국정원을 개혁하는 데 진정성 있는 모습을 보여 주지 않고 있다. 정부 여당도 민주당과 더불어 정치 불신을 키우는 주범으로서 책임을 면하기 어렵다.

민주당도 장외투쟁을 계속 강화해 나가면서 한쪽으로는 민생을 돌보겠다는 진정성 없는 말과 행동을 해서는 안 된다. 정국이 대체로 야당에 유리한 형국임에도 불구하고 민주당이 왜 국민의 신뢰와 공감을 얻어 내지 못하고 있는지 고민이 필요한 시점이다. 안철수와 그 지지 세력들을 힘으로 제압한다고 해서 민주당의 문제가 해결되진 않는다.

현재의 정국은 이길 수 있는 후보를 내친 원죄에서 기인한다고 본다. 혹자들은 안철수 후보가 야권 단일 후보가 되었더라면 국정원의 댓글이 더욱 악랄했을 것이라고 하지만, 지난 대선 때 '깨어 있는 시민 조직'들이 안철수에게 행한 극렬한 패악질이 국정원보다 표현의 수위와 도덕성에 있어서 더 깨끗하다고 볼 수는 없다.

기존의 정치권이 자발적으로 쇄신을 해내지 못한다면 결국은 뜻 있는 국민의 힘으로 정치 구도를 바꿀 수밖에 없다. 새로운 미래를 위한 '중도 세력'의 등장이 바로 그것이다.

안철수가 지금 그 국민적 기대의 중심에 서 있다. 중도 정치, 민생 정치를 지향하고, 국민 위에 군림하지 않는 정치, 국민을 기만하지 않는 정치, 공약을 헌신짝처럼 내팽개치지 않는 정치, 국민보다 당의 이득이나 개인의 정권욕을 취하지 않기 위한 정치의 대리인으로서 그를 정치권에 불러낸 것이다.

정치권은 민생 정치로 돌아가야 마땅한데, 여야는 지루하고도 소모적인 정치 공방을 끝낼 기미를 보이질 않으니, 기득권이 스스로 해내지 못한다면 새로운 정치를 꿈꾸는 의식 있는 국민들의 힘으로 바꿀 수밖에 없다. 새로운 정치 지형과 구도의 필요성이 절실하게 느껴지는 날이다. (2013-10-16)

민주당의 야권 단일화 비망록 공개

민주당 홍영표 의원이 내달 1일 출간하는 『비망록–차마 말하지 못한 대선 패배의 진실』의 주요 내용들이 언론에 공개되었다.

대선 비망록은 지난 대선 야권 후보 단일화 과정에서 안철수 후보와 문재인 후보가 단일화 협상 테이블에서 일어난 일들과 대화 내용들을 기록한 것이다. 제18대 대선이 끝나고 나서 민주당 측은 안철수를 향해 공공연히 대선 비망록의 존재나 내용들에 대해 언론에 흘리기 시작했는데, 뭔가 대단한 비밀이라도 폭로할 게 있었던 것인지 모르겠으나 녹취록을 공개하겠다는 등의 으름장을 놓은 적이 있다. 개탄스러운 일이다.

비망록이란 것을 당시에 양측이 기록할 것이냐는 행위 자체와, 기록을 한다면 어떤 형태로 하느냐의 방법적인 문제, 그리고 기록이 되었다 하더라도 공개를 하느냐의 문제는 매우 중요한 사안이며, 공개를 한다 하더라도 양측의 합의하에 이루어지는 것이 기본일 것이다.

대선이 끝나고 올해 상반기까지도 민주당 측이 수시로 작년 대선 때의 협상 과정을 흘리면서 문제 삼자, 안철수 측에서도 '처음 몇 번은 속기록을 메모했지만 곧 중단하고 녹취록 역시 반대해서 남기지 않았다.' 고 응수한 바 있다.

그렇다면 내용의 진실을 떠나서 일방적으로 기록을 한 자체만으로도 민주당이 신사협정을 어긴 것이고, 비망록이랍시고 공개하는 것은 더더욱 심각한 비신사적 행위가 아닐 수 없으며, 정치 도의상 도저히 있을 수 없는 행위이다.

정권 교체를 이룰 가능성이 가장 큰 국민 후보를 단일화 테이블로 유인한 후 조직의 힘으로 내려앉히고 나서도 민주당의 후보를 제대로 돕지 않아서 패배했다고 공격하거나, 대선 후 민주당 입당 회유와 끊임없는 연대 제의를 하다가 이제는 대선 패배의 원인을 안철수에게 뒤집어씌우면서 단일화 과정을 함께하고 유세 지원을 도왔던 사람의 뒤통수를 후려치는 행위가 책임 있는 공당의 자세인지 묻고 싶다.

대선 후보 단일화 과정에서 광범위한 민주당 당원의 조직력과 재야 원로, 시민단체, 친민주당 성향의 언론들, 각종 정치 교수들, 친민주당 작가들의 유명세와 힘을 빌려 얼마나 많은 편파적 압박을 가했었던가. 경쟁력 있는 후보가 나가서 대선을 승리했더라면 지금의 대치 정국은 없었을 것이다. 안철수 전 대선후보가 심지어 사퇴 당일에 실시된 여론조사조차도 박근혜 후보를 앞선 것으로 나타났다는 사실이 두고두고 안타깝기만 하다.

제18대 대선이 끝나고 1년이 다 되어 가는 시점에서 기억나는 건 새 정부에서 발생하고 있는 각종 불미스러운 일들과 여야 간의 끝없는 정쟁과 민주당의 안철수에 대한 지겨운 견제뿐이었다. 정치권이 국민들에게 희망을 주는 것이 아니라 정치 염증을 제대로 느끼게 해 주고 있어서 마음이 착잡하다. (2013-11-01)

■ 의사에서 기업인, 그리고 대권 후보까지

　제3회 '젊은의사포럼'이 서울교육문화회관에서 11월 2일과 3일 양일간에 걸쳐서 치러졌다. 미래의 의사를 꿈꾸는 의학도를 위해 의대협에서 개최한 본 행사는 11월 2일에는 조정래, 션, 최주영, 박재영, 신철호, 이희아 씨가 연사로 나섰고, 3일에는 서민, 정혜진, 조병국, 송형석, 안철수 의원 등이 강연을 진행하였다.

　안철수 의원은 11월 3일 일요일 오후 4시 20분부터 5시 10분까지 강연 시간이 배정되어 있었는데, 강연이 끝나고 질문까지 받는 데 걸린 시간은 대략 한 시간 가까이 소요되었다.

　강연의 제목은 '의사에서 기업인, 그리고 대권 후보까지'. 안철수가 걸어온 인생에 대해 짧은 시간 속에 응축시킨 강의였고, 필자 개인적으로는 제18대 대선 후보가 되어 정계 입문한 부분에 대해 굉장한 호기심을 가지고 강연장을 들어섰으나 막상 강의 때에는 대권 후보와 관련한 정치적인 내용은 들을 수 없었고, 정치적인 질문도 들어오지 않았다.

　오늘 진행된 강연에서 안철수 의원은 "제가 지금 직업이 다섯 개입니다. 의사였었고, 컴퓨터 프로그래머, 경영자, 대학교수, 이제는 정치인인데요. 사실

다섯 번째 일을 지금 하고 있지만 제가 일을 바꾸고 싶어서 바꾼 적은 한 번도 없었어요. 그리고 일을 바꿀 때 나름대로 고민도 굉장히 많았고 그리고 처음 바꾼 다음에는 시행착오도 거쳤는데, 고생했던 이야기들이나 극복했던 이야기들을 지금 의대 다니는 학생들한테 도움이 될까 해서 준비를 해 봤습니다." 하면서 다양한 분야에서 성공을 거두면서 현재 정치인이라는 직업을 갖게 된 과정에 대한 서두를 열었다.

"V3를 무료로 나눠 준 건 당연했습니다. 제가 사회에서 받은 일부라도 돌려 줄 수 있는 기회 자체가 고맙고, 제가 사회에 쓰임새가 있다는 사실만으로도 가슴 벅찬 일이었습니다." 기업 CEO로서 수익보다 사회적인 공헌에 더 가치가 있음을 강조하기도 하였다.

"우리 인생에서 여러 가지 크고 작은 선택의 기로에 섰을 때, 치열하게 고민해서 선택하면 자기가 정말 원하는 것이 무엇인지 스스로를 알게 되는 굉장히 소중한 계기가 되는 것 같습니다. 의사 생활을 계속할지, 컴퓨터 바이러스 프로그래머 생활을 할지에 대해 진로 고민을 6개월 정도 해 본 적이 있는데, 정말로 심각한 순간에는 과거를 잊어야 한다는 생각을 하게 되었습니다. 과거의 실패뿐만 아니라 과거의 성공이나 과거에 열심히 해서 결과를 가졌던 모든 것들을 다 잊어 버려야겠구나라고 생각을 정리했습니다. 그리고 윗사람들의 평판에 너무 흔들리면 안 되겠다고도 생각했습니다. 인생에 있어서 중요한 선택을 할 때에는 주위 사람들의 단기적인 의견에 너무 좌지우지되면 안 되겠다고 느꼈습니다."

또한 진학이나 진로, 사회생활에 있어서 진지한 고민이 필요하며 그것은 나중에 소중한 자산이 될 수 있음을 여러 가지 예를 들어 가며 언급하였다.

"어떤 선택이 내가 의미를 느낄 수 있는가, 어떤 선택이 내가 재밌게 할 수 있는가, 어떤 선택이 내가 실제로 잘할 수 있는 일인가, 이 세 가지가 중요하다고 생각했습니다. 그래서 이때 세운 기준을 가지고 살아오면서 여러 결정을 할 때마다 대입을 했습니다. 의사의 경우, 제 면허 번호가 3만 번대가 넘어요. 제가 없어도 3만여 명의 의사가 있다는 겁니다. 그런데 컴퓨터 바이러스 쪽은 저밖에 없었거든요. 그렇기에 의미는 더 크고 저를 더 필요로 하는 분야였습니다."

"세상을 산다는 것이 맷집을 기르는 것이구나라고 생각했습니다. 처음에는 사소한 걸로 굉장히 상처도 받습니다. 그러나 이것을 극복하면 다음에 똑같은 걸로 무너지지 않습니다. 그런 식으로 견딜 수 있어요. 더 큰일이 생기면 또 극복하면서 맷집을 기르는 거예요. 도전할 때의 선택 기준이랄지, 또 최선을 다하는 자세랄지, 그리고 새로운 것들을 만들어 나가는 것, 그 결과를 사회와 함께 나누는 것 등은 변치 않을 것이라고 이 자리에서 확신 있게 말씀드리겠습니다. 경청해 주셔서 감사합니다."

강연을 마치고 두 번의 질문에 대한 답변을 할 기회를 가졌는데, 멘토가 있냐는 참석자의 질문에 "롤 모델과 멘토는 굉장히 다릅니다. 롤 모델은 내가 닮고 싶은 사람, 멘토는 상의할 수 있는 사람입니다. 멘토가 되려면 가장 중요한 항목이 항상 어려울 때 연락해서 이야기를 나눌 수 있어야 합니다. 제게는 롤 모델과 멘토 둘 다 있었습니다. 안Ahn 연구소를 경영할 때 롤 모델은 인텔 CEO였던 앤디 그로브였습니다. 엔지니어인데 경영자 자리에 올라 인텔사를 최고의 번영을 이룩하게 했습니다. 엔지니어 시절 자기의 노하우를 엔지니어 스타일로 잘 정리해서 경영학 책도 썼습니다. 다른 사람을 가르치는 데에도 굉장히 열정을 가지고 있어서 그런 면에서 롤 모델이었습니다. 멘토는 실명을 밝히긴 그렇지만 외국계 회사 CEO였던 분을 고문으로 들여서 고민되는 부분들을 상의하곤 했습니다."

강연 중간중간에 몇 차례의 우스갯소리로 관중석에서 폭소가 터지기도 했고, 줄곧 청중들이 경청하는 모습이 인상적이었다.

마침 공교롭게도 안철수 신당이 임박했다는 기사들이 속보로 올라온 시점에 이루어진 외부 강연에서, 정치권 밖에서도 굳이 정치인으로서가 아니더라도 기회가 주어진다면 본인이 자신 있어 하는 분야에서 필요로 하는 계층에게 사회적 멘토로서 영향력을 이어 갈 생각인 것으로 보인다.

공중파 방송이나 주요 매체에서 안철수를 다루지 않고 있는 실정이라 안철수의 존재감에 대해 운운하지만, 실제로 하루하루 정치권 안팎에서 무척 바쁜 활동을 펼치고 있는 것만은 틀림없는 사실이다. (2013-11-04)

'복지국가소사이어티' 정책 전문가와 복지국가 운동가들이 내년 지방선거에 직접 출마하기 위한 출범식이 12일 저녁 7시 서울 대방동 서울여성플라자에서 공식적으로 열렸다.

위원회 대표로는 이상이 제주대 교수(복지국가소사이어티 공동대표)가 추대되었다. 권역별 추진 위원 200여 명의 명단이 발표되었고, 이 가운데 100여 명은 내년 6월 4일 지방선거를 비롯해 각급 선거에 직접 출마할 계획이다.

특히 수도권과 제주 등에 2~3명의 광역단체장 후보를 낸다는 방침이며, 이상이 교수는 "내가 경기지사 후보로 나설 것"이라고 말했다.

이들은 "위원회의 목적은 복지국가 정치 실천을 위한 복지국가 정당 건설이며, 복지국가 건설이라는 정치적 비전에 동의한다는 전제하에 안철수 의원을 포함한 제 세력과 연대하거나 더 깊은 정치적 동맹 등을 구축하는 방안도 적극적으로 검토할 계획"이라고 밝혔다.

이날 행사에는 무소속 안철수 의원, 민주당 김한길 대표, 정의당 심상정 원내대표도 참석하여 축사를 하였다. 김한길 대표의 축사가 끝난 뒤 안철수 의원이 연단에 오르는 순간 장내는 "안철수"를 연호하는 함성으로 가득하였다.

"안녕하십니까, 안철수입니다. 작년 7월에 『안철수의 생각』이라는 책을 냈었습니다. 마치 10년 전인 것 같은데 1년 4개월밖에 안 됐습니다. 그 책에서 주장했던 바를 간단하게 말씀드리면 이런 내용입니다.

지난 50년간 우리 대한민국이 정말 많은 것들을 이루었습니다. 즉 처음에는 가난이라는 문제에 대해서 산업화로 이것을 극복했고 그리고 또 자유에 대한 갈구는 민주화로 이루었습니다. 그래서 다른 선진국이 200년에 걸쳐 겨우 이룬 것들을 우린 둘 다 짧은 기간에 이루어 낸 것입니다.

우리는 가난이라는 문제도 극복했고 자유에 대한 갈구도 극복했는데, 그러면 지금 현재 우리에게 주어진 문제는 무엇인가요. 저는 그것이 미래에 대한 불안, 즉 모든 우리 대한민국 구성원들이 가장 고민하는 것 중의 하나인 미래에 대한 불안을 풀어 나가는 것이 가장 중요한 문제라고 생각했습니다. 그것을 풀기 위해서는 복지국가를 만들어야 합니다. 그리고 그게 서구형 등 여러 가지 모델이 있습니다만, 우리는 우리 실정에 맞는 한국형 복지국가를 만들어야 합니다. 이것이 제가 썼던 『안철수의 생각』이라는 책의 주된 내용입니다.

제 지역구가 노원입니다. 노원이 어떤 뜻인지 아십니까? 여러 가지 뜻이 있습니다. 우선 한자로 보면, '갈대 노(蘆)' 자에 '벌판 원(原)' 자입니다. 갈대밭이라는 뜻입니다. 노원에 여러 전철역이 있는데 그중에 마들역이 있습니다. 그게 말이 뛰어놀던 벌판, 목장이란 뜻입니다.

그래서 노원이라는 지역 자체가 옛날에 갈대밭에 말이 뛰어노는 곳이라는 유례가 있습니다. 그런데 또 선거를 하다 보니까 유권자 분들이 그게 노원(No One)이라 하여 절대로 1번은 당선이 안 되는 곳이랍니다.

새누리당은 절대로 발 못 붙이는 게 노원이라는 그런 말도 들었습니다. 그리고 또 어떤 분은 노원이니까 영어로 number one, 제일 좋은 곳이라는 뜻도 있고, 또 어떤 분은 뒤의 원은 돈이랍니다. 그래서 한 푼도 없는 굉장히 힘든 곳, 이런 식으로 말씀하시는데요.

실제로도 가서 보니까 정말 형편이 어려운 분들이 많이 사신다는 것을 알았습니다. 노원이 인구로 보면 우리 서울의 자치구 25개구 중에서 송파구 다음으로 두 번째로 많은 60만 인구가 살고 있습니다. 제주도 인구와 거의 비슷하거나 조금 많은 정도이고, 65세 이상 어르신들이 서울에서 가장 많이 사시는 곳입니다. 그리고 징애인 숫자도 가상 많습니다. 형편이 어려워서 국가의 보조를 받는 기초생활 수급자가 가장 많이 사는 곳도 노원입니다. 그게 제 지역구입니다.

그래서 굉장히 많은 말씀들을 듣고 정말 많이 배우고 있습니다. 그곳이 제 지역구라는 사실이 매일매일 살면서도 참 감사한 곳이기도 한데요. 그런 여러 가지 면에서 제가 작년에 썼던 책에서 이제 우리나라가 복지국가로 가야 한다는 것들을 진심으로 믿고 주장을 했으며, 제 지역구가 복지가 있어야만 공동체로서 그 기능을 할 수 있는 곳이기도 해서, 제가 지금 현재 보건복지위원회에서 상임위 활동을 하는 이유이기도 합니다.

여러 가지로 현재 열심히 활동을 하고 있는데요. 오늘 참 의미가 깊다고 봅니다. 지금까지 복지에 대해서 저보다도 훨씬 오래전부터 많은 활동을 해 오시고 여러 가지 성과를 내신 분들이 오늘 출범식을 한다는 소식을 접하고 아주 기쁜 마음입니다. 정말 오늘 출범을 통해서 민생 구석구석 퍼진 불안들을 해소할 수 있는 의미 있는 논의를 꼭 이루어 주시길 바랍니다. 그리고 여기 계신 많은 분들이 만들어 나가는 새로운 복지 담론이 한국형 복지국가의 이정표를 만드는 역할을 하기를 기대합니다.

그래서 복지와 성장이 진정한 조화를 이루어서 우리 사회 현실에 맞는 복지 정책들이 만들어지길 진심으로 바랍니다. 이렇게 세워진 논의들이 우리 대한

민국이 미래로 나가는 초석이 되기를 진심으로 기원합니다. 고맙습니다."

금일 행사는 안철수 의원에 귀속된 사조직의 출범식도 아니었지만, 구체적으로 안철수 신당의 세력화가 무르익어 가고 있고, 새 정치를 구현해 줄 구체적인 결과물들이 실행 위원들에 대한 추가 인선 발표와 더불어 형상화되어 가고 있다는 느낌을 매우 강하게 받을 수 있었다. (2013-11-13)

■ '새 정치'를 대하는 마음

이 사회가 안철수를 바라보는 조급증이 심하다. 보수와 중도, 진보에 걸쳐 폭넓은 포지션에 있는 정치적 스펙트럼 덕분에 다양한 층으로부터 지지를 받고 있으나, 여러 목소리들이 한꺼번에 불협화음을 일으키고 있는 어수선함도 발견된다. 하지만 여러 불협화음의 목소리들을 가라앉힐 수 있는 비결도 그의 차분한 성품에 있다.

정치가 바뀌고 새 정치가 성공하기 위해서는 조급증을 버리고 숨을 고르면서 같은 평행선에 있는 안철수 지지층 중에서 성향이 다른 사람들과의 차이점을 바라볼 수 있어야만 한다.

특정한 목적을 위해서 안철수를 도구로 사용하려 들거나, 특정의 수단과 방법으로만 안철수의 새 정치가 성과물을 낼 수 있다고 강요해서도 안 된다. 새 정치는 과잉보호해서도 안 되고, 가혹하게 다루어서도 안 된다. 충분한 관심과 충분한 시간을 함께 필요로 한다.

최근 안철수 의원은 '새 정치'라는 것이 없는 것을 거창하게 뚝딱 만들어 내는 정치가 아니라고 했고, 그런 의미에서 독과점적인 것이 아니라 기성 정당들도 얼마든지 '새 정치'를 할 수 있다고 말했다. 안철수 측근들도 실행 위원의 자격으로 정치를 하던 사람들도 포함이 되겠지만, 기득권을 내려놓고 새 정치의 개념에 맞는 사람들이라면 합류할 수 있다고 몇 차례 언급을 한 적이 있다.

정치 경험자를 뽑아 놓으면, 구태니 철새들이니 조롱이나 하고, 정치 경험이 없는 사람들을 뽑아 놓으면, 중량감이 떨어지고 초보자들 가지고 뭘 하겠느냐며 헐뜯는데, 그런 접근 방식은 곤란하다.

안철수를 향한 상습적 비평을 하는 사람들 중에서 대안이나 팩트를 가지고 비판하는 것을 거의 본 적이 없다. 과도한 강요와 충고, 요구는 새 정치 에너지를 떨어뜨릴 뿐이다. 언젠가 안철수 의원이 인용했듯 말과 소를 호수에 빠뜨리면 말은 빨리 헤엄치다 빠져 죽고, 소는 둥둥 떠다니다 조금씩 헤엄쳐 나와 살게 된다는 우생마사(牛生馬死)라는 사자성어의 뜻처럼 민심의 흐름에 몸을 맡기고 뚜벅뚜벅 해 나가면 결국 소처럼 강 밖으로 살아서 나올 수 있을 것이라는 마음을 가져야 한다. 포용력 있고도 정의로운 혜안으로 새 정치를 함께 이루겠다는 생각으로 나아가야 우리가 기대하는 좋은 성과물이 나올 수 있지 않을까.
(2013-11-16)

범야권 정치 원로와 시민사회 인사 등이 참여한 범국민운동 기구인 '민주와 평화를 위한 국민 동행'(국민동행)이 17일 출범했다.

국민동행은 이날 오후 서울 동작구 흑석동 원불교 서울회관에서 창립 대회를 열고 "국민의 삶을 포용하는 정치, 소통과 통합의 정치를 펼치겠다던 대통령과 여야의 약속은 정파 간 대결 속에서 실종돼 버렸다. 민주주의 신장, 경제 민주화 및 민생 복지 실천, 한반도 평화를 위한 국민운동을 시작하겠다."고 창립 선언을 하였다. 정치권에서는 민주당 김한길 대표, 정의당 천호선 대표, 무소속 안철수 의원 등의 내빈들이 참석하였다.

현재까지 804명의 발기인이 참여한 '국민동행'은 김덕룡 전 한나라당 원내대표, 권노갑, 정대철 민주당 상임고문, 인명진 목사, 정두근 '상호존중과 배려 운동본부' 총재, 신필균 '복지국가 여성연대' 대표, 반재철 홍사단 이사장, 영담 스님, 김근 전 한국방송광고공사 사장 등 9명의 공동 대표단을 선출하였다.

안 의원은 연단에 올라 "안녕하십니까, 안철수입니다. 먼저 민주와 평화를 위한 국민동행의 창립을 진심으로 축하드립니다. 지난 11월 11일 국민동행에 대해 처음 제안이 나왔습니다.

처음 그 소식을 듣고 왜 11월 11일을 택하셨을까 생각했습니다. 혹시 중고등학생들이 이야기하는 '빼빼로 데이'라서 그런 건가요. 1이 네 번 겹치는 날인데요. 생각을 하다 보니 문득 그 생각이 들었습니다.

1은 굉장히 곧은 숫자입니다. 모든 것을 바로잡는다는 것인데요. 혹시 현재 잘못되어 있는 상황들을 바로잡기 위해서, 그런 마음들이 하나가 아니라 모이고, 모이고, 모인 날, 그런 날이 11월 11일이 아닌가라는 생각을 하게 되었습니다.

혹시 제 생각이 맞습니까? 지난 11월 11일 권노갑 고문님, 그리고 김덕룡 대표님 포함 33분의 원로들께서 제안하신 지 정말 6일밖에 되지 않았는데 이렇게 많은 발기인분들이 모이신 걸 보고 우리 정치의 분열과 갈등이 얼마나 심각한지를 나타내는 그런 상황이 아닌가, 그리고 얼마나 많은 걱정거리를 저를 포함한 정치권이 안겨 주는 건 아닌가 생각했습니다.

사실 저는 이 자리에 서기가 정말 송구스런 마음입니다. 지난 대선 때 새 정치가 하나의 화두였습니다. 안철수의 새 정치라는 것은 기존의 낡은 정치를 바꾸자는 국민들의 요구가 모이고 그것을 대변하기 위한 것이었다고 생각합니다. 그리고 기존 정당들은 당명과 색깔까지도 바꿔 가면서 변화를 약속했었습니다.

하지만 선거가 끝나고 일 년이 다 되어 가는 지금, 결국 정치는 단 한 발자국도 나가지 못하고 있습니다. 앞으로 나가지 못한 정도가 아닙니다. 통진당 사태, 사초 실종 논쟁, 국가 기관의 대선 개입 논란까지 과거에 매달린 이슈들이 정치를 뒤덮어 버렸습니다. 이런 상황에서 우리 국민들의 삶의 문제들을 해결하는, 연계되어 있는 민생 법안들은 전혀 국회에서 관심을 끌지 못하고 있습니다. 당시의 국민들이 요구했던 개혁, 정치가 약속했던 변화는 어디로 갔습니까. 정녕 이런 모습은 아니었다고 생각합니다.

저는 우리 정치의 가장 나쁜 악습은, 그래서 국민들의 지지를 받고 있지 못하고 있는 그 이유는 약속의 문제라고 생각합니다. 선거 때면 국민들에게 무엇이든지 약속합니다. 그렇지만 끝나면 어느 것도 지키지 않습니다. 선거 때는 변화를 약속합니다. 그렇지만 선거가 끝나면 다시 뒷걸음질 칩니다. 국민의 삶보다 정쟁에 몰두하는 정치, 삶의 문제를 해결하기보다 다음 정권 탈취에만 몰두하는 정치, 이제는 사라져야 합니다.

뿐만 아닙니다. 북한의 핵 보유, 그리고 중국의 무장, 일본의 재무장 등 한반도를 둘러싼 국제 정세가 정말 간단하지 않습니다. 우리나라는 역대로 강대국 간의 역학 관계가 바뀔 때마다 항상 최대의 피해자가 되어 왔습니다. 지금이 바로 그러한 위기의 시대입니다.

그렇지만 이를 돌파해 나가기 위해서 남북, 한중, 한미, 한일 관계에 대한 철학과 비전이 정리가 되어 있어야 하는데, 그런 모습이 보이지 않고 있습니다. 오늘 다행히 이 자리에 서 보니, 우리 사회의 어른들께서 앞장서 주시고 또 많은 지역의 젊은 청년들의 모습도 많이 보입니다. 또 우리 사회의 중추인 40대와 50대 분들이 함께 동행해 주셔서 더 좋은 대한민국 공동체의 미래를 이야기할 수 있다는 그런 자신감이 들었습니다. 행동하는 시민들의 힘에 의해서 우리 정치가 변화할 수 있다는 희망의 싹을 오늘 보게 됩니다.

여러분의 동행에, 여러분의 동행이 품으신 고귀한 뜻에 저도 함께하겠습니다. 여러분께서 저를 포함한 정치를 감시하고 견제하고 이끌어 주십시오. 저 역시 미력하나마 힘을 보태겠습니다. 같이 부축하고 어깨를 내밀고 손을 맞잡겠습니다. 다시 한 번 '동행(국민)'의 출발을 축하드리며 그 뜻에 감사드립니다. 고맙습니다."라고 진심을 담은 축사로 행사의 분위기를 띄웠다.

이날 행사장에는 전국에서 올라온 많은 안철수 지지자들도 함께하여 눈길을 끌었다. (2013-11-17)

2장 · 독자 세력화 추진

안철수 신당이 성공해야만 하는 이유 | 다큐멘터리 영화 〈두물머리〉 시사회에 나타난 안철수 | 계속되는 대선 단일화 공방 | 새정치추진위원회의 출범 | 신당 창당 준비 기구 '새정치추진위원회' 사무실 오픈 | 2014 갑오년(甲午年)의 새 아침은 밝아 오고 | 안철수 중도 세력이 풀어 나가야 할 대국민 과제 | 안풍(安風)의 진원지에서 열린 새 정치 토론회의 뜨거운 열기 | 신당 창당 준비 조직, 거리 홍보에 나서다 | 안철수와 SNS 지지자들과의 만남 | 신당 창당과 6.4 지방선거에 임하는 안철수의 우생마사(牛生馬死) | 안철수의 일갈, "기득권은 새 정치를 모른다고 시치미 떼고 있다." | 마침내 새정치연합 중앙당 창당 발기인 대회가 열리다 | 안철수 중앙운영위원장의 '기초선거 무공천 선언'의 정치권 파장

사진 ⓒ 이지혁

■ 안철수 신당이 성공해야만 하는 이유

한국사회여론연구소(대표 김갑수)가 지난 11월 23~24일 전국 19살 이상 남녀 700명을 대상으로 실시한 여론조사를 통해 '안철수 의원이 신당을 창당할 경우 어느 정당을 지지하겠느냐'는 질문에 새누리당 37.9퍼센트였고, 안철수 신당 27.3퍼센트, 민주당 12.1퍼센트, 통합진보당 1.1퍼센트, 정의당 0.3퍼센트, 모름·무응답 21.3퍼센트 순으로 나타났다.

제18대 대선이 끝난 후에도 끊임없이 여러 여론조사 기관에 의해 정기적, 비정기적으로 이루어진 여론조사에서 가상의 안철수 신당에 대한 지지율이 20퍼센트 중반대를 유지해 왔다는 것은 매우 주목할 만한 일이다. 대선이 끝난 지 1년이 다 되어 가는 시점임에도 불구하고, 지난 제18대 대선에서 본선에 오르지도 못한 채 대선 후보직을 사퇴한 한 개인이 선거가 끝난 후 정당을 만들기도 전에 지속적으로 높은 지지율을 지켜 온 것은 기이한 사례이기 때문이다.

안철수 의원이 내년 지방선거 이전에 신당을 창당한다면, 이는 곧 지방선거를 앞두고 창당을 한다고 말할 수도 있지만, '대선이 끝나고 창당하는 정당'이라고 보는 것이 더 정확하다고 봐야 할 것이다. 여전히 식지 않은 안철수 신당에 대한 기대감은 창당이 임박해질수록 더욱 상승할 가능성이 크다.

한국의 정치 지형은 반드시 바꿔어야만 한다. 오랜 정치 양극화로 인해 얼마나 많은 사회적, 정치적 갈등이 있어 왔는가. 이젠 그 고통스런 틀을 반드시 깨야만 할 시점이 왔다.

중도 노선의 신당이 창당되어 반드시 성공해야만 하는 이유는 여러 가지가 있다. 우선 현재의 극단화된 양당제 구도가 빚어낸 사회 갈등의 폭이 너무나 크다. 좌와 우의 극단적인 내치, 네편 내편 가르기는 끝없는 정쟁을 야기해 다양화된 사회의 다양한 목소리를 대변하기가 힘들다. 선거 때마다 불거지는 이념 논쟁과 낡은 프레임의 정치, 이런 선거 구도에서 피해를 보는 것은 국민들이기 때문이다.

극단적이지 않은 중도의 스탠스에서 다양한 목소리를 수용하고, 진보의 장점과 보수의 장점을 아우르는 정강 정책을 가진 정당이 탄생하여 양당제의 폐해를 막아야 하는 것이다.

포용력 있는 정치적 스탠스를 바탕으로 국민들을 위하는 겸손한 민생 정치를 펼치는 양심과 실천력을 갖춘 정치 세력의 등장은 많은 국민들이 바라는 바이다. 지금까지 총선이나 대선과 같은 큰 선거를 앞두고 개인의 지명도를 이용한, 개인의 집권을 염두에 두고서 급조된 신당들의 무수한 탄생과 소멸을 지켜본 바 있다. 단순히 선거만을 염두에 두고서 개인을 통한 사당화된 정당의 수명이 짧을 수밖에 없었던 것은 당연한 이치다. 그렇기 때문에 안철수 의원의 성격에 더해진 신중함은 급조하여 실패하는 당이 되거나 개인의 사당화가 되지 않기 위함이다.

모든 정당들이 선거 때마다 국민을 위한다, 나라를 위한다, 경제를 살리겠다는 등의 공약을 한다. 그런데 선거가 끝나고 나서 제대로 지켜지는 공약은 많지 않다. 안철수의 '새 정치'는 정치가 기본으로 돌아가 민생을 위하고, 국민을 위하고, 약속을 지키고 실천을 하는 정치를 하겠다는 것인데, 그래도 이해가 안 간다고 말하는 건 문제가 많다. '새 정치'는 의외로 정말 쉽고 단순한 것이라고 생각된다.

더 이상 독재의 산물로 태어난 잉여 세력들이 집권하여 대한민국의 정통성을 깨뜨리거나, 과격한 투쟁의 이력들이 당연함의 완장을 차는 시대는 지났다.

"지난 50여 년간 대한민국은 가난이라는 문제를 산업화로 극복했다. 자유에 대한 갈구는 민주화로 이뤄 냈다. 지금 우리에게 주어진 문제는 무엇인가? 나는 '미래에 대한 불안'이라고 생각한다. 이를 풀기 위해 우리 실정에 맞는 복지국가를 만들어야 한다는 것이, 『안철수의 생각』의 주된 내용이었다." 이는 안철수 의원이 '복지국가 정치추진위원회'의 출범식에서 한 말이다.

이제는 민생과 복지를 생각해야만 한다. 나라의 살림살이를 챙기고 오로지 국민들이 웃으면서 잘살 수 있는 정치를 고민해야만 한다. 그러기 위해서 민생과 복지를 잘 담아내어 겸허히 실천하는 중도 정당의 탄생이 그 출발점이 될 수 있다.

조속히 국회와 정치권이 복지와 민생 문제에 주력할 수 있도록 박근혜 대통령의 결단을 촉구하며, 민생을 가로막고 있는 현 정국을 야기한 데 대해 국가 수반으로서 대다수 국민들이 납득할 수 있는 책임 있는 자세와 조치들을 취해야만 할 것이다. (2013-11-28)

다큐멘터리 영화 〈두물머리〉 시사회에 나타난 안철수

12월 4일 수요일 저녁 8시 30분 압구정 CGV 6관에서 서울독립영화제 초청으로 〈두물머리〉 시사회에 안철수 의원이 참석하였다.

다큐멘터리 영화 〈두물머리〉는 경기도 양평군 팔당 두물머리를 2009년 6월 MB가 유기농업을 수질 오염의 원인으로 지목하고, 4대강 정비 사업 계획에 두물머리를 포함시키면서 지역 농민들이 3년 4개월 동안 맞선 치열한 투쟁의 기록을 담은 영화이다.

서울독립영화제에서는 11월 29일(오후 6시)과 12월 4일(오후 8시 30분) 서울 압구정 CGV, 12월 5일(오후 1시) 인디스페이스를 통해 〈두물머리〉를 상영하였고, 3년 동안 있었던 일들과 4대강 사업을 둘러싼 지역 쟁점과 자료집 등으로 채워진 세 권으로 구성된 백서 「공사 말고 농사짓자」도 공개되었다고 한다. 이명박 정권의 탄생은 과거 '개발주의' 시대에 대한 많은 국민의 향수가 낳은 역사의 비극이다. 그 비극의 결정판은 바로 4대강이기도 하다.

안철수 의원은 지난 제18대 대선 후보 때 집권하게 되면 4대강 사업을 중단하고 생태계 및 수질 영향 평가를 실시하겠다고 말한 적이 있다. 지난 7월에는

"4대강 사업이 과정에도 문제가 많았음이 밝혀지고 있다. 건설사들 담합도 있었던 것으로 드러났다. 이에 따라 경제개혁연대가 소송을 준비 중이다. 경제정의 실현에 힘을 더해 주기 바란다."라고 발언하기도 했다.

측근인 송호창 의원도 7월 12일 4대강 사업 감사원 감사 결과와 관련, 이명박 전 대통령에게 정치적·법적 책임을 물어야 한다고 주장했다. "이런 문제가 재발해선 안 된다. 그러기 위해서는 이 전 대통령에게 정치적인 책임뿐만 아니라 법적인 책임까지도 물을 수 있다면 당연히 물어야 한다. 이명박 대통령이 선거 당시에 국민이 반대하면 4대강 사업을 하지 않겠다, 대운하 사업을 하지 않겠다고 했는데, 결과적으로 국민과의 약속을 어기고 엄청난 예산을 쏟아 부으면서 4대강 사업을 했다. 어떻게 이런 일이 있을 수 있는지 너무나 안타까울 뿐"이라고 말한 바 있다. 안철수 의원과 송호창 의원의 4대강에 대한 인식이 어떠한가를 가늠할 수 있는 발언들이다.

이날 시사회에서는 안철수 의원의 측근 금태섭 변호사도 동행하였고, 영화 〈두물머리〉에 관심을 가진 일반 시민들과 안철수 의원의 일정을 따라간 일부 열성 안철수 지지자들도 참석하였다.

영화가 끝나고 난 후 트위터에는 "안철수 지지자, 문재인 지지자, 박근혜 지지자 등 가릴 것 없이 모든 사람들이 이 대한민국의 썩은 정치를 목격했으면 좋겠다.", "안철수가 보는 저 영화 대박 나서 이명박이 4대강 재조사 들어가서 감방으로 보내는 데 일조했으면 좋겠다. 난 이명박이 골프 치고, 웃고 다니는 게 세상에서 제일 배 아프고 서럽다." 등의 글이 올라오기도 했다.

시사회에 참석한 것으로 보이는 지지자 한 사람은 어디서 많이 본 듯한 사람(안철수 의원) 같아 놀랐지만, 슬쩍 곁눈질만 하고 왔다는 식의 재미있는 글을 올리기도 했다. 안철수 의원도 본인의 계정(@cheolsoo0919)을 통하여 "다큐멘터리 영화 〈두물머리〉를 보았습니다. 4대강 사업에 맞선 농민들의 3년 4개월 간의 이야기입니다. 몇 사람의 진심과 신념이 세상을 바꿀 수 있다는 것을 보여 주는 치열한 삶의 기록입니다."리고 소감을 밝히기도 하였다.

많은 분들이 다큐멘터리 영화 〈두물머리〉를 보셨으면 하고, 국민들의 혈세 수십조 원을 멀쩡한 산하를 파괴하는 데 낭비한 이명박 전 대통령과 관련자들에 대해 강력한 법적 책임을 묻는 날이 와야 할 것이다. (2013-12-05)

▋ 계속되는 대선 단일화 공방

친노계이자 문재인 전 대선 캠프에서 종합 상황 실장을 지낸 민주당 홍영표 의원의 저서 『비망록-차마 말하지 못한 대선 패배의 진실』이 출간된 지 한 달여 만에 문재인 의원의 대선 회고록이 오는 12월 9일 공식 출간된다고 한다.

언론에 일부 공개된 대선 회고록의 내용을 통해 문재인 의원은 "안철수 후보의 사퇴는 예상 못한 큰 충격이었다."고 밝히고 있다. 문재인 의원은 안철수가 사퇴하지 않았으면 내가 양보했을 것이라면서, 지난해 대선 후보 단일화 과정에서 자신이 양보해 안 의원의 여론조사 방식을 수용했을 것이라고 했다.

문재인 의원은 일찍 양보를 못한 이유에 대해 "저는 민주당의 후보인 만큼 단일 후보를 내주는 결과가 될 수도 있는 중대한 양보를 제 마음대로만 할 수는 없는 처지였다. 하지만 시간이 없다는 것을 알았으면, 더 일찍 결단할 수도 있었을 것"이라면서 국회의원직을 사퇴하지 않은 이유를 지역 주민들의 의사를 내세웠던 것과 같이 후보직 사퇴 문제 역시 자신의 의지보다는 당의 의사를 더 강조하는 뉘앙스다.

문 의원은 최근 11월 29일에는 서울 여의도의 한 음식점에서 출입기자단과 만나 "2017년에 어떤 역할이 주어지더라도 감당할 것이다. 대선 재출마에 집착하지 않겠지만 기회가 오면 회피하지 않겠다. 안철수 의원과 우호적 경쟁 관계이지만, 종래에는 같이해야 한다."고 했다. 사실상 대선 재출마 선언이었다. 대선 선대위 해산식에서 "개인의 꿈을 접는다."던 종전의 불출마 선언을 사실상 뒤집는 발언이었다.

12월 2일 기자들과의 오찬 간담회 자리에서는 무소속 안철수 의원에 대해 "민주당에 입당한다면 당 혁신 권한을 가질 수 있을 것"이라는 발언도 하였다. 차기 대선이 4년여 남아 있는 시점에서 벌써부터 결선 투표제니, 안철수와 또다시 단일화를 통한 연대를 하겠다는 발상이 우려스럽고, 이것이 공당의 사유화를 의미하는 것은 아닌지 의구심도 가지게 한다.

그는 "다음 대선에서 야권 후보 단일화가 필요할 경우 시민사회가 미리 논의 기구를 만들어서 단일화 시작 시기, 결정 시기, 단일화 방안 등을 객관적으로 제시해 주는 것이 바람직하다. 강제력은 없더라도 그것이 일종의 가이드라인으로 작용할 수 있도록 하는 것이 합리적"이라고 밝혀, 시민사회 쪽의 중재 필요성을 언급했다. 작년 대선 때 편파적으로 안철수에게 전방위 압박을 가했던 야권 원로 모임, 시민단체 등도 다시 활용할 것을 예고한 것이다.

문재인 의원의 회고록 출간에 대한 안철수 측의 입장은 "부족함이 많았지만 지금은 할 말이 없다."는 반응이다. 차기 대선 출마 관련한 기자들의 질문에 안철수 의원은 "지금 해야 할 일들을 하고 있는 중"이라고 밝혔다.

문 의원은 대선을 앞둔 2012년 10월부터 안 후보와의 단일화를 위해서 "저와 민주당이 가지고 있는 기득권을 다 내려놓겠다."는 말을 수시로 해 왔다. 11월 18일에는 "룰 결정, 安에 맡길 것"이라고 통 큰 양보를 선언하기도 하였다. 20일에는 63빌딩에서 열린 한국방송기자클럽 주최 대선 후보 토론회에서는 "국민들에게 감동을 주는 단일화가 필요하고, 그렇게 하기 위해서 필요하다면 내가 다 양보하겠다."는 발언도 했다. 무소속 안철수 후보에게 통 큰 양보를 하겠다고 한 발언이 변함없느냐는 질문에 "그렇다."고 답했던 그다.

그러던 것이 말이 바뀌어 22일 언론과의 인터뷰에서 안철수 후보와의 단일화 협상이 진통을 겪고 있는 것과 관련해 단일화가 안 될 경우 후보 등록을 강행해 '국민 표에 의한 단일화'를 추진할 수 있다는 뜻을 비치며 안철수 측을 강하게 압박했다.

"대선 후보 등록일(25~26일) 이후 무소속 안철수 후보와의 단일화는 우리가 선택할 방법이 아니다. 후보 등록일까지 단일화 협상이 타결되지 않으면 저로서는 후보 등록을 안 할 방법이 없다."고 말했다. 이것은 협상이 깨질 경우 후보 등록을 강행하겠다는 배수진을 친 의미였다. 단일화 협상에 실패할 경우 결국 야권 지지표 결집을 통한 3자 구도까지 염두에 둔 발언이며, 안 후보에게 자신은 결코 단일화 방식 등 협상에서 일방적인 양보를 할 의지가 없음을 강하게 시사하며 '단일화 무산'까지 염두에 둔 안철수 측을 향해 강도 높은 압박을 하였다.

유창선 정치 평론가는 얼마 전 SNS를 통해 다음과 같은 글을 올리기도 했다.

"문재인 측이 최종안을 수용해도 안철수가 자신이 단일화에서 질 것으로 판단하고 사퇴한 것이라는 주장도 터무니없다. 안철수는 문재인과의 11월 22일 최종 회동이 있기 여러 날 전부터 자신의 사퇴 의사를 측근에게 꺼냈다. 그러나 그래서는 안 되니 마지막 절충을 더 해 보자는 설득을 받아들여 사퇴를 일단 미루었다. 그런데 22일 마지막 회동에서 문재인은 안철수를 고성으로 윽박지르다시피 하며 안철수의 사퇴를 요구했고, 상기된 얼굴로 회담장을 나온 안철수는 문재인에 대한 신뢰와 미련을 다 버렸고 사퇴 결심을 굳혔다. 그러나 박선숙 등이 최종안을 만들어 마지막 제안을 해 보자고 안철수를 설득하고 이를 민주당 측에 제안했던 것이다. 그리고 문재인 캠프가 이를 거부하자, 안철수는 이전부터 마음에 품고 있던 사퇴 의사를 정식으로 발표한 것이다. (중략)"

문재인 전 대선 후보는 2012년 12월 19일 패배가 결정된 밤 11시경 기자들 앞에서 "최선을 다했지만 역부족이었다. 정권 교체와 새 성지를 바라는 국민들의 열망을 이루지 못했다. 국민과의 약속을 지키지 못하게 됐다. 모든 것은 다 저의 부족함 때문"이라며 대선 패배를 공식 인정했다.

다음 날 20일에는 "새로운 정지, 새로운 시대를 직접 만들어 보겠다던 개인의 꿈이 끝이 나지만, 다음에는 보다 더 좋은 후보와 함께 세 번째 민주 정부를 만들어 내는 일을 반드시 성취하기를 바란다."고 밝히며 사실상 차기 대권에 도전하지 않겠다는 뜻을 밝혔다.

영등포 중앙당사에서 열린 캠프 해단식에서 "개인적인 꿈은 접지만 민주통합당, 시민사회, 국민연대 등 우리 진영 전체가 역량을 키워 나가는 노력들을 하게 된다면 저도 거기에 늘 힘을 보태겠다."고 말했다.

시간이 경과하면서 문재인 의원의 말은 점차 바뀌기 시작한다. 2013년 1월 19일에는 트위터를 통해 "많은 분들이 수개표를 위한 당선 무효 소송 제기를 간절히 요청하셨는데, 응하지 않아서 미안하다. 바람직하지 않은 일이고, 소송을 제기할 상황도 아니라고 판단했다. 당장 승복이 안 되더라도 양해해 주시길 부탁드린다. 이제 새로운 출발을 받아들여 달라."

5월 23일 노무현 대통령 서거 4주기 서울추모문화제에서는 "깨어 있는 시민의 단결된 힘, 우리가 만들자. 함께하자. 지금부터라도 차근차근 착실히 준비해서 5년 후에는 그 꿈을 반드시 이루자."고 발언하였다.

6월 16일 출입기자단과의 북한산 산행 후에는 "저는 박근혜 대통령이 책임져야 한다고 생각하나 이제 와서 박 대통령에게 선거에 대한 책임을 물을 수는 없고, 그건 바람직하지 못하다. 박 대통령이 그 일을 제대로 수사하게 하고, 엄정하게 처리하게 하고, 그걸 국정원과 검찰이 바로 서게 만드는 계기로만 만들어 준다면 그것으로 책임을 다하는 것이라고 생각한다."

10월 23일에는 "지금까지 드러난 사실만으로도 지난 대선은 불공정했다. 미리 알았든 몰랐든 박근혜 대통령은 그 수혜자이다. 박 대통령은 지난 대선의 불공정과 민주주의의 위기에 대해 무거운 책임을 져야 한다."며 발언 수위를 높였고, 마침내 11월 29일에는 실질적인 차기 대선 재출마 선언까지 하기에 이르렀다.

2013년 봄, 문재인 의원은 안철수를 돕겠다고 했다가, 안철수 후보가 4.24 재보궐선거에 뛰어들겠다고 하니 처음에는 환영한다고 했다가, 시간이 지나서는 "안철수 전 서울대 교수가 부산 영도에 출마했더라면 더 의미가 있었을 것"이라며 서울 노원병 출마에 비판적으로 입장이 바뀌었다.

시간을 두고 문 의원의 발언들을 살펴보면 말에 일관성이 없는 듯하고 자기변명이 강한 캐릭터로 보인다. NLL 공방 때도 그랬고, 통 큰 정치를 내세웠으나 막상 내려놓은 것은 없었다.

박근혜 후보는 후보 등록 시 "패배하면 정치 마감"이라는 배수진을 치고 선거에 임했다. 민주당은 안철수 후보의 지지율이 필요했을 뿐이고 단일 후보직 획득을 위해 안 후보의 무릎을 꿇리는 데만 혈안이 되어 있었기 때문에 그 과정에서 안철수 지지자들은 너무 많은 마음의 상처를 받았고, 진보뿐 아니라 중도와 보수, 무당층에 고르게 퍼져 있는 안철수 지지층을 제대로 달래 주지 못한 채 선거를 치른 것이 결정적 패인이라고 보겠다. 문재인 후보는 유세 기간 때 상당 시간을 안철수의 이름을 부르는 데 할애했다. 그러고도 패했다. 이런 일이 다시는 되풀이되어선 안 된다. 정치 지도자는 말에 책임을 져야만 한다. (2013-12-07)

새정치추진위원회의 출범

"새정치추진위원회가 가장 먼저 해야 할 것은 국민이 원하는 정치가 무엇인가를 철저히 고민해야 된다. 이런 부분들을 정리해서 구체적으로 어떻게 실현시켜 나갈 것인가 하는 점이 가장 핵심적이 아닌가 싶다." 김효석 새정치추진위원회 공동위원장의 발언이다.

안철수 의원은 지난 12월 8일 국회의원회관 제1소회의실에서 '국민과 함께하는 새정치추진위원회' 출범을 위한 기자회견을 갖고, 김효석 전 의원, 박호군 전 과학기술부 장관, 윤장현 광주비전21 이사장, 이계안 전 민주당 의원이 함께 공동위원장을 맡게 됐다고 발표했다.

오랫동안 기다려 온 안철수 신당이 수면 위로 부상하면서 창당의 급물살을 타고 있다. 안철수 측은 그동안 정치권으로부터 도대체 '새 정치'가 뭐냐는 조롱 섞인 질문을 자주 받곤 했었다. 안철수 의원 본인이나 그 측근들은 기회가 될 때마다 새 정치를 설명해야만 했다.

그런데 새 정치라는 것은 문재인 대선 후보도 자주 인용했었던 말이다. 안철수 후보 사퇴 후 심상정 당시 진보정의당 전 대선 후보와 '정권 교체와 새 정치 실현을 위한 공동선언'을 하기도 하였고, "국민들이 바라는 새 정치는 기득권을 내려놓는 것이고, 정쟁하지 말라는 것"이라고도 말한 바 있다.

정권이 바뀌면 새로운 정치가 시작된다며 유권자들의 표심을 자극하기도 하였다. 대선 패배 후엔 "새 정치를 염원하는 국민의 마음을 받들지 못했습니다. 정말 죄송합니다."라고까지 말을 했었다. 그런데 막상 안철수 의원이 새 정치를 한다고 하니 가장 심하게 새 정치를 조롱했던 쪽은 새누리당보다는 민주당 쪽이었다.

얼마 전 종편 방송에 단골 출연하고 있는 모 정치 평론가가 안철수를 향해 이젠 새 정치 소리 짜증 나니까 그만하라고 소리치는 장면을 목격했다. 술자리에서 지인들이랑 할 만한 수준의 발언을 방송에서 출연료를 받으면서까지 꼭 저렇게 해야만 하나 싶었다.

어쨌든, 도대체 언제쯤이면 이러한 새 정치 공방에서 벗어날 수 있는 것일까. 그 시점은 우선 새로운 정당을 창당하는 것에서부터 비롯된다고 생각한다. 단지 창당 그 자체만으로도 바뀔 수 있는 것들이 너무 많기 때문이다. 새 정치를 하려면 힘이 있어야 하고, 따라서 정당을 만들어야 새 정치를 하기가 낫다.

새정치추진위원회는 오는 12월 17일부터 대전을 필두로 전국 순회 설명회를 개최, 본격적인 세몰이에 나선다고 한다. 시·도 순회 설명회를 통해 삶의 정치를 구현하기 위한 의지와 정책을 설명하고 국민들의 소리를 폭넓게 수렴할 예정이며, 지역 오피니언 리더들과의 간담회와 민생 현장 방문 등으로 구성될 예정이다. 확고한 가치와 비전으로 오래가는 수권 정당이 되면 좋겠다. (2013-12-14)

신당 창당 준비 기구 '새정치추진위원회' 사무실 오픈

12월 23일 월요일 오전, 서울 여의도 신동해빌딩에서 안철수의 신당 창당 준비 기구인 '새정치추진위원회' 개소식이 있었다. 새정치추진위원회가 들어선 사무실은 새누리당, 민주당 중앙당사와 함께 세 곳 모두 반경 50미터 안에 들어갈 정도로 가깝다. 안철수의 정치 세력이 명실상부한 정치의 일 번지인 여의도 지역에 동반 입성하게 된 것을 체감하게 해 주는 대목이다.

국회의사당 인근의 산정빌딩, 한양빌딩, 남중빌딩, 기계회관과 더불어 여의도 대표 정치인들의 특구 지역에 있는 신동해빌딩에 입주한 것은 매우 유의미한 일이다. 노원병 선거 사무소 개소식, 정책카페 개소식, 정책네트워크 개소식 때도 참석을 하였지만, 이번에는 '새정치 세력화'의 시작을 의미하기 때문에 감회가 남달랐다.

일기예보에서 서울 날씨가 많이 풀릴 것이라 하였으나 사무실에 도착할 즈음의 날씨는 칼바람이 부는 제법 매서운 날씨였다. 신동해빌딩 11층 사무실 입구에서 눈에 띄는 시원한 하늘 색상의 현판이 인상적이었다. 파란 계통의 색상은 그동안 안철수 측의 상징적인 색상으로 인식되어 왔으나, 지난 9월 민주당이 유사한 계열의 색상을 PI(Party Identity)에 적용시킴으로써 안철수 측의 '새 정치' 이미지 색상을 의식적으로 선점했다는 세간의 의구심과 비판을 동시에 받은 적이 있다. '새정치추진위원회'의 공식적인 색상은 하늘파랑색(스카이 블루)이라고 한다.

새정치추진위원회의 현판식과 사무실 개소식에는 안철수 의원과 송호창 의원, 김효석, 이계안, 박호군, 윤장현 공동위원장 등 새정치추진위원회 관계자 30여 명이 참석하였고, 많은 기자들이 방문하여 뜨거운 언론의 관심을 반영했다.

안철수 의원은 새정치추진위원회 개소식에서 "뜻이 다른 국민, 반대하는 국민도 대한민국 국민이고, 정부는 모두의 정부여야 한다. 그것이 소통, 즉 설득과 대화가 중요한 이유이다. 지난 대선에서 모든 정당이 화해와 소통을 외쳤지만 일 년도 되지 않아 제 모습으로 돌아가고 말았다. 그 책임은 저를 포함한 여야 정치인에게 있지만 집권 여당에 더 큰 책임이 있다.

우리 정치는 해결은커녕 도리어 갈등과 분쟁의 원인이 되고 있는데, 새 정치의 문제의식이 바로 여기에 있다. 우리는 과거가 아닌 미래를 생각하고 공동체, 평화, 따뜻한 삶의 가치를 제일 앞에 두겠다. 새 정치의 뜻에 공감하고 함께하려는 분은 누구나 함께할 수 있고, 자유롭게 들어오고 나갈 수 있다. 진영과 이념의 자리를 국민의 소중한 삶이 대신하고, 기성 정치의 문법을 버려 새 문법을 꼭 찾아내겠다."고 역설하면서 국민을 위한 정치를 약속했다.

최근 한국갤럽의 여론조사에서 '안철수 의원이 신당을 창당하면 어느 정당을 지지할 것이냐'는 질문에 안철수 신당이 32퍼센트를 얻어 새누리당의 35퍼센트를 바짝 추격하는 상황이다. 이는 곧 안철수 신당이 실체를 드러내는 데에 대한 기대 심리와, 박근혜 정권의 대국민 불통 정치와 연이은 실정, 제1야당으로서 민주당의 정치력 부재에 대한 국민들의 비판 심리가 반영되고, 중도 무당층의 지지가 쏠리고 있음을 보여 주는 것이다.

창당이 된다면 여야의 무능으로 인한 반사 효과가 아닌 새 정치 콘텐츠를 잘 갖추어 국민의 뜻을 잘 반영했으면 좋겠다. (2013-12-24)

2014 갑오년(甲午年)의 새 아침은 밝아 오고

2014 갑오년(甲午年)의 새 아침이 밝았다. 갑오년 말띠의 해로서 특히 '갑' 은 청을 뜻하기 때문에 청마의 해이기도 하다. 이는 60년 만에 찾아온 해로 청마는 서양에서 행운의 상징이며, 동양에서도 청색은 좋은 기운을 뜻하고 있다.

2013년의 정치권은 참으로 어수선하면서도 파란만장한 한 해였다. 국정원의 대선 개입 논란, NLL 공방, 통진당 이석기 의원 내란 음모 혐의로 인한 종북 논란, 철도 노조 파업 등에 이르기까지 참 많은 일들이 벌어졌었다.

박근혜 대통령은 독선적이면서도 소통하지 않는 정치 스타일로 한 해 동안 두고두고 논란의 입방아에 올랐었다. 대선 공약들 일부를 슬쩍 번복하는가 하면, 국정원 개혁에 대한 정치권과 국민들의 요구에 대해서 성의 있는 모습을 보이지 않고서 국민 다수의 열망과 정치 파트너인 야당에 대해 폐쇄적인 태도로 일관했다.

제1야당인 민주당 역시도 정부 여당에 제대로 대응하지 못하는 무능한 모습을 보이며 이슈를 선점하지 못했고, 과거 수권 정당으로서의 신뢰를 잃었다. 민주당은 일 년 내내 여러모로 정국을 주도할 수 있는 유리한 입장에 있었으면서도 이를 활용하지 못하고 오히려 소모적인 정쟁만을 일삼으며 한 해를 소진했고, 안철수 견제에만 몰입했으며, 전 대선 후보의 때 이른 대권 도전 의사 표명으로 국민들을 의아하게 만들었다. 연이은 친노 중심의 출판기념회가 열렸고, 민주당의 지지율은 계속 추락했다.

그나마 다행인 것은 2013년이 끝날 무렵 여야 국정원 개혁안이 타결되었는데, 그동안 논란이 되어 왔던 국가기관의 사이버 심리전 활동에 대한 처벌 문제는 국정원법 제9조 '정치관여금지' 조항에 포함시켜 명문화하기로 하였으며, 국정원법 제18조 정치관여죄의 처벌 조항을 적용해 7년 이하의 징역을 부과하도록 합의했다. 이와 함께 여야는 정치에 관여한 공무원들에 대한 법적 처벌 수위를 대폭 강화하기로 했다는 소식이다.

역대 최장 기간을 끌어온 철도 노조 파업도 정치권의 중재로 극적 해결을 본 것은 다행이라고 여겨진다. 향후에도 국정원 건이나 철도 민영화에 대한 부분은 논란의 여지가 계속 발생할 가능성이 있지만, 최소한 제도적인 장치를 마련했다는 데에 의의를 찾아야 하고, 일 년 내내 정쟁으로 말미암아 뒷전으로 미루어진 민생 현안들을 챙겨 나갈 계기를 다시 마련했다는 데에 의미를 부여해야 할 것이다.

2014년 새해 첫날부터 도시가스 요금은 가구당 평균 5.8퍼센트 인상되었다. 자영업자, 샐러리맨 들은 수입은 동결되거나 줄어들지만 세금은 늘어나고 일자리가 줄어드는 현실 속에서 추가적으로 각종 생필품이나 세금 등만 오른다는 암울한 뉴스밖에 없다.

정치가 국민들에게 희망을 주어야 하는데, 정치가 국민들을 잘살게 하고 행복하게 해 주는 역할을 하는 것이 아니라 거꾸로 가고 있으니, 국민들이 마음속에 품고 있는 정치 불신이 이만저만이 아닐 것이다.

2014년 새해엔 정치권이 정쟁을 중단하고 오로지 국민들만 바라보고 어떡

하면 국민들을 편안하게 해 주고 나라살림을 굳건히 할 수 있느냐에만 몰입했으면 하는 바람이다.

안철수 의원은 지난 12월 30일 송년 인사를 통해 "저를 포함한 우리 정치도 개인이나 소속된 정당을 위해서가 아니라, 국민을 위해, 국가를 위해 '언제나, 언제나, 언제나' 진심으로 마음을 열어야 합니다. 물론 저도 많이 부족한 사람입니다. 저도 그 부족함을 잊지 않고 늘 진심을 채우겠습니다. 그리고 진심으로 대하겠습니다. 그 길이 설령 자갈길이라 해도 스스로 몸을 낮추고, 늘 겸손하게 화해의 길, 통합의 길, 진심의 길을 가겠습니다."라고 하였다.

새정치추진위원회는 새해 인사를 통해서 앞으로의 일정과 역할을 피력하였다. "안녕하십니까. 새해 인사 드립니다. 국민과 함께하는 새정치추진위원회입니다. 이번 달에 새정추가 출범하고 대전, 부산, 광주를 다녀왔습니다. 국민과 함께하는 새정치추진위원회가 주최하는 설명회와 정책 토론회는 새해에도 계속됩니다. 전국 곳곳의 소중한 목소리를 듣고 채워서, 국민의 요구를 담아 가겠습니다. 정치의 역할은 특별한 것이 아니라, 국민들이 희망을 갖고 살 수 있는 나라를 만드는 것이라 생각합니다. 또, 성실하게 열심히 살아가면 노후 걱정 하지 않을 수 있는 나라를 만드는 것이라 생각합니다. 국민 여러분, 새해 복 많이 받으십시오. 사랑합니다. 고맙습니다."

새해 첫날 안철수 의원과 새정치추진위원회 대표단이 서울 동작구 국립현충원을 찾았다. 안철수 의원도 전직 대통령들의 묘소를 나란히 찾아서 참배하였고, '열어 주신 길, 우직하게 나아가겠습니다.' 라고 방명록에 쓰기도 하였다. 2014년을 기대할 수밖에 없는 이유다. (2014-01-01)

▌ 안철수 중도 세력이 풀어 나가야 할 대국민 과제

안철수 의원의 신당 창당 준비 기구인 '새정치추진위원회'가 오는 8일 대구를 방문한다. 지난 12월 26일 안철수와 새정치추진위원회가 광주를 찾아 신당 창당에 대한 설명회를 가졌을 때, 민주당 측과 일부 극렬 지지자들로부터 "새 정치를 하려면 대구나 부산으로 가라.", "왜 광주에 와서 난리냐? 경상도로 가라.", "왜 부산에 가서 새누리 공격은 안 하는 거냐."는 등의 막말이 쏟아졌다.

그런데 안철수 새정치추진위원회의 일정을 보면, 12월 17일 대전을 필두로 19일엔 부산, 26일에 광주, 1월 2일엔 서울 명동, 그리고 8일에 대구를 방문한다. 광주보다 부산을 먼저 방문한 사실에 대해서는 부정하는 억지 주장으로 보인다. 그만큼 창당을 앞두고 위기의식이 고조되고 있다는 뜻일 게다.

안철수 의원은 부산을 찾았을 때 "부산은 3당 합당 정치 세력과 결별해야 한다."며 지역을 수십 년간 책임져 온 보수 세력을 강도 높게 비판하면서 "새로운 정치개혁 운동에 이 지역이 남다른 중요한 의미가 있는 만큼 앞으로 힘을 모아 달라."고 호소하기도 했다.

일부 언론의 기사에서는 안철수의 부산 방문을 문재인 의원과 교묘하게 오버랩 시키기까지 하면서 "공교롭게도 안 의원의 이날 부산 방문은 꼭 1년 전

민주당 문재인 의원이 지난 대선에서 패배한 날과 겹친다. 특히 안 의원이 부산 사상구에 터를 잡고 있는 문 의원의 '영역'에 진입하는 것이어서 미묘한 정치적 해석을 낳을 여지도 충분해 보인다."고 안 의원의 부산 방문을 의도적으로 깎아내렸다.

2014년 1월 1일 정치권은 안철수 의원의 현충원 방문으로 또 한 번 떠들썩하기 시작했다. 안철수가 왜 이승만과 박정희 대통령의 묘소를 찾아서 참배를 했느냐는 것이다. 심지어는 '열어 주신 길, 우직하게 나아가겠습니다.'라는 방명록에 쓴 글을 마치 박정희 대통령을 생각하면서 적었다는 식으로 왜곡하기까지 했다.

"신사참배를 하러 간 거냐.", "그게 새 정치냐." 등의 극렬한 발언들도 눈에 띄었고, 일부는 입에 담지 못할 욕설을 올리기도 하였다. 친민주당 성향의 진보 매체들은 논란을 더욱 증폭시키는 자극적인 기사들을 싣기 시작했다.

고 김대중 대통령은 1992년 12월 13일 이승만·박정희 전 대통령 묘역을 참배한 적이 있다. 당시 두 전직 대통령의 묘역을 참배한 뒤 "오랜 숙제를 마친 것 같다. 두 분이 남긴 공적만 생각하자. 역사의 평가에 맡기자."고 지지층을 달랬다. 그는 대통령이 된 뒤엔 박정희대통령기념사업회에 재정 지원을 약속해 기념관 건립에 큰 역할도 했고, 기념사업회 명예회장을 직접 맡기도 하였다. 용서와 화해, 그리고 상생과 화합의 정치를 몸소 실천한 분이셨다.

안철수 의원은 지난 대선 때 첫 대선 행보를 현충원 참배로 시작한 바 있다. 박정희 대통령의 묘역을 방문해서는 "공은 계승하고 과는 바로잡아야 한다."라는 말로 소감을 피력했었다. 이번 현충원 방문 때도 "우리나라 역대 전직 대통령에게 공과 과가 같이 있어서 공은 계승하고 과는 극복해야 하는 게 우리 후손의 역할"이라고 강조했다.

민주당 지지자로 보이는 한 누리꾼은 트위터를 통해 "안철수는 봉하 마을엔 절대로 안 올 인간이다."라고 야유를 하기도 했는데, 실제로는 2012년 9월 26일 안철수 의원은 대선 후보 시절 봉하 마을을 방문하여 "사람을 사랑하였습니다. 진심 어린 마음가짐 잊지 않겠습니다."라고 방명록을 남긴 적이 있고, 2013년 5월 17일에도 다시 봉하 마을을 찾은 적이 있다.

막상 두 번째로 봉히 마을을 찾았을 때는 "지역구 놔두고 왜 여길 오느냐.", "시간이 남아도느냐.", "간을 보러 왔느냐."는 등으로 조롱을 쏟아 냈으니, 답이 없는 부류들이다. 더 큰 문제는 일부 진보 매체들이 교묘히, 때로는 자극적으로 이들을 부추기는 데에 있다. 이 사회의 곳곳이 곪아 있음을 느끼는 대목이다.

비판은 보편적이고도 상식적인 선에서 이루어져야 함에도 편향된 진영 논리에 지우치거나 편향된 정치 이념에 의해 일방적으로 무엇인가를 계속 강요하는 것은 지양되어야 한다. 그렇게 할 수 있는 것이 바로 중도 정치이다.

오랜 정치 양극화와 영호남 지역 갈등을 극복하기 위해서는 중도 세력의 정치권 진입이 절실히 필요하고, 이는 정치 쇄신과 정권 교체를 위해서라도 반드시 필요하다.

앞으로도 안철수 세력은 국민 대통합을 위해서 헌신하여야 한다. 당장 일부의 비판에 개의치 않고 우직하게 앞으로 나아가야만 한다. 정권 교체보다 더 중요한 것이 정치 쇄신이고, 정치 쇄신을 위해서는 중도 세력을 중심으로 한 온건 세력이 주축이 되어 정권을 교체해야 한다고 생각한다. 정치를 쇄신할 의지나 능력이 없는 집단이 정권을 인수해 봤자 그것은 정권 교체가 아니라 '대통령 교체'에 불과하기 때문이다.

아직도 제대로 해소되지 않은 영호남 차별과 지역감정, 극단의 보수와 극단의 진보와 같은 이념 사이에서 국민들이 가지는 허탈감과 무기력함과 정치 불신과 냉소는 그 어느 때보다 높기만 하다.

이를 해결하기 위해서는 안철수 신당이 성공을 하여야만 한다. 현장 중심의 민생 정치를 펼쳐야 한다. 국민들의 눈높이에 맞춘, 국민들의 중심에 있는 낮은 정치를 해야 한다. 영호남의 지역 불균형을 허물기 위한 노력을 기울여야만 한다. 편 가르지 않는 정치를 해야 한다.

다가오는 지방선거에서 안철수 세력이 얼마나 많은 후보군들을 내세워서 몇 석을 차지할지는 아직은 미지수이지만, 지금까지 무소속 두 명이 가진 현실적 한계를 극복할 수 있는 계기가 되기를 바란다. 공존과 화합의 정치가 그립다. (2014-01-04)

안풍(安風)의 진원지에서 열린 새 정치 토론회의 뜨거운 열기

안철수와 '새정치추진위원회'를 지지하는 시민단체인 '광주를 묻고 찾는 사람들(대표 정석주)'은 9일 오후 2시 광주 YMCA 2층 무진관에서 '난장토론'을 열었다. 네 번째로 진행된 토론회는 '시민이 바라는 새 정치의 모습을 시민을 통해 찾는다'는 목표로 '새 정치는 OOO이다', '무엇을 담을 것인가', '어떻게 할 것인가' 등 세 가지 주제로 전남대 5·18연구소 윤영덕 교수의 사회로 진행되었다.

토론회에는 민주당을 탈당한 전현직 자치단체장과 지방 의원 70여 명으로 구성된 새정치실천연합(대표 최형주)을 포함한 여섯 개 단체에서 한 명씩 토론자로 나서 토론을 벌였다.

각 토론자들의 발언을 통해 "광주가 새 정치의 물꼬, 변화의 시작점 역할을 결코 회피하지 않을 것이다. 새 정치는 어려운 이웃, 소외된 사람을 섬길 수 있는 정치가 되어야 한다. 국민의 눈높이에 맞는 정치, 국민의 변화에 대응할 수 있는 새 정치가 되어야 한다. 새 정치는 상식이 통하는 세상을 만드는 것이다. 새 정치는 국민이 안심하고 믿을 수 있는 당인 안철수 신당을 만드는 것이다.

새 정치에 대한 바람은 우리 삶에서부터 시작되는 것이다."는 등의 새 정치에 대한 다양한 의견들이 나왔다.

'광찾사 2014' 4차 토론회가 뜨거운 관심 속에 두 시간이 넘도록 진행될 동안 수많은 청중들 사이로 광주 시민들의 목소리를 하나하나 경청하면서 메모하고 있는 '새정치추진위원회' 윤장현 공동위원장의 모습도 눈에 띄었다.

윤장현 새정추 공동위원장은 이날 SNS를 통해 "'새 정치, 시민에게 길을 묻다' 콘서트에 참석해 시민들의 의견을 경청했습니다. '광주의 길'을 찾기 위한 '광주를 묻고 찾는 사람들(공동대표 정석주)' 4차 콘서트가 9일 오후 2시 광주광역시 동구 금남로 광주 YMCA 2층 무진관에서 시민 300여 명이 몰린 가운데 개최됐지요. 새 정치에 대한 열기는 추위를 녹여낼 만큼 뜨거웠습니다. 현장의 소리를 신의 음성으로 듣겠습니다. 새 정치에 대한 열망을 용광로에 담아 새 지평을 열어 가도록 하겠습니다."라는 글을 남기기도 했다.

민주화의 성지 광주에서부터 불기 시작한 안철수와 새 정치에 대한 열망과 신당 창당 열풍이 여느 때보다 뜨겁기만 하다. (2014-01-10)

■ 신당 창당 준비 조직, 거리 홍보에 나서다

안철수 의원의 신당 창당 준비 조직인 '새정치추진위원회'(새정추)가 지난 2일 오후 서울 명동에서 거리 창당 설명회를 개최한 이후 서울에서는 두 번째로 11일 대학로에서 거리 홍보에 나섰다.

이번 거리 홍보에는 안철수 의원의 측근들과 새정치추진위원회 자원봉사단도 참여하였다. 서울 명동에 이어 젊음의 거리인 대학로에서 시민들과 직접 만나 신당 창당 조직인 새정추에 관한 내용이 담겨 있는 전단지를 나눠 주기도 하고, 피켓을 들고서 홍보도 하면서 새정치국민추진위원으로 가입해 줄 것을 요청했다.

새정치추진위원회는 "더 이상 우리 정치가 이대로 가서는 안 됩니다. 국민을 생각하지 않는 정치는 바뀌어야 한다는 확신과 굳은 의지를 가지고 2013년 11월 28일에 출범했습니다. 새정치추진위원회는 국민에 대한 무한한 존경과 책임 있는 자세로 새 정치의 과제를 반드시 해결해 나갈 것입니다. 여야 구도나 이념과 진영의 치우침을 뛰어넘어 합리적 개혁을 실현시켜 나가겠습니다. 새 정치추진위원회는 진정성과 시대적 소명 의식, 무한한 책임감을 갖춘 합리적 개혁가들의 결집체가 될 것입니다. 합리적인 개혁만이 정치를 바꾸고 미래를 위한 변화와 삶의 실질적 개선을 이끌어 갈 수 있다고 확신합니다. 새 정치의 취지에 동감하고 뜻을 같이하는 분들은 누구나 참여할 수 있고, 국민과 함께 새 정치를 만들어 가겠다는 취지입니다. 국민추진위원이 되면 새정치추진위원회의 소식을 보내 드리며, 새정치추진위원회의 각종 행사와 이벤트에 우선적으로 초대받을 수 있습니다. 또, 새 정치의 방향에 대한 의견을 말씀하실 수 있습니다. 함께 새 정치를 만들어 주시기 바랍니다. 여러분이 새 정치의 주인공입니다."라며 동참을 호소했다.

대학로 거리 홍보 일정이 오후 3시부터 오후 6시까지였고, 관계자들이 홍보 전단지와 국민추진위원 지원서를 각각 천 장씩 준비하였으나, 불과 한 시간 만에 동이 났다.

추운 날씨이기 때문에 행인들 입장에서 주머니에 꽂은 손을 꺼내서 전단지를 받기란 여간 성가신 일이 아님에도 불구하고, 애초 세 시간 정도 소요될 것으로 예상하고 준비한 배포물들이 한 시간 만에 모두 소진될 정도로 자원봉사자들이 열심히 하기도 했고, 시민들의 관심도 많았다는 사실은 고무적인 일이다. 앞으로도 시민들에게 먼저 다가가는 오프라인 행사가 자주 있었으면 좋겠다. (2014-01-12)

■ 안철수와 SNS 지지자들과의 만남

안철수 의원은 1월 25일 토요일 오후 2시 국회의원회관 소회의실에서 안철수의 새 정치 홈페이지 슬로건 이벤트에 참가한 전국의 지지자들을 초대하여 신년회를 마련하였다.

지난 12월 10일부터 25일까지 홈페이지, 페이스북, 트위터 등을 통해 총 281개의 홈페이지 슬로건이 모였다.

안철수 의원은 "한분 한분의 말씀이 다 소중하고 귀하다는 생각이 들었습니다. 어느 한분의 생각만을 선정하기가 죄송하다는 생각도 들었습니다. 고민하던 끝에 여러분께서 제안해 주신 내용들을 모두 분석해 주요 단어 50개를 추려서 워드클라우드(데이터 시각화 기법의 하나, 특정 단어의 빈도가 높을수록 그 단어의 크기가 크게 표시되는 방법)로 만들었습니다."라고 슬로건 채택의 배경에 대해 설명하였다.

아무래도 '새 정치'나 '국민'과 같은 단어들을 가장 많이 선호한 듯 보이며, 언급된 두 단어들로 추후 안철수 신당의 이름을 지을 때 꼭 넣어야 된다는 지지자들의 의견도 꽤 보이는 듯하다.

매달 치러지는 '노원 콘서트'나 비정기적으로 치러지는 지역 순회 세미나와

달리 이번 행사에는 전국 각지에 있는 지지자들이 신년회에 참가해서 그 의미가 더욱 각별했다. 100여 명으로 추산되는 참석자들이 소회의실 좌석을 가득 채웠고, 시종일관 화기애애한 분위기 속에 두 시간 정도 행사가 진행되었다.

의원실에서도 사전 준비를 많이 한 듯 안철수 의원과의 대담 코너를 위해 지역 안배, 그리고 다양한 직업군의 지지자들을 프로그램 안에 배정함으로써 노력한 흔적이 보였다. 신년회 행사장에는 일부 실행 위원들의 모습도 보였고, SNS에서 열성적으로 활동하는 지지자들의 모습도 보였다.

안철수 의원은 마지막 인사말에서 오바마 대통령의 재선을 이끈 '빅데이터'에 대한 이야기를 꺼냈다. "많은 자료들이 필요하기 마련인데, 정말로 핵심적인 자원이 어디서 나왔느냐 하면 자원봉사자들이 전국에서 마을을 돌아다니고 일상생활을 하면서 수집한 자료들이 굉장히 큰 힘이 되었습니다. 한두 사람들의 IT 천재들이 하는 것이 아니라 전국의 애틋한 마음을 가진 많은 분들의 마음이 결국은 오바마 대통령의 재선이라는 결과를 만들었다는 것은 이미 잘 알려진 이야기입니다. 한사람 한사람의 작은 노력이 세상을 바꾼 예라고 생각됩니다. 그리고 오늘 모이신 분들도 그러한 애틋한 마음에 한분 한분 정성스런 마음들이 이 슬로건에 다 담겨 있는 것 아니겠습니까. 오늘은 그 힘을 보여 주는 모임이라고 생각합니다. 그러한 마음 절대로 잊지 않고, 초심 잃지 않고 최선을 다하겠다는 약속을 꼭 드리겠습니다. 정말 오늘 진심으로 감사드립니다."

행사가 끝나고 안철수 의원은 지지자들과의 기념 촬영에 응했고, 희망자에 한해서 즉석에서 뒷면에 안철수 의원의 사인이 있는 인화지에 출력해서 나눠 주기도 하였다. 서로에게 유익한 시간이 된 듯하다. (2014-01-26)

신당 창당과 6.4 지방선거에 임하는 안철수의 우생마사(牛生馬死)

2012년 11월 23일, 사무실에서 회식이 있던 날이라 직원들과 석식을 함께한 후 시내버스를 이용하여 귀가하던 중이었다. 때마침 저녁 9시가 되다 보니 라디오에서는 뉴스 방송이 흘러 나왔고, 불과 몇 분 만에 필자는 깊은 충격에 빠졌다. 안철수 후보가 사퇴했다는 것이다. 순간 말로 표현하기 힘든 좌절감이 엄습했다.

화면을 볼 수 없는지라 급히 호주머니 속의 스마트폰을 꺼내서 뉴스 앱을 켰지만, 야속하게도 그날따라 심한 버퍼링 때문에 시청이 불가했다. 라디오를 들으며 앞으로 정치 쇄신도 힘들고, 정권 교체도 어렵겠다는 생각이 들었다.

대선은 그렇게 허무하게 끝난 후 민주당은 '대선 패배 사죄 삼 배', '회초리 민생 투어'로 이어지는 정치 이벤트로 동정심을 유발하는가 싶더니 NLL, 국정원 공방으로 일 년을 허비했다.

민주당은 왜 국민들의 마음으로부터 멀어지게 되었을까. 그것은 아마도 스스로를 깊이 성찰하지 않고, 겸손하지도 않으며, 내려놓지 않는 오만한 모습 때문일 것이다. 쉽게 달라지지 않는 그런 이미지들이 결국 신당에 대한 동력을 키워 주는 역할을 했다.

안철수 의원이 마침내 신당 창당 의사를 표명하자 기득권의 반발은 드셌고, 끊임없는 견제와 회유, 폄하, 연대 요구 등이 이어졌다. 이런 가운데 안철수 의원은 지방선거에서 "한 석만 얻어도 기적"이라 말했지만, 광역단체장 최대 3석이상은 석권이 가능할 것으로 보인다. 1석만 건진다 해도 그것만으로도 충분한 의미가 있다.

가능하면 17군데 광역단체장 후보를 전부 내고, 후보를 낸 곳은 연대 없이 끝까지 완주해야만 한다. 지방선거가 창당의 목적이 아니라 창당을 하다 보니 지방선거를 만난 것뿐이니 새정치 풀뿌리 세력들을 모으는 기회로 여기면 좋겠다.

안철수 의원은 2월 말에 하려던 창준위 발족을 2월 중순으로 앞당기겠다는 파격 선언을 했다. 2월 17일 발기인 대회를 열고, 3월에 창당을 하겠다는 것인데, 창당 준비기구인 새정치추진위원회 실무진들은 설 당일만 쉰 채 발기인 대회 준비에 만전을 기하고 있다고 한다.

창준위 실무 준비 단장을 맡은 김성식 공동위원장의 말에 의하면 "전문가와 평범한 시민, 신당에 기여할 수 있는 참신한 분들, 부분 부분 영입하던 분들, 기왕에 새정추에서 노력하고 애썼던 분들을 발기인으로 모실 것"이라고 한다.

시작이 미약하더라도 욕심 내지 않고, 끝까지 완주하는 자세이면 좋겠다. 언젠가 안 의원이 비유한 우생마사(牛生馬死)의 교훈처럼 의연하게 민심의 강에 몸을 맡기면 죽지도 않고, 떠내려가지도 않을 것이다. (2014-02-02)

안철수의 일갈, "기득권은 새 정치를 모른다고 시치미 떼고 있다."

새정치추진위원회와 안철수 의원이 11일 오후 서울 동작구 대방동 여성플라자에서 '새로운 정치를 위한 국민과의 대화' 라는 주제로 토론회를 개최하고, 새 정치 플랜을 발표하였다.

이날 안철수 의원의 인사말은 일부 종편 채널에서 생중계되기도 하였는데, 모 종편 프로그램은 안 의원의 인사말이 끝나고 난 뒤 앵커가 현장에 있는 취재 기자를 연결하면서 "새 정치가 밝혀졌나요?"라고 묻자, 취재 기자는 "안 밝혀진 거 같습니다."라고 답변하는 대목에서 나도 모르게 웃음이 터지고 말았다.

아무리 새로운 정치 세력의 등장이 달갑지 않다 하더라도 최소한 방송에서 예의를 지켰으면 하는 바람이다. 오늘 새정추의 '새 정치' 플랜 발표는 내용적으로도 상당히 진일보한 것들로, 그동안의 고민을 많이 반영한 듯 보였다.

안철수 의원은 기조 발언을 통해 "안녕하십니까. 안철수입니다. 바쁘신 데도 많이 와 주셔서 진심으로 감사드립니다. 여러분께 항상 힘을 얻습니다. 여러분과 함께 갈 수 있어 지금의 길이 기쁘고 옳은 길임을 확신합니다. 오늘 새 정치를 위한 국민과의 대화 시간을 갖습니다. 새 정치는 완성된 것이 아니라 과정에 있습니다. 끊임없이 국민의 소리를 담겠습니다. 새 정치의 내용은 오늘 여러분의 말씀을 들으며 다듬고 고쳐 나가겠습니다. 새 정치란 무엇입니까. 새 정치는 국민의 소리를 담아내는 것입니다. 기득권의 목소리가 아닌 우리의 목소리를 담아내는 것입니다. 힘들고 지친 분들의 목소리를 담는 것입니다. 현재 일자리에서 밀려난 생계형 자영업자들은 한계적 상황에 내몰리고 있습니다. 경제적 문제로 가족이 해체되고 공동체가 무너지고 있습니다. 지난날의 성장 경제지표는 우리의 삶을 바꿔 주지 못하고 있습니다.

우리는 새로운 활로를 찾고 활력을 만들어야 합니다. 무엇보다 정치가 제 역할을 해야 합니다. 정치가 국민의 삶을 바로 세워 대한민국 공동체를 복원해야 합니다. 그러기 위해서는 낡은 정치를 바꾸어야 합니다. 정치가 국민의 삶을 바로 세우고 대한민국 공동체를 바로잡아야 합니다. 새 정치가 정의롭고 일 잘하는 정부를 세워야 합니다. 민주적 시장을 실현시켜 건강한 시장 생태계를 만들어야 합니다. 일자리, 교육, 복지의 삼각 축이 서로의 든든한 버팀목과 사다리가 되어 주는 따뜻한 공동체를 구축해야 합니다. 또한 남남 갈등이 아니라 남남 공감을 만드는 것이 새 정치입니다. 남남 공감의 국민 통합 토대 위에서 민족의 평화 공존과 통일의 큰 그림을 그려 나가야 합니다. 정의롭고 공정하며 기득권과 특권이 용납되지 않는 활기찬 사회를 만드는 것이 새 정치의 역할입니다.

이를 위해서는 수십 년 한국 사회를 지탱해 온 낡은 것을 깨서 새롭게 만들어야 합니다. 나쁜 것을 깨서 좋은 것으로 만들어야 합니다. 기득권 세력들은 새 정치가 불분명하다, 뭔지 모른다고 시치미 뗍니다. 기득권 세력 입장에서는 당연합니다. 지금 정치가 너무나 안락하고 편안해서 절대로 바뀌어선 안 된다고 생각하기 때문입니다. 그래서 정치는 바뀌어야 합니다. 바뀔 것을 확신합니다.

국민들, 정말 열심히 살아오셨습니다. 열심히 살아온 국민들께서 요구하기에 정치는 반드시 바뀔 것이고, 그래서 저희들의 걸음은 멈출 수 없습니다. 부족하지만 여러분의 성원과 열망으로 버티고 이겨 나가겠습니다. 이런 말이 있습니다. '민심은 물과 같다. 물은 배를 띄울 수도 있고 뒤집을 수도 있다.' 항상 겸허하게 국민을 하늘같이 알면서 최선을 다하겠습니다. 열심히 하겠습니다. 감사드립니다."라고 말했다.

정치를 분명히 바꾸겠다, 열심히 하겠다는 대목에서 큰 박수와 함성이 터지기도 하였다. 새정추는 새 정치의 3대 가치로 정의로운 사회, 사회적 통합, 한반도 평화를 제시함과 더불어 경제적으로는 민주적 시장경제, 독과점 체제가 아닌 다원 체제 및 '중부담 중복지'로의 전환을 제안했다.

윤여준 의장은 마무리 발언을 통해 "귀한 시간 내주셔서 감사합니다. 토론회 참여자에게도 감사드립니다. 한 구절도 버릴 데가 없었습니다. 정말 우리에게 피가 되고 살이 되며 영양분이 될 말씀을 잘 해 주셨습니다. 특히 한상진 교수께서 말씀하신, '안철수라는 인물이 가진 혁신·성공·나눔의 성공 상징성을 살려라.'는 조언이 기억에 남습니다. 안철수 의원은 이미 자신의 생애를 통해 증명해 주었습니다. 삶의 역점과 정합성, 이 부분이 많은 이들에게 열망으로 작용하는 것임을 3년 전 청춘 콘서트를 진행할 때 깨달았습니다. 한상진 교수께서 말씀하신, '박정희 대통령과 김대중 대통령의 뒤를 잇는 사람이 되어라.'라는 말씀에 대해 답해 드립니다. 박정희 대통령은 1세대 산업화 정치인이고, 김대중 대통령은 2세대 민주화 정치인입니다. 안철수 의원은 미래를 이끌어 가는 제3세대 정치인입니다. 이렇게 제 생각을 대한민국의 석학께서 증명해 주신 것 같아 감사드립니다.

유창선 박사께서 "정치 따로, 정책 따로가 지금까지의 구태 정치였다. 이것을 실천으로 증명하라."고 말씀하셨습니다. 이번 지방선거 때 공통적인 공약으로 내세웠으면 하는 조언을 명심하겠습니다. 안병진 교수님의 말씀 중에, 앞으로 어떤 시대인가 하는 질문에 대해 말씀드리겠습니다. 교수께서는 앞으로의 시대는 민주공화국의 시대라고 말씀하셨습니다. 저는 평소에 공화주의에 관심이 많습니다. 굳이 말씀드리자면 산업화, 민주화, 공화화의 시대로 이어질 것입니다. 앞으로는 안철수 신당이 공화주의 시대를 대표하는 세력이 되어 달라는 말씀을 명심하겠습니다. 상호작용이 왕이라는 시대, 그리고 비진아 패러다임도 깊이 새겨듣겠습니다. 적극적으로 표현을 해 주신 나머지 여덟 분의 질문자 분께도 감사드립니다."라며 시대정신에 맞는 정책 정당을 만들 것을 약속했다.

이를 지켜본 민주당은 성명을 통해 애써 태연한 척 "안철수의 3대 가치는 민주당 가치와 궤를 같이 한다. 민주당의 정책 방향과 크게 다르지 않다."며 새정치 김 빼기를 시도했다. 조급한 쪽은 민주당이 아닐까 싶다. (2014-02-11)

마침내 새정치연합 중앙당 창당 발기인 대회가 열리다

17일 오후 2시, 서울 용산 백범기념관 컨벤션홀에서 새정치연합 창당 발기인 대회가 열렸다. 새정추는 중앙선관위에 서명된 발기인 명단 등을 포함한 제반 서류들을 제출하고 창준위 등록을 마친 후 본격적인 창당 실무에 착수하게 된다.

지난 2012년 9월 19일 안철수의 정치 참여 선언(대선 출마) 이후 수많은 우여곡절 끝에 이제 무소속 국회의원의 신분으로서가 아니라 자신과 새로운 정치 이념을 중심으로 한 새로운 정치 세력과 콘텐츠를 정당이라는 하나의 제도적인 울타리 내에서 새로운 둥지를 틀게 되는 것이다.

그동안 현실 정치에 몸담은 안철수 개인에 대한, 그리고 새로운 정치 지형에 대한 지지와 열망으로, 때로는 마음 졸이며 무척 기다려 오고 응원해 온 지지자들에게는 감개무량한 순간이 아닐 수 없다.

새정추는 발기인 행사 전에 일반 국민들의 참여 의미를 더하기 위해 구성된 '국민 발기인' 30명을 선정하여 언론에 발표하기도 했는데, 덕분에 총 374명의 발기인이 구성되면서 각계각층의 균형을 고루 맞추기 위해 많은 공을 들였다. 발기인 구성은 반드시 선거에 출마하고자 하는 사람들이 아닌, 새 정치의 뜻과 함께하려는 다양한 분야의 구성원들로 선정하였다.

374명 중 당일 행사에는 305명이 참석하였고, 필자도 중앙당 창당 발기인의 자격으로 행사장을 찾게 되어 개인적인 의미 또한 남달랐다. 행사장에는 강봉균 전 재정경제부 장관을 비롯해 조배숙 전 의원, 자유선진당 출신의 류근찬 전 의원 등 전직 국회의원들의 모습도 보였다.

깔끔한 외모와 재치 있는 입담을 자랑하는 금태섭 대변인이 사회를 맡았고, 개회 선언에 앞서 이번에 '국민 발기인'으로 선정된 생업 현장에 있는 분들의 자유 발언으로 시작되었다.

송호창 의원의 경과 보고, 윤장현 공동위원장의 발기 취지문 발표, 김성식 공동위원장의 새정치연합 창당준비위원회 규약에 대한 설명이 이어졌다. 제3조 새정치인의 약속과 같은 조항, 예컨대 '지역주의를 부추기는 언행을 일절 하지 않는다.', '사익을 앞세워 당의 민주적 운영을 저해하거나 폐쇄적이며 분파적인 계파 활동을 하지 않는다.', '새정치 문화 확산과 당의 발전을 위해 자신이 보유한 재능을 당에 기부하는 데 앞장선다.'와 같은 항목들은 새정치다운 신선한 느낌을 갖게 했다.

규약에는 새정치인의 약속뿐 아니라 발기인 및 당원에 대한 정의, 중앙당 창당준비위원회 구성과 운영, 재정 등에 대한 내용도 포괄적으로 포함되어 있다. 이 규약에 대하여 윤여준 의장은 기계적이지 않으면서도 굉장히 꼼꼼하고도 깊은 고민과 토론을 거쳐서 만든 것이라는 부연 설명을 하였다.

창당 발기인 대회의 임시 의장으로 선출된 윤여준 새정추 의장은 "역사적 현장에서 의장을 맡게 되어 영광이다. 국민 여러분의 많은 관심과 지지를 부탁드린다."고 하면서 각종 의결의 채택에 대한 진행을 참석한 발기인들의 동의를 얻으면서 하나하나 가결시켜 나갔다.

새정치연합의 당명이 발기인의 동의하에 채택된 후 새정추에서 준비한 퍼포먼스가 끝나자, 윤여준 의장은 "퍼포먼스기 너무 간단하나."며 여유 있는 농담을 던지기도 하였다.

이어서 참석한 발기인들에 의해 안철수 의원이 중앙위원장으로 추천되어 만장일치로 선출되었다. 추천의 변으로는 '첫째, 새 정치의 아이콘이다. 둘째, 보수와 진보를 결합할 수 있는 적임자이다. 셋째, 새 정치 구현에 가장 적합한 인물이다' 라는 이유를 들었다.

공동위원장단 추천으로 기존 6명의 새정추 공동위원장이 거명되었는데, 이 안건에 대한 채택을 위해 윤여준 의장이 "이의 없습니까?"라는 질문에 갑자기 안철수 의원이 자리에서 일어나 할 말이 있다 하여 순간 장내가 술렁이며 긴장감이 흘렀다.

안철수 의원은 홍근명 전 울산경실련 공동대표를 추천하는 발언을 통해 공동위원장은 모두 7인으로 늘어났다. 영남 지역 인사 영입에도 많은 공을 들이고 있음을 보여 주는 장면이 아닐 수 없었다. 채택 직후 윤여준 의장이 "안철수 의원이 반대하는 줄 알고 깜짝 놀랐다."라고 말해서 폭소를 자아내게 하였다.

박호근 공동위원장의 말이 끝나고 안철수 의원이 연단에 올라왔다. 중앙위원장으로 선출된 안철수 의원은 다소 긴장한 듯한, 하지만 아주 결연한 모습으로 인사말을 하였다.

필자는 현장에서 안철수 의원의 여러 인사말을 들어 볼 기회가 있었지만 오늘만큼 장내가 쩌렁쩌렁하게 울릴 정도로 우렁찬 목소리를 듣기는 처음이었다. 특유의 긴장된 듯 살짝 떨리면서도 단호한 목소리에서 그 결기와 진정성이 느껴졌다. "노력하겠습니다. 온 힘을 다하겠습니다. 함께 해 주십시오."라는 대목에서 장내에는 뜨거운 함성과 박수가 울려 퍼졌다.

발기인들의 건의 시간을 통하여 유명무실한 위원회가 아닌 소통의 위원회 구성을 제안받기도 했고, SNS를 활용하는 것도 좋지만 지속적으로 현장에서 국민들을 만나는 정당이 되었으면 한다는 제안도 들어왔다.

그런데 발기인이 아닌 어떤 일반인 참석자가 들어와서 갑자기 마이크를 잡고 건의를 하려는 바람에 윤여준 의장이 "발기인이 아니시기 때문에 개인 자격으로 다른 경로를 통해 건의해 달라."고 제지하는 해프닝이 벌어지기도 하였다.

넓은 행사장에 천여 명의 발기인들과 일반 시민들, 그리고 언론 기자들이 참석하여 발 디딜 틈조차 없었고, 그동안 창당을 기다려 온 많은 이들로 인한 장내의 뜨거운 분위기 탓에 한 시간여 진행된 발기인 대회가 무척 아쉽게 느껴졌다. 이제 발기인 대회를 거쳐서 본격적으로 창당을 위한 일련의 법적인 절차와 과정을 밟게 될 것이다.

당장 눈앞에 닥친 지방선거도 준비해야 한다. 만일 3석 이상의 석권을 가능하게 하는 후보군의 영입에 성공한다면 이른바 '밴드 왜건(band wagon) 효과'가 있을 것으로 본다. 따라서 2석의 확실한 석권 가능성은 나머지 박빙의 지역 두세 곳에서의 시너지 효과로 이어질 것으로 보기 때문에 3월 초까지는 경쟁력 있는 후보들의 영입이 마무리가 되어야 할 것이다.

당원도 모으고 세력을 확장해 나가면서 그동안 실체가 뭐냐고 집중 타격을 받았던 '새 정치'에 대한 좀 더 명확한 제도화를 통해 실천해 나가는 모습을 보여 줌으로써 외부로부터의 소모적인 갑론을박에서 벗어나야 할 것이다. 안철수의 새 정치, 이제부터가 시작이다. (2014-02-17)

안철수 중앙운영위원장의 '기초선거 무공천 선언'의 정치권 파장

24일, 안철수 새정치연합 창당준비위원회 중앙운영위원장이 오는 6.4 지방선거에서 기초단체장과 기초의원에 대해 공천을 하지 않겠다고 전격 선언했다. 안철수 의원의 '기초선거 무공천 선언'은 정치권 전체를 큰 충격에 빠뜨렸다.

새누리당과 민주당은 당혹스러워하면서도 새누리당은 박대출 대변인의 서면 브리핑을 통해 "새정치연합이 온전한 정당이 아닌 반쪽 정당에 머무는 결과로 이어질 수도 있음을 지적한다. 정치 현실을 무시하고 책임 정치를 포기한 것"이라는 논평을 냈고, 민주당은 최재천 전략홍보본부장이 당일에 있었던 기자 간담회를 통해 "때론 같을 수도 때론 다를 수도 있는 것, 안철수는 안철수의 길이 있고 우리는 우리의 길이 있다."며 애써 무덤덤한 듯 성명을 발표하였으나 복잡한 속내를 감추지 못하는 표정이었다.

네티즌 사이에서는 "명분은 얻었으나 실리는 잃었다", "역시 안철수다! 적극 지지한다.", "반전을 위한 꼼수를 펴는 것 아니냐." 등의 반응이 엇갈렸으나 긍정적인 여론이 더 많아 보였다.

더불어 기초단체장과 기초의원 출마 대기자들은 어떻게 되는 것인지, 선거법에 대해 알려 달라는 등의 질문들이 쏟아지기도 했다.

후보가 난립할 수도 있는 상황에 대해서 새정치연합 창준위의 한 관계자는 "실질적으로 난립 가능성을 크게 고려하고 있지는 않다. 후보자 스스로 당선 가능성을 고려하지 않을 수 없기 때문에 일부 경쟁이 치열한 곳을 제외하고는 크게 문제가 될 곳은 없다."고 했다.

기초선거 무공천 선언이 있은 지 하루가 지나는 사이에 이미 몇몇 언론들은 '집단 이탈', '거센 후폭풍' 등의 자극적인 용어를 써 가면서 '지역의 조직에서 크게 반발이 일어나고 있어서 새정치연합 측에 큰 데미지를 줄 것'이라는 그들의 '희망사항' 같은 기사들을 쏟아 내기 시작했다.

언론이 융단 폭격을 퍼붓는 사이에 기초선거 무공천을 지지하는 예비 후보자들과 정치 단체의 지지 선언이 잇따랐다.

새정치연합 이석형 전남도지사 예비 후보는 성명서를 통해 "안철수 의원이 발표한 기초선거 무공천을 환영한다. 창당 준비단은 이 같은 기초선거 무공천은 대국민 약속이자 반드시 지켜야 할 대명제로 신뢰의 정치의 발판이 되기를 기대한다. 지난 대선 대국민 공약이자 약속인 기초선거 무공천을 헌신짝처럼 내팽개친 박근혜 대통령과 새누리당은 대국민 사기극을 벌인 것에 대해 사죄하라. 특히 박 대통령과 새누리당은 국민의 염원인 지방 정치 정상화를 파괴한 주범으로 엄중히 규탄한다. 민주당은 즉시 대국민 약속인 기초선거 무공천의 국민 대열에 합류하라. 민주당은 이 같은 대국민 공약을 지키지 못할 경우 스스로 공당(公黨)이 아닌 사당(私黨)임을 국민 앞에 공표하라. 기초선거 무공천을 실천하지 않는 민주당은 스스로 대국민 기만극을 벌인 당사자임을 선포해야 한다."라고 했다.

새정치연합으로 서산시장 출마를 준비 중인 조규선 전 서산시장도 기초선거 정당 공천 폐지 발표에 대해 "이번 결단은 성숙한 시민 의식과 자율 조정 능력을 믿는 옳은 결정이다. 정치는 국민에 대한 신뢰를 바탕으로 이뤄지고, 신뢰와 약속을 지키는 것은 정치인은 물론 인간의 기본 도리로 여기는 기초에서 성당 공천 폐지의 대선 공약을 이행할 것"을 촉구했다.

무소속 박성호 천안시장 예비 후보도 안철수 신당의 기초선거 무공천 선언을 지시하며, 새누리당과 민주당도 대선 공약 이행을 촉구했다.

홍영기 목포시장 예비 후보자도 "안철수 의원은 지난 대선 때 기초단체 정당 공천 폐지를 국민 앞에 약속한 바 있다. 국민과의 약속을 지키지 못한다면 새 정치를 할 명분이 없다. 국민과의 약속을 지키는 정치가 바로 새 정치다. 정치 지도자들의 말 바꾸기는 우리 국민들의 마음에 많은 상처를 주기에 이제 그런 행태는 없어져야 한다."라고 하면서 기초선거 무공천을 지지하고 나섰다.

특히 새 정치를 지지하는 새정치실천연합(이하 새실련) 소속 전·현직 지방자치단체장 및 지방의원 111명은 25일 광주광역시의회 브리핑룸에서 기자회견을 갖고 "새누리당과 민주당은 대선 공약인 기초선거 정당 공천제 폐지 공약을 이행하라."고 촉구하여 큰 관심을 끌었다.

새실련의 기초선거 무공천에 대한 명쾌하고도 시의적절한 성명 발표는 일부의 우려를 가라앉히는 큰 역할을 할 것으로 기대된다.

제18대 대선에서 세 명의 대선 후보는 기초단체 정당 공천 폐지를 국민 앞에 약속했다. 안철수와 새정치연합은 국민과의 약속을 지키고자 하는 것이다. 국민들을 위해서는 내려놓을 수 있는 용기 있는 정치, 국민과의 약속을 지키는 정치가 곧 새 정치이다. 약속을 지켜 나감으로써 신뢰를 쌓아 갈 수 있는 정치, 국민들로부터 버림 받고 국민들이 포기한 정치를 국민들이 희망으로 품을 수 있는 정치가 바로 새 정치이다. (2014-02-26)

3장 · 민주당과의 통합

전혀 예측하지 못한 새정치연합과 민주당의 통합 | 정신적 공황 상태를 극복해야 | 새정치민주연합 중앙당 창당 발기인 대회에서 | 공교육 정상화를 위한 노력 | 합당의 명분마저 부정하는 새정치민주연합의 주류들 | 안철수 지지자들 사이의 팬덤 현상 | 안철수 공동대표, 기초선거 무공천 서명 운동에 나서다 | 참여형 아카데미 프로그램을 선보인 '정책네트워크 내일' | 개탄스러운 기초선거 무공천 내부 총질 | 실리도 명분도 잃은 기초선거 무공천 찬반 투표 | 와해 직전의 새정치 조직 | 새로운 뜨거운 감자, 전략 공천 | 다시 발로 뛰는 안철수 | 6.4 지방선거 결과에 대한 단상(斷想) | 언론과 안철수 | 스포츠와 정치 | 안철수 대표의 서울 동작을 선거 유세 지원 현장에서

사진 ⓒ 이지혁

전혀 예측하지 못한 새정치연합과 민주당의 통합

　민주당 김한길 대표와 새정치연합 안철수 중앙운영위원장이 오늘 오전 국회 사랑재에서 긴급 공동 기자회견을 열었다.

　이 자리에서 양측은 전격적으로 신당 창당을 추진한다며 2017년 정권 교체 실현을 위해 제3지대 신당을 통한 양당의 통합에 합의했다고 발표했다. 다가오는 지방선거에서도 국민에게 약속한 대로 기초선거 정당 공천을 하지 않기로 결정했다고도 한다. 기초선거 무공천 선언 파동이 있은 지 얼마 지나지 않은 시점이라서 급작스런 통합 선언은 충격적이기까지 했다.

　여기저기에서 혼란스러운 심경을 토로하는 안철수 지지자들이 보이기 시작했고, 새 정치 구현을 위한 큰 결단이면서도 안철수 중앙위원장이나 김한길 대표 상호 간의 당장 눈앞에 닥쳐 있는 현실적 문제점들을 서로 보완해 주기도 하는 방안으로써 아주 잘된 결정이라고 하는 평가들도 보였다.

　같은 지지자들 사이에서도 찬성하는 부류와 관망하겠다는 부류, 절대 반대 부류들로 나뉘다 보니 서로가 감정에 치우쳐 더 격해질 수 있는 상황이 염려가 된다.

안 의원 쪽에서 지지자들에게 충분한 설명을 해 줄 필요가 있다고 생각했다. 성명 발표 이전에 새정치연합 내부에서도 반대의 의견이 꽤 있었다 하니 내부 설득도 필요하다. 뿌리 깊은 민주당의 계파 문제를 어떻게 해결할지, 민주당과의 5 대 5 지분 관계가 실제로 지켜질지, 추후 강경파들을 중심으로 안철수 '토사구팽 작업'을 어떻게 견뎌 나갈 것인지도 걱정스럽다.

야권 통합에 반대 입장에 있는 보수 방송 언론들은 안철수의 새 정치는 이제 끝났고, 심지어 사기꾼이라는 막말까지 서슴지 않으며 흥분을 감추지 못했다. 일부 진보 언론들도 곧 안철수 의원 측을 압박할 것이고, 안 의원의 2017년 대선 불출마와 같은 기득권 내려놓기를 강요하지 않을까 예상된다. 대다수 진보 언론들은 야권 연대나 통합을 줄곧 주장해 왔고, 심지어 안철수 신당과 민주당이 합당했을 경우 가상의 지지율까지도 조사해서 특집 기사화할 정도로 주도면밀했다.

김한길 대표의 민주당 내에서의 영향력이나 결정권에 대해서도 궁금할 수밖에 없는데, 언론을 통해서는 김 대표가 전날 저녁 문재인 의원에게 전화를 걸어 무공천 결정 문제를 상의했으며, 오전에 다시 전화를 걸어 안철수 의원과의 신당 창당 합의 사실을 알린 것으로 전해졌고, 문재인 의원도 무공천을 적극 지지하고 통합 선언을 환영한다는 입장을 밝힌 걸로 보도가 되었다.

김한길 민주당 대표 체제하에서 김 대표는 정국 현안을 헤쳐 나가는 리더십을 보여 주지 못했고, 당 안팎에서 무능한 대표자라는 공격에 시달려 왔다. 안철수 새정치연합은 창당을 앞두고서 지지율이 하락하며 언론의 압박에 시달렸다.

안 의원의 경우, 독자 노선보다는 정치의 현실을 가장 고민한 결정이 아닌가 하는 생각이 들었다. 걱정스럽지만 우선은 그 진심을 믿고 지켜볼 수밖에 없는 것 아니겠는가.

　과거 1990년 1월의 충격적인 3당 야합과는 차원이 다르지만, 안 대표가 김
영삼 전 대통령처럼 호랑이굴에 직접 뛰어 들어가서 호랑이를 잡을지는 지켜
볼 일이다.

　안 의원의 열성 지지자들에게는 연이은 멘붕으로 다가온 제18대 대선에서의
대통령 후보직 사퇴와 독자 노선을 포기하고 민주당과의 통합을 결정한 일이
가까운 미래, 혹은 훗날 어떤 결과와 어떤 평가로 돌아오게 될지는 현재로서는
예측하기 힘들지만, 앞으로 안 의원의 선택이 옳았다는 것을 보여 주기를 바랄
뿐이다. 이런저런 연유로 인해 국민들이 새 정치를 지켜보는 심경이 복잡해진
것 같다. (2014-03-02)

정신적 공황 상태를 극복해야

3월 2일 새정치연합 안철수 중앙운영위원장과 민주당 김한길 대표의 통합 신당 창당 발표 이후 정신적 공황 상태에 빠진 안철수 지지자들이 꽤 많이 있다. 창당 작업에 참여했던 많은 사람들도 마찬가지일 것이다.

대선 출마 선언, 단일화 과정, 후보직 사퇴, 미국행, 귀국, 무소속 출마, 선거 사무실 오픈, 압도적 승리의 환호, 정책카페 오픈, 정책 네트워크 연구소 설립, 신당 창당 선언, 새정추 사무실 개소식, 정당명 공모, 신당 창당 발기인 대회 등으로 이어지는 기억들이 필름이 돌아가듯 빠르게 펼쳐졌다.

평소 정치에 관심을 두지 않았던 사람들, 기성 정치에 염증을 느꼈던 사람들을 정치에 관심을 가지게 만들어 투표장으로 움직이게 한 것은 '안철수 현상'과 '안철수의 힘'이었다. '안철수 현상'은 기존의 것들과 다른 것이라 여겼고, 평소 안 의원 측에서도 정치 공학적인 야권 연대는 없다고 거듭 강조해 왔던 터라 정신적 박탈감은 더욱 컸을 것이다.

당시 새정치연합의 보도 자료를 받아 보던 필자에게 새정치연합으로부터 안 대표의 심경을 담은 두 통의 이메일이 도착했다.

"거대 여당의 독주에 대한 정치 혐오가 민주주의의 위기로 이어질 수 있다는 엄중함이 있었습니다. 파격적 쇄신을 통해 패배주의를 끝내고 과거로 물꼬를 튼 역사의 물줄기를, 다시 미래로 흐르게 하려 합니다. 이에 저는 민주당 김한길 대표와 함께 제3지대에서 새로운 정당 창당을 여러 논의 끝에 결정했습니다. 앞으로 실무단 회의 등을 통해서 구체적인 계획이 수립될 예정이며, 제3지대 신당이 창당되더라도 우리는 새 정치, 그리고 정치 혁신을 멈추지 않고 계속 추구할 것입니다."라는 내용이 담긴 이메일과, "통합 발표 후 언론과 미리 상의드리고 충분한 의견을 구하지 못한 점에 대해 먼저 사과드립니다. '소수가 흡수될 것'이라는 말, '새 정치가 기존 정치 세력에 녹아들어 결국은 흔적도 남지 않을 것이다.' 이런 이야기에 대해 잘 알고 있습니다. 이겨 낼 것입니다. 더 큰 새 정치를 시작하는 것입니다. 새 정치를 담는 더 큰 그릇을 만들어 나가겠습니다."라는 내용의 이메일이었다.

통합을 바라보는 일각의 우려에 대해서 적어도 안 의원은 인식을 하고 있는 듯했다. 대체로 야권 통합에의 설득의 시간이 충분치 못하다 보니 안 의원으로서는 기존 지지층과 전통의 민주당 성향 지지층 양쪽으로부터 리더십을 검증받는 위치에 서게 되었다.

우선 지지자들의 이탈을 막아야 하고, 함께 창당을 준비해 온 동지들의 이탈도 막아야 한다. 대선 단일화 과정에서 감정의 골이 깊어진 문재인 지지자들과도 가까워져야 한다. 다가오는 지방선거에서 안철수-김한길 공동대표 체제로 통합 신당의 위상으로 야권이 승리하는 모습을 보여 줘야만 한다. 독자 신당의 길을 버렸다 하더라도 새로운 정치, 정치 쇄신의 성과도 이루어 내야 한다.

그러기 위해서는 새 정치 지지자들이 힘을 실어 줘야 한다. 현재의 공동대표 체제에 힘이 실려야 무엇이든 할 수 있기 때문이다. 지방선거에서도 승리해야 안철수 의원과 조직이 더 많은 기회를 얻을 수 있다.

단기간 내에 성과가 없을 시에 현재의 지도부 체제에 불만을 품은 쪽에서 서서히 힘을 과시하기 시작할 것이고, 그런 분위기가 표면화되었을 경우에 새 정치는 다시 민주당으로 회귀할 가능성이 크다.

안철수 의원이 새 정치에 대한 초심을 잃지 않는 이상 통합 신당에서 순차적으로 정치 개혁을 할 수 있게 힘을 실어 주자는 것이다. 대의만을 생각할 때다. 안철수-문재인 양측의 지지자들 사이에 있어 왔던 반목과 갈등도 풀어야 할 과제 중 하나이다.

맹목적 비판은 쉽지만 대안을 가지고 비판하기란 쉽지가 않다. 안철수 의원에 대한 개인적인 비판이 아니라 상황에 대한 비판성을 기르는 것이 안철수를 돕는 길이 될 것이다. (2014-03-07)

■ 새정치민주연합 중앙당 창당 발기인 대회에서

16일 오후 세종문화회관 세종홀에서 통합 신당 창당준비위원회 발기인 대회가 열렸다. 당명은 '새정치민주연합'으로 결정이 났고, 창준위는 민주당 김한길 대표와 새정치연합 안철수 중앙운영위원장을 공동 창당준비위원장으로 선출하였다. 새정치민주연합의 발기인으로는 민주당에서 324명, 새정치연합에서 355명 등 모두 679명이 발기인으로 선정되었으며, 그중에서 409명이 발기인 대회에 참석하였다.

사회를 맡은 금태섭 변호사는 다소 차분한 분위기였고, 현장에서 임시 의장으로 추천되어 발기인 대회 진행을 맡은 윤여준 의장의 표정은 시종일관 어두웠다. 진행 도중 안희철 청년위원회 부위원장이 신당명으로 '새정치민주연합'이 채택된 것에 대해 이의를 제기하기도 하였지만, 참석한 발기인들이 당명에 별다른 이의를 제기하지 않아 당명은 그대로 확정이 되었다. 용기를 내어 말하는 소신 있는 모습이 보기 좋았다.

당명으로 채택될 가능성이 커 보였던 '새정치국민연합'이 이미 유사하게 등록된 당명이 있는 관계로 등록이 힘들어진 상황도 있고, 앞으로 공식적으로는 '새정연'으로 불리게 하겠다 하니 더 이상 법적으로나 감정적으로나 이의를 제기하기는 힘들 것 같다. 그동안 독자 신당 창당을 위해 힘껏 뛰어온 사람들 모두에게 힘든 경험이었지만 다시 마음을 추스를 수밖에 없다.

대회가 끝나고 안철수 지지자 포럼 대표, 실행 위원, 새정치주진위원 등과 함께 인근 커피숍에서 이런저런 대화를 나눌 기회가 있었는데, 다들 개인적으로는 안철수 의원의 정치 행보를 지켜보면서 실망스러운 면이 없었다고 말할 수는 없으나, 이렇게도 척박한 정치적 환경 속에서 안철수 의원 개인이 얼마나 힘이 들었겠느냐는 대목에서 모두들 동의했다.

안철수 창당준비위원장의 인사말 전문을 기록으로 남겨 두도록 한다.

"존경하는 발기인 동지 여러분! 오늘은 이전과는 다른 새로운 비전의 첫발을 내딛는 역사적 순간입니다. 여러분! 옆에 계신 새정치 동지들에게 믿음과 확신의 힘찬 격려의 박수를 보내 줍시다!

여러분, 대통합의 대의가 새 정치이고 혁신이라면 오늘 동지들을 맺게 해 준 고리는 약속과 실천입니다. 민주당 여러분과 김한길 대표는 흔쾌하게 동의했습니다. 그리고 우리는 하나가 되었습니다. 새정치는 국민을 두려워하고 약속을 반드시 실천하는 명칭입니다. 그러나 여당은 어떻습니까. 약속을 어겼습니다. 그러면서 사과 한마디도 없습니다. 국민을 가볍게 여기는 태도입니다.

기억하십니까. 대선 전 세 후보의 공약은 거의 같았습니다. 경제민주화, 특권 내려놓기, 사회적 대통합은 세 후보의 서약이있습니다. 그 서약 어디 갔습니까. 경제민주화는 언급조차 안 되고 있습니다. 실천은 고사하고 금기어가 되었습니다. 특권 내려놓기의 핵심인 공천 약속을 뒤집었습니다. 대통합과 화해를 외치며 반대자들의 손을 잡던 약속은 어디로 갔습니까. 이런 현실에 절망을 넘어 깊은 슬픔을 느낍니다. 그래서 이 자리를 빌려 정부 여당에게 다시 제안 드립니다.

지금이라도 기초선거 공천 폐지 약속을 지켜서 새로운 정치의 장을 함께 만들어 주십시오. 분열의 정치 대신 화해와 통합의 정치를 함께합시다. 신뢰받는 정치의 길을 함께 갑시다. 정치를 혁신하고 바꾸는 데 여야가 따로 있을 이유는 없습니다. 여러분! 우리의 제안을 정부와 여당이 수용해 줄 것을 힘찬 박수로 촉구합시다! 존경하는 동지 여러분, 우리는 어떤 어려움이 있더라도 다음의 창당 기조를 지켜 나가야 합니다.

첫째, 기득권을 내려놓는 정당입니다. 정치 혁신을 위해서 많은 것을 고민하고, 많은 것을 내려놓아야 합니다. 국민의 이익에 부합한다면 새누리당이 내려놓지 않더라도 우리는 내려놓을 수 있어야 합니다. 이미 우리는 지방선거의 불리함에도 불구하고 기초선거 공천 폐지라는 큰 결단을 내렸습니다. 우리가 내려놓고 비울수록 국민들께서 더 많은 것을 채워 주실 것입니다.

둘째, 국민의 삶을 최우선으로 하는 정당입니다. 어떤 정치 의제도 국민의 삶보다 우선할 수 없습니다. 사회정의를 세우고, 국가 기강을 바로잡고, 민주주의를 지키는 과정에서도 삶의 문제는 항상 정치의 중심에 있어야 합니다. 서민을 보호하고 중산층을 복원하여 삶을 일으켜 세우는 일을 한시도 게을리할 수 없습니다.

셋째, 국가 안보를 튼튼히 하는 정당입니다. 새정치민주연합은 국민의 뜻을 모아 북한과의 화해 협력을 적극 추진해 나가야 합니다. 한반도 평화 유지와 관리에 주도적인 노력을 아끼지 말아야 합니다. 그러나 자유민주주의 체제를 위협하는 세력과는 결코 함께할 수 없다는 점을 분명히 해야 합니다.

넷째, 격차 해소를 위한 사회 통합에 적극 나서는 정당입니다. 불공정한 경제 질서를 바로잡고, 비정규직, 소외계층, 복지 사각지대를 없애는 데 적극 나서야 합니다. 세 모녀가 세상을 등진 것은 정치의 책임입니다. 정치의 무책임,

무능력 그리고 우리 사회의 무심함으로 아프게, 아프게, 오랫동안 기억되어야 합니다.

다섯째, 미래를 개척하는 정당입니다. 낡은 체제로는 더 이상 현실과 미래를 감당할 수 없습니다. 이념과 진영에 매몰되어 현실과 합리적 진리를 외면한다면 국민의 마음을 얻을 수 없습니다. 증오와 배제, 지역과 파벌의 정치를 우리가 먼저 깨나가야 합니다.

존경하는 동지 여러분, 언제까지 지역주의에 안주하여 권력만을 탐할 수 없습니다. 권력은 정의롭고, 정치는 떳떳해야 합니다. 낡은 체제와 인식이 역사 발전의 걸림돌임을 스스로 깨닫고 선언할 때 우리는 국민에게 진정한 새 정치의 주체로 인정받을 수 있습니다. 합리적 개혁으로 미래를 개척해 나갈 수 있습니다.

존경하는 동지 여러분, 서로가 조금씩 더 내려놓고, 조금씩 더 양보해서 새 정치의 싹을 제대로 틔워 나갑시다. 이 새로운 봄날에 변화와 개혁의 새 기운을 국민에게 선사합시다! 새 정치만이 낡은 정치에 지친 국민에게 희망을 드릴 수 있습니다. 새 정치만이 국민께 정치를 한 번 더 믿어 달라고 말씀드릴 수 있습니다.

먼저 버리고 내려놓읍시다. 과감히 바꿉시다. 그리고 국민의 품으로 달려갑시다. 그때서야 국민 여러분께서 따뜻하게 저희를 품어 주실 것입니다. 동지 여러분, 함께해 주십시오. 동지 여러분을 믿습니다. 고맙습니다." (2014-03-16)

■ 공교육 정상화를 위한 노력

3월 18일 오후 6시, 국회의원회관 제1소회의실에서 '정책 네트워크 내일'과 안철수 의원, 새정치연합 청년위원회가 공동 주최한 '공교육 정상화를 위한 선행교육규제법 보완 방안 정책 토론회'가 열렸다.

2월 18일 박근혜 대통령의 공약인 선행학습금지법이 통과된 것에 따른 것으로, 이번에 안철수 의원의 의제로 재부상하게 되어 행사를 마련하게 되었다. 다음세대희망포럼 대표 연세대 천근아 교수가 토론회의 사회를 맡았으며, 축사를 위해 김진표 의원과 안철수 의원이 참석하기도 하였다.

안상진 사교육걱정없는세상 정책대안연구소 부소장의 선행교육규제법의 필요성과 실효성 분석, 김성천 경기도교육연구원 연구위원의 선행 교육 금지를 넘어 공교육 정상화를 모색해야 한다는 제목으로 발제하였고, 김광일 교사(서산 해미초)와 신동희(학부모), 방신근(당곡고교 3학년), 교육전문가로 유명한 이범, 류정섭 교육부 공교육지원과장이 토론자로 참석하였다.

민주당 김진표 의원은 이날 토론회에 참석하여 축사를 통해 "나는 참여정부 교육부총리를 지낸 바 있다. 교육이 희망의 사다리 역할을 해야 하는데 현재 사교육 과열 현상은 돈 있는 사람들만 혜택을 받고 가난한 이들은 원천적으로 봉쇄시키고 있다. 특목고와 자사고의 입시를 왜 따로 봐야 하나. 전형 제도를 일반 학교와 같이하면서 뽑는 방법이 있지 않은지 다뤄 봐야 한다."고 했다.

이어서 연단에 오른 안철수 의원은 "개천에서 용이 난다는 얘기가 먼 이야기가 됐다. 교육이 기회의 사다리가 되어야 하는데 반대로 계층을 고착화시키는 온실이 되고 있다. 교육 분야 개혁이 잘되지 않는 이유는 교육 분야가 우리 사회구조하에서 하나의 종속변수이기 때문이다. 아무리 교육이 개혁을 해도 사회구조가 개혁되지 않으면 충분히 효과가 발휘되기 힘들다. 사회의 제대로 된 일자리가 한 군데로 국한되면 계속 대기업에 취업하거나 공무원을 지망하거나 의사나 변호사 자격증으로 몰려가게 되는 인센티브 시스템이 문제이다. 토론회를 통해 좋은 의제들이 정책화될 수 있게 최대한 노력을 하겠다."며 우리 사회의 구조적 문제점을 지적했다.

안상진 정책대안연구소 부소장은 선행 학습을 유발하는 요인 세 가지로 1)개별 학교와 정부 수준의 정책과 제도, 2)교육적 목적보다는 상업적 이익을 위해 선행 학습 상품을 최대한 활용하는 사교육 시장의 마케팅, 3)선행 학습을 부추기는 환경에서 불안과 경쟁 심리 등에 따라 선행 학습을 요구하는 수요자의 의식 때문이라고 지적했다. 그 대책 방안으로는 개별 학교의 교육과정을 벗어난 시험과 속진형 교육과정 운영에 대한 규제, 개별 대학의 정규교육 과정을 뛰어넘는 수준의 입학전형 운영에 대한 규제, 학원 등 사교육 시장의 과도한 선행 교육 상품에 대한 규제, 특목고 입시 개선과 심화된 고교 서열 체제의 재검토, 국가 수준 교육과정의 양과 난이도 조정, 쉬운 수능 기조 유지와 수능 자격 고사 전환, 획일적인 상대평가 내신 제도의 개선 등을 제시했다.

김성천 경기도교육연구원 연구위원은 선행 교육 금지 법안의 기대 효과로서 1)선행 학습을 조장하는 역할을 하는 대학에 대한 견제구를 던질 수 있다. 2)선행 학습을 전제로 수업하는 흐름을 막을 수 있다. 3)복습이나 심화 중심의 학습 흐름을 학교 차원에서 만들 수 있다. 4)변별력을 이유로 상위 학년의 문제를 끌어오는 일부 학교의 관행을 타파할 수 있다고 분석했다.

교육전문가 이범 씨는 초등학교는 교육과정과 교과서의 난이도가 상승하고, 분량이 증가했고, 중학교는 변별력을 강제하는 내신 제도로 인해 시험이 어려워졌다. 일반고는 편법, 과속을 해야 수능 준비나 문제풀이가 가능하다고 지적하며 유초중고 교육과정 전체에 대한 현장 중심 재조정이 필요하고 대학이 참여하는 '합의'를 주장하였다. (2014-03-19)

합당의 명분마저 부정하는 새정치민주연합의 주류들

당 안팎으로 새정치민주연합의 분위기가 심상찮다. 기득권이 몰락할지 모른다는 불안감으로 인해 가장 먼저 범친노 호위무사들이 서서히 총대를 메고 불만을 제기하기 시작했다.

정청래 의원은 안철수 공동 창당준비위원장을 향하여 "점령군처럼 행사하지 말자. 선한 눈빛의 당신에게서 옹고집의 인상을 느낀다."며 태클을 걸기 시작했고, 문성근 '국민의 명령' 상임위원은 "안철수가 새 정치를 주장하지만 내용이 없다. 기초선거 무공천이 새 정치인가."라고 비판하면서 당 외곽에서 지원사격을 해 주었다.

민주당은 비공개 최고위원회를 열어 최고위원들이 만장일치로 무공천 의견을 제시하여 김한길 대표가 안철수 의원에게 무공천 방침을 통보하며 야권 통합을 제시했고, 이에 안철수 의원은 민주당이 기득권을 내려놓는 모습을 보였기 때문에 통합을 하게 되었다며 기초 무공천을 통합의 명분으로 내세웠다.

그런데 막상 통합을 했더니 본색을 드러내는 것일까? 당 여기저기에서 친노, 비노 할 것 없이 기초선거 무공천 방침에 반발하는 목소리들이 불거져 나오는 상황은 상식적으로 납득하기는 힘들다.

3월 21일자 노컷뉴스에 보도된 기초선거 무공천에 반대하는 민주당 인사들의 주요 발언을 인용해 보기로 한다.

이인영 의원, "외국에서는 정당과 시민단체, 무소속의 차이를 없애는 쪽으로 새 정치를 하는 것이지, 국민이 정치를 불신한다고 해서 정당 공천을 폐지하는 것이 맞는지 모르겠다. 여야가 1 대 1 구도라면 모를까, 1(여당) 대 다자(야당) 구도가 될 텐데 정당 공천 폐지는 우리에게 유리하지 않다. 좋을 게 없다."

박영선 의원, "그 폐해가 아주 심각하다. 지역구에 가기 어려울 정도로 문제가 많다."

문희상 의원, "어떻게 선거를 치러야 할지 난감하며 죽을 맛이다. 새 정치로 인식되고 있으니 뒤집을 수도 없고, 죽는 줄 알면서 끌려가야 하는 숙명이라고 해야겠지."

신학용 의원, "지역은 난리다. 새 정치라는 약속 지키려다 다 망하게 생겼다. 국민이 약속 지키지 않는 새누리당에 벌칙을 주기를 기다릴 뿐이다."

김현미 의원, "민주 정치는 정당 정치인데 공천을 포기하는 것은 정당 정치를 부정하는 것이자 무책임의 정치다. 동네에서 기초의원 알고서 찍는 사람은 아마도 3퍼센트에 지나지 않을 것이다. 정당 공천 폐지야말로 포퓰리즘 정치가 아닌가 한다."

김낙순 전 의원, "무공천은 말이 안 된다. 정치는 현실인데 현실을 무시한 처사로 서울의 기초선거 출마 예상자가 400명이 된다. 그들이 이른바 보병들인데 박원순 시장 입장에서 보면 보병 없이 선거를 치르라는 거다. 박 시장도 이기기 어렵다."

기동민 서울시 정무부시장, "싸움 자체가 안 된다. 당의 하부구조가 다 무너졌다. 총칼을 다 내놓고 선거 치르라는 거다. 어떻게 선거를 치러야 할지 너무 걱정스럽다."

이부영 상임고문, "기초선거 무공천이란 대의명분에 집착하기보다 대국(大局)을 봐야 한다. 전국의 지방선거판은 아수라장이다. 대선 공약을 파기한 새누리당은 유리하게 전개되는 선거 판세에 회심의 미소를 짓고 있는 반면에 2번 기호가 사라지게 된 우리 측은 난립하는 무소속 후보들 속에서 망연자실하고 있다."

정동영 상임고문, "기초단체장 무공천 결정으로 서울 현역 구청장 19명(전체 25명 중 민주당 소속)이 전멸하고 그 여파로 서울시장까지 놓치게 되면 안철수 위원장 역시 정치적 책임으로부터 자유롭지 못할 것이다. 기초선거 무공천이 과연 안 위원장이 얘기했던 새 정치인지 회의적이다."

통합 발표 직후 우려했던 부분이 금세 현실로 다가오는 것을 지켜보면서 새 정치가 앞으로 겪어야 할 무수한 험로를 예고하는 듯했다. SNS상의 안 대표에 대한 조롱도 조직적으로 유포되기 시작했다.

안 의원은 21일 여의도 새정치연합 사무실에서 기자들과 만나 "현장에서의 어려움은 잘 알고 있지만 서로 어려움을 나눠서 짊어지고 가기로 약속한 사안이다."라며 무공천 재검토 논란을 무마시키기에 나섰다.

애초 새정치연합과 민주당의 합당을 극구 반대한 안철수 지지자들이 많은 이유는 독자 신당의 포기 그 자체에서 절망을 느꼈던 것이 아니라 민주당이 약속을 지킬 수 있는 집단인지에 대한 궁극의 의구심이 있었고, 당내 안철수 비토 세력들의 반발에 안철수가 버틸 수 있느냐는 깊은 우려 때문이었다. 통합 신당이 초기 컨벤션 효과를 얻지 못하고 지지율이 하락하고 있다는 여론조사들이 보이기 시작한 것도 그 이유이다. 안철수 주요 지지자들, 중도층의 이탈이 가속화되고 있는 것이다.

통합의 명분으로 기초선거 무공천을 천명하고 난 직후 가상의 통합 신당의 지지율이 새누리당과 거의 대등한 지지율을 보였다가 다시 하락하는 이유는 통합 후에도 여전히 달라지지 않고, 이른바 연판장 정치와 같은 구태의 모습에서 '도로 민주당'을 확인했기 때문이다.

기초선거 무공천 선언을 지지하는 이유는 무모할 정도로 기득권을 내려놓음으로써 국민과의 약속을 지키고자 하는 안철수의 모습에서 통쾌함을 느꼈기 때문이다. 새누리당은 번복했으니 선거에서 새누리당에게 불리할 것이라는 이유만으로 기초 무공천을 반대하는 이들이 있는데, 이는 근시안적 생각이 아닌가 여겨진다. 정치는 대의명분을 얻기 위해 눈앞의 이익을 희생할 수도 있어야 한다고 생각하고, 두 세력의 통합의 가장 큰 명분이었던 만큼 그 약속을 지켜야 한다는 것이다.

민주당은 내부 총질을 중단해야 한다. 안철수가 죽으면 민주당도 죽는 것이다. 작은 것을 내려놓지 못하는 얄팍한 장사꾼의 마인드로는 정권 교체가 불가능하다. (2014-03-23)

■ 안철수 지지자들 사이의 팬덤 현상

문득 특정 정치인에 대한 팬덤화 현상에 대해서 생각을 해 보게 되었다. 팬덤(Fandom)이라는 말은 〈팬들이 모여 한 그룹을 만든 것을 말한다. 'fanatic'과 접미사 '덤(-dom)'의 합성어이며, 팬덤이 더더욱 문화적으로 엄청난 영향을 행사하기도 한다.〉라고 사전적 용어로 풀이된다.

팬덤이라는 개념이 다소 부정적인 의미로 쓰이는 것이 사실이고 개인적으로도 특정 정치인에 대한 팬덤 현상은 기본적으로 바람직하지 않다는 사실에는 동의하지만, 현재 안철수 지지층 사이에서 열성 지지자들끼리의 결집 현상을 단순히 부정적인 의미로서의 팬덤화로 치부하기엔 무리가 있어 보인다. 정치인의 중심에는 열성 지지층이 있게 마련이고, 열성층으로부터 정신적, 물질적으로 후원받고 성장하는 과정은 당연한 것이기 때문이다.

안철수 지지층 성향은 대체로 과거에 정치에 무관심했거나, 기성 정당에 염증을 느끼는 무당층이 많다. 안철수라는 인물에 대한 개인적 지지를 통해 정치에 눈을 뜨게 된, 정치에 때가 묻지 않은 사람들도 많이 섞여 있다. 그런데 이런 성향의 사람들이 왜 요즘 집단적으로 과격(?)해지고 있는 것일까?

안철수 지지자들 사이의 뭉침 현상을 군이 팬덤화로 간주한다면 그것은 아마도 안철수의 대선 출마 시점부터 지금까지 정치권, 언론, 사회 각계각층의 친민주당 세력과 극좌, 극우 성향의 네티즌들로부터의 멈추지 않는 과도한 공격 탓일 것이다.

우선 안철수 안티들이 흔히 조롱의 목적으로 써먹는 '간철수, 간잽이' 시리즈가 그 대표적인 예이다. 여의도 화법과는 다른 그의 신중한 언행을 겨냥해 무차별 조롱과 비아냥거림이 쏟아져 왔다. 온라인에는 '목동 내연녀 사건'을 필두로 근거 없는 수많은 유언비어 텍스트들이 유포되어 있다.

언론도 가세해 저급한 삼류 소설과도 같은 기사를 확대 재생산했고, 확인되지 않은 측근발 인용 기사나 전적으로 기자 개인의 추측에 의한 기사가 난무하였다. 정치권도 이에 동조하여 근거 없는 소문들을 확장시켜 나가면서 부정적인 이미지를 씌우는 데 혈안이 되어 왔다.

온라인에서 안철수를 지지하는 계정을 발견하는 즉시 집단으로 공격하여 계정을 중단시키거나, 깊은 상처를 주기도 하고, 의도적이면서도 분별없는 지적질로 안철수 지지자들의 팬십을 비난하면서 안철수 지지 계정의 증가를 막으려 했다.

트위터나 페이스북, 다음 아고라 등에서 쉽게 찾아볼 수 있는 안철수에 대한 비방이나 허위 글들은 이미 금도를 넘어서서 차마 입에 담기 어려운 상상을 초월하는 욕설이나 추악한 명예훼손성 글들로 도배되어 있다.

안철수 때문에 처음 SNS 활동을 시작한 사람들에게는 견디기 힘든 고통이었을 것 같다. 덕분에 SNS 활동을 접은 계정들도 꽤 많이 있고, 나름 내성이 생겨서 견뎌 온 계정들은 살아남기 위해 뭉치면서 점점 강력해진 사이버 전사로 거듭나게 된 것이다. 반대 진영으로부터의 무차별 공격이 안철수 지지자들을 팬덤화하고 있고, 그런 팬덤화 지적조차도 자신들의 정체를 가리기 위한 이중 잣대에서부터 비롯되었다는 점을 지적하고 싶다.

서로의 다름을 이해하는 배려의 마음이나 최소한의 정치적 도의 같은 게 없는 이상 앞으로도 사이버상에서의 어이없는 진흙탕 감론을빅은 넘주지 않을 듯히디.

'안철수 현상'이 안철수를 현실 정치에 발을 디디게 했지만, 정치 언저리의 행태들을 보고 있노라면 앞으로 그 이떤 이틈의 정치 현상이 오더라도 당사자가 함부로 정치판에 뛰어들지는 못할 것 같다. 수준 낮은 우리나라 정치 언저리에서 검증이라는 미명하에 뼛속까지 난도질당하며 크게 상처받을 게 뻔하기 때문이다. (2014-03-26)

안철수 공동대표,
기초선거 무공천 서명운동에 나서다

30일 오전 10시, 국회 당대표 회의실에서 안철수 공동대표는 기초선거 무공천 약속 이행 촉구 기자회견을 하였다. 안철수 의원은 트위터를 통하여 미생지신(尾生之信) 동영상을 올리면서 박근혜 대통령을 향해 돌직구를 날리기도 했다.

오전 11시부터는 서울역에서 김한길 대표와 함께 범국민 서명운동을 진행하기도 했는데, 현장에는 일찌감치 SNS 안철수 열성 지지자들이 도착하여 안철수, 김한길 공동대표가 서명하는 장면을 지켜본 후 차례대로 직접 방명록에 서명하기도 하였다. 조금 늦게 서울역에 도착한 필자도 방명록에 서명하는 것으로 동참 의사를 표시하였다.

기초선거 무공천 문제는 여야 가릴 것 없는 주요 대선 공약이었기 때문에 국민들로 하여금 잃어버린 정치에 대한 신뢰를 다시 회복하기 위해서라도, 앞으로 정치권이 당리당략을 위함이 아닌 국민들에게 약속을 지키는 정치를 하기 위해서라도 오는 지방선거에서 반드시 지켜야 할 사안인 것이다. 기초선거 무공천으로 인하여 출마 당사자들에게는 불편함도 있고 새누리당에 비해서 불리함도 있을 수 있음을 이해할 수 없는 것은 아니지만, 그렇다고 해서 일부 지방 선거 출마자들이나 구 민주당 내의 여러 국회의원들이 이에 반하는 언행들을 하면서 지도부를 흔드는 행위는 있을 수 없는 일이다.

오프라인의 서명운동은 이번 일을 계기로 전국으로 확장해 나가야 하며, 온라인을 통해서 접수할 수 있는 방법도 마련해야 할 것으로 보인다. (2014-03-31)

참여형 아카데미 프로그램을 선보인 '정책 네트워크 내일'

'정책네트워크 내일'에서 주관한 참여형 아카데미 '새로운 내일을 여는 100분'에 다녀왔다. 본 프로그램은 정치, 경제, 사회, 통일외교안보 분야 순으로 진행되었는데, 우선 첫 번째 주제인 정치와 관련하여 지난 3월 6일부터 4월 3일까지 매주 목요일 저녁에 100분 동안 마련된 아카데미였다.

첫 번째 주제로 준비된 정치 분야는 6일에 새 정치의 비전이라는 타이틀로 김효석 전 새정치연합 공동위원장이 강의를 맡았고, 13일에는 새 정치와 정당 개혁의 방향이라는 타이틀로 명지대 정진민 교수, 20일에는 바람직한 선거 제도의 개혁 방향이라는 타이틀로 경희대 김민전 교수, 27일에는 지방자치의 현 주소와 발전 방향이라는 타이틀로 배제대 정연정 교수가 강의를, 4월 3일에는 마지막 순서로 안철수 의원이 참석하여 참가자 전원과 새 정치 발표회 및 종합 토론을 할 예정이었으나, 전날에 부득이한 사정으로 마지막 강의가 취소되었다는 통보를 받았다. 하루가 더 지나서는 수강생 전체에게 다시 한 번 부득이한 사정을 말하면서 죄송하다는 말과 함께 전체 수강료를 환불해 주겠다는 내용의 이메일을 보내 오기도 하였다.

수강생들은 6.4 지방선거 예비 후보자들이 대부분이었고, 일부는 열성적으로 SNS 활동을 하고 있는 안철수 지지자들이었으며, 필자도 수강생 신분으로 아카데미 수업에 출석하였다.

그런데 아카데미에 수강 신청을 하고 난 후 얼마 되지 않아 안철수, 김한길 두 사람이 급작스럽게 통합 신당 창당 발표를 하는 바람에 강의 자체가 취소되지 않을까 하여 직원에게 문의한 결과, 곧 전체 공지를 하겠다는 응답을 받은 하루 뒤에 예정대로 진행된다는 내용의 문자를 받았다.

첫날에는 김효석 전 새정치연합 공동위원장이 강의를 진행하였는데, 2월 11일 대방동 여성회관에서 열린 새로운 정치를 위한 국민과의 대화 행사장에서의 강의 내용과 동일한 내용의 PT를 준비하여 진행을 하였다.

대한민국의 소득의 양극화가 심화되어 최단기에 국가 기강이 무너지고 있고, 중산층이 몰락하고, 사회 공동체 균열, 금융 위기, 고용 문제 등이 대두될 동안 정치의 역할 부재를 지적하면서 정치가 시대적 과제를 외면하고 정치가 이념 투쟁, 권력 투쟁에 몰입함으로써 사회적 갈등을 증폭시키고 정치 담합, 기득권 고수, 국민 분열, 진영 간의 대립 구조로 인해 더 이상 정치 개혁을 미룰 수 없다는 국민들의 열망이 안철수 현상으로 나타났고, 그 가치가 새 정치로 표출이 되었다는 설명을 이어 갔다.

강의를 마친 후에는 수강생들의 질문을 받기도 하였는데, 주로 정치 현안인 당 대 당 통합 시의 지분 협상 방안이나 지방선거에 대한 질문과 새 정치를 구체적으로 실천할 수 있는 방안은 무엇인지에 대한 질문들이 이어지기도 하였다.

두 번째 시간의 강의를 맡은 정진민 교수는 진영 논리로 대립, 대결하는 시대는 지났다, 사회 갈등을 조장하는 정치에서 사회 갈등을 봉합해 나가는 정치가 필요하다고 피력하면서 그동안 지속적인 정파 대립의 이유로써 집권당이 대통령에게 종속(청와대 하부 기구화)이 되어 있었기 때문임을 지적했다. 하향식 전략 공천의 되풀이는 사당화가 되는 지름길이고, 공천 폐지보다는 지역의 운영 시스템을 바꿔야 한다고 했다.

세 번째 강의를 맡은 김민전 교수는 한국 사회의 현주소(불안한 국민들의 삶, 흔들리는 한국 경제, 민주주의 후퇴)를 지적하고 독과점 체제로 인한 성장이 경제적 양극화를 낳았고, 그것은 사회적 양극화로 이어지게 되었다고 말했다. 한국 사회가 획일성, 소수 중심, 공급자 중심, 중앙 중심에서 공정하지만 소수에게 조금 더 주는 것이 공정한 사회이고 공정한 다원 체제가 될 수 있도록 다양성과 관용, 소수의 특권을 인정하지 않는 공정성(다수), 소비자와 지방 중심으로 재편되어야 한다고 했다.

지방의원 선거에서 지역구는 정당 공천을 배제해 지방의회 전체가 중앙 정치에 휘둘릴 가능성을 막고, 비례대표는 공천을 허용해 여성 등 소수자 대표를 확대하고 군소 정당도 의회에 진출할 기회를 주어야 한다면서 지역구 정당 공천을 배제하려면 '묻지 마 투표'를 최소화하도록 지역구를 2~4인 선거구에서 1인 선거구로 바꾸고, 비례대표 정원은 지역구와 일대일 비율로 늘리자고 하였다.

마지막 강의를 맡은 정연정 교수는 주민이 배제된 지방자치에서 주민이 결정하는 지방자치, 복사기 지방정부에서 창의적 지방정부, 중앙에 기대는 지역 발전에서 지역이 주도하는 지역 발전으로 바뀌어야 한다고 했다. 주민이 직접 결정하는 지방자치를 위해서는 읍, 면, 동 단위의 예산 주민 총회를 구성하여 본회의를 거쳐 자치 예산을 결정하고 집행하도록 해야 한다고 말했다.

지방정부의 살림살이를 튼튼하게 하기 위해서는 지방정부의 무분별한 민자 및 외자 유치의 억제가 필요하다고 지적했다. 그 외에 시민감사위원회 설치의 의무화, 부패 단체장 및 의원과 정당 국고보조금 연동, 지방자치단체 비리에 대한 내부 고발자 보호 제도의 개선 등을 주장하였다.

서두에서도 밝혔듯 새정치연합이 민주당과 급작스런 통합 신당 발표를 해 버린 탓에 애초에 기획된 아카데미 자체가 상당히 맥이 빠진 상태에서 진행이 되었고, 마지막 강의 때 참석 예정이었던 안철수 의원의 불참으로 인해 많은 아쉬움을 가지게 하였음에도 불구하고, 특히 김민전 교수와 정연정 교수의 성의 있는 강의와 강의가 끝난 후에도 개별적인 질문에 대한 응답, 지방선거 출마자들과의 일대일 사진 촬영에도 일일이 포즈를 취해 주는 모습에서 다소 마음의 위안이 되었던 것 같다.

강의가 끝난 후 직원과의 대화에서 경제, 사회, 통일외교안보 분야의 강의 성사 여부는 크게 달라진 상황과 기획 의도가 상실된 만큼 개최 여부가 매우 불투명하기만 하다. 갑작스런 통합 소식만 없었더라면 좋았을 텐데, 갑자기 맥이 빠진 점이 옥에 티었다. (2014-04-04)

개탄스러운 기초선거 무공천 내부 총질

지방선거를 불과 두 달 남겨 두고 기초 무공천 방침이 제1야당의 뜨거운 쟁점이 되고 있다.

기초선거 무공천은 대선 공약이었고, 새정치연합과 민주당의 통합의 명분이었기 때문에 현 시점에서 이 문제를 다시 공론화하여 적용 여부를 결정해야 한다는 것은 납득하기 힘들다.

기초선거 무공천은 국회의원에 의한 지방자치 지방의원에 대한 공천권이 남용되는 것을 막고, 공천 과정에서 있어 온 많은 검은 거래들을 척결할 수 있으며, 주민의 여론이 중앙 정치에 의해 차단되는 것을 막을 수 있는 제도적인 시스템이기도 하다.

대선이 끝나고 민주당은 줄곧 박근혜 대통령의 일련의 공약 파기를 이유로 대통령 하야까지 주장할 정도로 국민과의 약속을 중요시하던 사람들인데, 이제 와서 기초선거 무공천을 파기해야 한다, 다시 검토해야 한다는 말은 쉽게 하고 있으니 기가 막힐 노릇이다. 기초선거 무공천 방침을 번복하자는 말은 사익을 위해서는 공당으로서의 책임도, 공동의 가치도 쉽게 번복할 수 있다는 것을 의미한다.

6.4 지방선거가 패배하면 안철수의 정치 생명도 끝난다고 협박하는 이들도 있다. 6.4 지방선거를 앞두고 다급한 쪽은 새정치 세력 쪽보다는 민주당이었을 것이다. 안 의원 측으로 봐서는 창당을 하려다 보니 지방선거를 만나게 되었고, 지방선거에서 한두 석 정도의 목표를 설정해 둔 후에 정치 쇄신의 일환으로 우리 당은 기초 무공천을 하겠다고 선언했더라면 충분히 국민적 공감대를 얻을 기회가 있었을 텐데, 지방선거의 결과를 놓고 정치 생명을 걸 만큼 무모한 선택을 했을 리는 없다. 민주당과의 통합을 통해 기초 무공천을 관철시키고자 했던 것은 제1야당을 주도적으로 바꿔 나가고 싶은 의지의 반영일 것이다.

아직은 정권 초기이고, 여러 정치적 정황들로 봐서 야권이 지방선거에서 승리하기가 쉽지 않은 상태에서 현재 여와 야가 일대일 대결 구도가 된 만큼, 이번 선거는 구 정치와 새 정치의 구도를 형성해야 한다. 과거 야당이 잇따른 선거에서 연이어 패배했던 이유는 무엇인가. 야권이 기득권을 비우는 자세를 보였을 때 국민들은 그 자리를 채워 줄 것이다.

이번 지방선거에서 새정치민주연합은 기초선거 무공천 방침을 최대 이슈화하여 새누리당의 파렴치한 공약 파기를 집요하게 물고 늘어져야 한다. 설령 결과가 좋지 않더라도 실망할 필요도 없다. 작은 것을 버려야 큰 것을 얻을 수 있다. 기초 무공천은 새누리당을 유리하게 하는 것이고, 지방선거에 패배하면 차기 대선도 실패할 것이라는 단순 논리를 내세우기보다 전적으로 국민을 믿고 선거 혁명을 일으킬 생각은 없는가. 물에 빠진 민주당을 건져 준 안철수를 내부 총질로 흔들려고만 할 게 아니라 단합하는 모습을 보여야 통합 신당의 지지율도 올라가고, 선거를 치르기도 훨씬 좋다. 새정치민주연합의 조속한 단결을 촉구한다. (2014-04-07)

■ 실리도 명분도 잃은 기초선거 무공천 찬반 투표

민주당과의 정치 공학적인 연대는 없다던 안철수 의원의 민주당과의 통합 발표로 많은 지지자들이 정신적 공황 상태에 빠지면서 지지를 철회하거나 관망 상태로 돌아섰음에도 불구하고, 여태 안철수 의원 곁을 떠나지 않고 여전히 변함없는 응원을 보내고 있었거나, 조심스럽게 마음을 추스르며 생존점을 찍던 지지자들이 버틸 수 있었던 이유는 안 의원이 통합 신당 안에서 정면 승부를 통해 당을 쇄신하는 데 성공하고, 명실상부한 차기 대선 주자로 우뚝 일어서는 통쾌한 반전을 보고 싶어서였을 것이다.

안 의원이 리스크를 감수하면서까지 통합을 결심한 배경에 대해서 일반인들이 잘 모르는 어떤 비책이 숨겨져 있는 것은 아닐까 하는 상상도 해 보았을 것이다.

그런데 통합 후 예상대로 당내 강경파들의 저항에 부딪히게 되었고, 기초선거 무공천 문제를 국민과 당원들에게 묻겠다며 투표로 실시하겠다고 했다. 안 의원은 트위터에다가 '당원과 소통하지 않는다면 그것이 또 다른 이름의 독선이 아닐까 싶다.'고 내면의 고민을 우회적으로 표현하기도 하였다.

얼핏 보아서는 민주적인 절차를 밟는 듯 보일 수도 있지만, 자칫하면 통합의 명분마저 잃어버릴 수 있고, 안 의원의 정치 생명마저 흔들릴 수 있는 매우 위험한 선택이었다. 내부 사정은 잘 모르겠으나, 전략의 부재인 것만은 확실해 보였다. 지지층과도 잘 소통이 안 되는 듯 보였고, 저항을 진압하는 결기 같은 것도 부족해 보였다.

여기저기 투표 결과에 대해 낙관적인 전망을 하는 사람들에게, 그리고 필자에게 결과를 예측해 달라는 질문을 하는 사람들에게 필자는 공천으로 결론이 날 것으로 본다고 대답했다.

마침내 투표가 끝나고 '공천'을 해야 한다는 표가 더 많이 나왔다. 결과적으로 안철수는 모든 멍에를 뒤집어쓰게 될 판이다. 결정적일 때 후퇴한다는 나약한 이미지를 남기게 되었고, 소통 능력, 전략과 위기관리 능력에 치명타를 입게 되었다. 친노들에게는 날개까지 달아 주게 되었다. 대체 이 상황을 어떻게 수습해야 할 것인가.

현실 정치의 벽은 높았고, 새 정치는 아직 준비가 되지 못한 것일까. 기초 무공천 실패는 기득권으로서는 눈앞의 이익을 챙기게 될지 모르나, 새 정치는 그만큼 후퇴한 것이고, '안철수의 새 정치 엔진'은 심각한 동력을 상실하게 될 것 같다.

기초단체장뿐 아니라 일부 광역단체장 자리조차 대부분 친노계 후보가 승리함으로써 새 정치와 가까운 인물들이 본선에도 오르지 못하는 맥 빠진 선거가 되었다. 작은 이익을 내려놓고 멀리 보면서 갈 수 있는 새로운 정치 구현의 계기가 될 수 있었는데 이번에 그걸 놓쳤다. 지방선거 투표율도 낮아질 것 같고, 안철수 지지자들의 거듭된 멘붕을 상상하니 마음이 무거워진다.

필자는 이번 결과에 승복하기가 매우 힘들고, 결과에 분노한다. 통합의 명분도 사라지고, 통합의 약속도 깨어졌으니, 통합은 당연히 무효라고 생각한다.

기초선거 무공천 철회는 새정치민주연합의 완벽한 '도로 민주당'으로의 회귀를 의미한다. 이번 일을 계기로 당내 강경파들의 안 대표 흔들기도 더욱 가속화될 것으로 예상된다. 모든 게 걱정스럽다.

투표 결과 발표 후 오후에 있었던 안 대표의 기자회견도 예상된 내용에서 벗어나지 못함으로써 지지자들을 더욱 실망시키기도 하였다. 예정된 기자회견 시간이 딜레이되면서 여러 추측들을 낳기도 하였지만 특별한 반전은 없었다. 여러모로 깊은 탄식에 빠지게 만드는 날이다. (2014-04-11)

▐ 와해 직전의 새정치 조직

27일 새정치추진위원회 정치아카데미 출신 일부 인물들이 새정치연합과 민주당의 통합에 반대하며 제3세력화를 선언했다. 그들은 안철수 공동대표에 대한 강한 실망을 표출하고 있기도 하다.

새정치연합과 민주당의 통합의 명분이 '기초선거 무공천'임을 천명하였음에도 불구하고 통합의 정신은 당내 비토 세력에 의해서 좌절되고, 새정치 풀뿌리 조직은 와해 상태에 이르렀다.

'기초선거 무공천' 찬반에 대한 당원 투표가 실시될 때에도 투표에 참여할 수 있는 당원의 자격 기준이 새정치민주연합 창당 후 한 번이라도 당비를 납부한 당원이 아닌, 그 이전(구 민주당 시절)에 당비를 한 번이라도 납부한 당원으로 자격을 정하다 보니 통합 신당인 새정치민주연합에 당원으로 새로 가입한 사람들은 투표에 참여할 자격이 부여되지 못했다. 그러니 기초 무공천에 반대하는 표가 더 많이 나온 것은 당연한 결과다.

새정치연합 세력과 민주당의 통합의 과정에서 중앙선거관리위원회의 3월 27일자 공고와 같이 새정치연합에 민주당이 흡수, 합당되었다. 중앙선관위 정당 합당 신고 공고에 따르면 〈존속하는 정당의 명칭은 새정치민주연합(약칭 새

정치연합)이고, 흡수되는 정당의 명칭은 민주당이다.〉라고 되어 있고, 양측의 지분도 5 대 5의 공정한 원칙이 합당의 기본 정신임에도 불구하고 이미 각 시, 군, 구 지역 현장에는 구 민주당 세력들이 장악한 지 오래다. 현장에서는 거의 9 대 1 수준으로 잠식당했다는 탄식의 소리들이 들려온다.

각 시도 당 내부에서도 공심위원장과 같은 공천 관련한 주요한 자리에 구 민주당 쪽에서 독차지하고 있다고들 하소연하고 있다. 구 민주당에서 권력을 휘두르던 이들이 여전히 안하무인으로 행동하고 있다는 뜻이다.

안철수의 독자 세력화가 진행될 시점에 새정치 세력에 합류하면서 구 민주당을 탈당하고 실행 위원으로 활동하면서 지방선거를 준비해 오던 이들 중에서 새정치민주연합에 입당이 불허되고 있는 사람들이 있다고도 한다.

입당이 불허되고 있는 사람들의 말을 빌리자면, 시도 당에서 '구 민주당의 당원 규약에 의하면 탈당 후 1년 뒤에나 복당이 가능하다'는 이유를 들어서 입당을 불허한다고 하는데 석연치가 않다. 통합 신당을 창당한 마당에 복당이라는 개념이 있을 수 없고, 특정인들을 가려내서 입당조차 막으면서 어떤 이는 되는데 어떤 이는 안 되는 식의 행태는 졸렬한 정치 보복으로 볼 수밖에 없다.

지난 25일 새정치연합 사무처에서 당 대표 비서실, 공보실, 총무국, 조직국 등에 사흘 전 임명된 안철수 대표 측 당직자들과 구 민주당 출신 당직자들의 상견례를 겸한 자리가 있었다. 이때 노웅래 사무총장은 안철수 대표 측의 당직자들을 불러내 "선배들에게 큰절로 인사하라."고 시켰고, 민주당 출신의 한 당직자는 "시집 온 며느리"라고 말했다는 언론의 보도가 있었다. 여론이 불거지자 노 사무총장이 해명에 나섰지만 통합 신당 내부의 사정을 잘 말해 주는 듯하다.

안 공동대표의 노원병 재보궐선거 시절, 선거 사무실에는 순수 지지자들 이외에도 안철수에게 눈도장을 찍기 위해서 찾아와 사진 촬영을 하면서 자신을 광고하고 정치 입지를 다지기 위해 몰려든 지방선거 예비 출마자들의 방문도 줄을 이었다. SNS상에서 안철수 대표와 찍은 사진을 공개적으로 과시하는 이들 가운데에는 과거 이력소자 불분명한, 정체성이 애매한 사람들도 꽤 있었고, 한동안 새정치를 마케팅하더니 민주당과의 통합으로 자신들의 입지가 위축되어 화가 났던 것인지는 모르겠으나, 기초선거 무공천 방안이 제기되자 미친 듯이 안철수를 헐뜯는 글을 올리며 안철수 지지자들과 무공천에 찬성하는 사람들에게 육두문자를 쏟아 내는 이들도 있었다.

안철수 대표 측의 기초선거 무공천 방안이 좌절된 후에 새 정치의 새로운 방법으로 제기된 것이 전략 공천인데, 새 정치 열망의 진원지인 광주에서 안철수 세력화의 상징이랄 수 있는 윤장현 후보도 광주 지역에서 반발에 부딪혀 '경선 참여'를 선언하고 말았다.

적지 않은 기간 동안 안철수와 새정치를 위해 많은 시간과 에너지를 함께 나눈 각 지역의 포럼, 동호회, 정치 지망생 등 새정치 동지들에게 작은 희망이라도 줄 수 있는 길은 안철수 공동대표가 강해진 리더십을 보여 주면서 새정치의 뿌리를 챙겨 주어야 한다는 것이다. 본인은 제대로 해 보려고 하는데 훼방 놓는 자들 때문에 잘 안 되는 상황이라면 분노하는 모습이라도 보여 주는 게 맞지 않겠는가.

각 지역에서 안철수를 돕기 위해 태동된 지지자 포럼이나 동호회들도 내부적으로 많은 상처를 입었다. 모임의 운영진들이 정치를 목적으로 형성된 지지 그룹은 거의 와해 상태이다. 현실 정치의 때가 묻지 않은 순수한 지지자들로 구성이 되어 있는 동호회나 지역 포럼 회원들도 많이 지친 듯한 분위기다.

이럴 때일수록 마음을 모아서 온-오프에서 불합리한 상황에 대한 비판과 우려의 목소리를 높여야 한다는 생각이 들었다. 안철수 공동대표도 지지자들이 원하는 바가 무엇인지를 정확히 파악하고 현 위기 상황을 인식하여 변화된 모습을 보여 주어야만 한다. (2014-04-28)

새로운 뜨거운 감자, 전략 공천

지난 4월 10일에는 기초선거 무공천 찬반 투표가 실시되었는데, 무공천에 반대하는 표가 더 많이 나옴으로써 새정치연합과 민주당의 통합은 사실상 명분을 잃었다.

구 민주계 인사들이 포진된 공심위원들, 구 민주당의 시대착오적 당원 규약 적용들로 인해 각 지역의 새정치 풀뿌리 세력도 거의 전멸 상태다.

그동안 안철수 세력과 함께해 온 새정치 풀뿌리 예비 후보자들은 대부분 정치 신인으로서 기성 정치인들에 비해서 인지도가 낮을 뿐더러 기존의 조직이 없기 때문에 현재의 경선 방식으로는 본선에 진출할 가능성이 극히 희박하다. 기존의 낡은 방식으로 경선을 한다는 것이 무의미하며, 일부 지역에선 벌써부터 기득권 조직으로부터 당비 대납, 전화 착신전환 등 경선 부정마저 드러난 바 있는 심각한 상황이다.

구 민주당의 당원 규약을 들먹이며 구 민주당을 탈당하여 안철수 세력에 합류했다가 이번에 다시 통합 신당에 입당하려 했던 인사들의 입당을 막으면서 (어떤 지역은 입당 허가, 어떤 지역은 불허했다는 말도 들린다.) 정치 보복의 의혹도 불거져 나오고 있다.

이번엔 안철수 공동대표가 전략 공천을 하겠다고 하니, 또 씹고 뜯고 난리들이다. 새정치민주연합의 황당한 상황이 점입가경이다. 5 대 5의 통합 정신은 고사하고 각 지역의 새정치 풀뿌리 조직은 10 대 0으로 전멸의 위기를 맞았다. 광역단체장 후보의 경우에는 당내 구 민주계의 높은 기득권의 벽에 가로막혀 아예 새정치 세력들은 명함을 내밀기조차 힘이 들었다.

상황이 이러하니 안철수 대표 측에서 일부 지역에 전략 공천을 실시하기로 했으나, 이에 기득권은 밀실 공천, 정치 테러라고 공격하기 시작했다. '안철수의 독재, 안철수 사람 심기'를 거론하며 폭언을 퍼붓기도 했다.

지방선거를 앞두고 급한 불은 꺼야겠기에 통합을 해서 지지 기반 이탈은 막아야겠고, 막상 통합을 했더니 점령군이라고 조롱하며 흔드는 모습은 우리 야당의 후진(後進) 정치의 단면을 보여 준다. 꼼수를 통해 전국 각 지역에 새정치 세력을 고사시켜 놓고서 강성 주류들이 안철수를 독재자 운운하고 민주적 절차를 운운하는 것은 망언에 가깝다. 5 대 5 통합의 정신을 훼손하고 깽판 친 행위는 어떤 이유를 갖다 붙이더라도 용서하기가 힘들다.

안철수 대표는 뚝심 있게 전략 공천을 밀고 나가기 바란다. 김대중 대통령은 과거 제15대, 제16대 총선 당시 전략 공천을 통해 성공을 거둔 바 있다. 과감한 전략 공천을 통해 정치 개혁을 주도하며 정권 교체도 이루어 냈다. 시대정신에 부응하는 겸손한 인재상으로 정치 신인들을 전략적으로 내세우기 바란다.

새정치민주연합 강성 주류 의원들의 기초선거 무공천 반대, 입당 불허 표적 보복, 새정치 세력 공천 학살, 전략 공천 반대 등의 거듭된 시대착오적인 행태는 돌이킬 수 없는 민심의 역풍을 맞게 될 것을 경고한다.

이제 안철수 공동대표가 그동안 묵묵히 새 정치를 응원해 온 지지자들과 새 정치 풀뿌리 동지들을 위해서 힘을 내야 할 때다. (2014-05-05)

■ 다시 발로 뛰는 안철수

안철수의 지지율이 급하락했다고 언론들이 호들갑이다. 국정원의 선거 개입 문제로 거대 양당 사이에서 입지가 위축, 기득권으로부터의 끊임없는 견제와 매도의 누적으로 인한 이미지 손상, 민주당과의 충격적인 통합 선언, 기초선거 무공천 파동 등 험난한 과정에서 지지율의 하락은 불가피해 보인다.

새정치연합을 통해 지방선거를 준비해 왔던 예비 출마자들이 통합, 기득권에 유리한 불공정 경선의 과정에서 대거 탈락, 광주시장 전략 공천으로 인한 저항에 부딪히면서 후유증이 만만찮았다. 게다가 국가 대재난인 세월호 참사까지 겪었으니 이보다 더 힘들 수가 없겠다.

5월 22일, 선거 유세가 시작되면서 안철수 대표는 권선택 대전시장 후보 지역 방문 유세를 필두로 전국 육십일 개 시군구를 찾았고, 일백십여 회를 뛰어넘는 지원유세 강행군을 펼쳤다. 안철수 대표에게도 전국 지원 유세는 좋은 기회이다.

노원병 재보궐선거 때도 초반 열세를 극복하고 60.5퍼센트라는 압도적인 득표율을 얻을 수 있었던 이유는 현장에서 답을 찾았기 때문이다. 지역 구민들 한분 한분을 귀하게 모시며 구석구석 밑바닥부터 훑은 탓이다.

이번 지방선거에 제1야당 대표의 신분으로서 최선을 다해서 강행군 일정을 소화하는 모습을 보면서 지역의 후보자들뿐 아니라 안철수 의원에게도 전국의 민심을 살피고 국민들과 소통하는 좋은 기회가 될 수 있다.

안철수 대표가 어떤 선택을 하더라도 기득권의 조건반사적인 저항에 부딪히는 것은 필연이다. 안철수 대표가 야권의 대의를 위해서 독자 세력화를 포기하고 통합을 선택했다면 그에 걸맞은 보상도 필요하다. 그것은 안철수식 정치를 인정해 주고, 정치 개혁을 수용하는 것이다. 광주에 전략 공천을 실시한 이유도 새 정치의 진원지인 광주에 새로운 적합한 인물을 투입하겠다는 의지의 발로일 것이다. 그런데 이번 광주의 전략 공천도 조금씩 효과가 나타나고 있다. 오랫동안 지역사회를 위해 묵묵히 좋은 일들을 해 온 윤장현 후보에 대해 호감을 나타내는 광주 시민들이 늘어나고 있는 분위기다. 내부적으로는 이미 윤장현 후보가 '골든 크로스'에 성공했다는 분석도 나온다.

이제 6.4 지방선거가 임박했다. 야권 지지자들도 대의만을 생각하고 합심할 수는 없을까. 사소한 트집을 멈추고 이번 선거에서 새정치민주연합이 좋은 결과를 얻을 수 있도록 단합했으면 한다.

새벽부터 밤늦게까지 전국을 고루 다니면서 강행군 일정을 소화하고 있는 안철수 대표를 지켜보면서 좋은 결과가 있기를 희망해 본다. (2014-06-03)

6.4 지방선거의 결과에 대해 저마다의 다양한 평가들이 쏟아지고 있다. 여권으로서는 세월호 참사와 같은 초대형 악재가 있었음에도 위기감을 느낀 보수층의 막판 표 결집의 무서운 위력과 지방선거의 낮은 투표율, 그리고 투표자들의 주요 연령대를 감안한다면 야권의 승리이다.

일부 아쉬운 지역들도 있었지만 새정치민주연합으로선 고마운 결과를 얻었다. 어려운 상황에서 이 정도라도 선전할 수 있었던 이유 중 하나로 안철수 대표를 빼놓을 수는 없다. 안 대표 개인으로도 여러 악재들을 잘 극복했고, 야권 전체로 봐서도 유의미한 승리이다.

과거 민주당으로서도 안 대표가 독자 세력화를 하지 않고 통합해서 선거를 치렀으니 파국은 피했다. 선거에서 승리하기 위해서 안철수 대표는 초인적인 지원 유세 강행군을 펼쳤다. 선거 유세 기간 동안 총 132회의 지원 유세를 펼쳤다. 강한 정신력과 건강이 뒷받침된 탓이리라. 왜 광주만 가느냐는 어이없는 조롱 속에서도 광역 단체 17곳 중에서 9석을 차지하여 여당에 근소한 판정승을 거두었다. 광주 시민들은 위대한 선택을 통해 윤장현 당선자를 탄생시켰고, 수도권과 지역적으로 캐스팅보트 역할을 하고 있는 충청권을 휩쓸었다. 여당

텃밭인 강원도에서도 승리를 지켰다.

경기도지사 후보로 김상곤 예비 후보가 본선에 오르지 못한 아쉬움이 있고, 오거돈 후보가 부산시장에서 낙선한 것도 아쉬움으로 남는다. 오거돈 후보의 경우 일부 문재인 극렬 지지자들이 트위터를 통해 '오거돈이 안철수를 거부하고 문재인에게 지원을 요청했다.'는 유언비어를 집중 살포하는 바람에 결국 오거돈 공식 계정이 사실무근임을 밝히는 해프닝이 벌어지기도 하였다. 선거 전날 밤에는 문재인 의원이 트위터를 통해 뜬금없이 오거돈 후보에 대한 새누리당의 종북 네거티브를 규탄하는 글을 올리기도 하여 문재인 지지자들 사이에서도 이해할 수 없다는 목소리가 흘러나오기도 했다.

선거가 끝나자마자 당 일각에서 안철수-김한길 공동대표 책임론을 주장하기도 했는데, 호시탐탐 하극상을 도모하려는 자들이 많이 있을 것으로 보인다. 당의 승리를 오히려 셀프로 패배 선언을 하는 어이없는 자당 국회의원들이 존재하는 곳이 바로 새정치민주연합이다. 서글픈 현실이 아닐 수 없다. 그들에게는 오로지 기득권을 유지하기 위한 계파의 승리만 있을 뿐이다.

이번 선거의 수혜자는 당과 안철수 공동대표이다. 꺼져 가는 새 정치의 불씨를 다시 살릴 수 있게 되었고, 안철수 대표로서도 반등의 기회를 잡았다. 새정치민주연합도 제1야당으로서 정국을 주도할 동력을 얻었다.

당내 일각의 새정치민주연합 참패론, 안철수 책임론, 퇴진론 등을 제기하는 계파 패권주의자들의 반성을 촉구한다. (2014-06-07)

▌언론과 안철수

지난 6월 11일 새정치민주연합 안철수 공동대표는 정론관에서 출입기자들에게 떡볶이와 순대를 돌렸다. 29일에는 국회의원회관에서 정치 블로거들과 간담회를 가졌다. 참석자들은 대부분 진보 성향이면서도 안철수에 비판적인 블로거, 파워 트위터리언들로 알려졌다.

먼저 정론관에서 출입기자들에게 떡볶이와 순대를 돌렸더니 예기치 않은 안철수 대표의 의도(?)에 대해서 여러 반응들이 쏟아져 나왔다. 새정치민주연합의 공보실에서는 "별다른 의도는 없고 전날에 있었던 정론관 방문 때 빈손으로 간 것에 대해 미안한 마음도 있고 기자 분들 힘내라고 그런 것 같다."고 밝혔지만 다소 이례적인 행동이라 여겨졌고, 국회의원회관에서 정치 블로거들과의 간담회를 가진 것도 예전엔 보지 못했던 낯선 장면이었다.

특별한 연유는 알 수 없으나, 안철수 대표가 평소 정치부 기자들이나 정치 블로거들과 그동안 심정적으로 친숙해질 기회가 많지 않았다면 좀 더 적극적으로 다가가고 대화하려는 시도는 적절해 보인다.

안 대표는 정치 입문 전부터 근거 없는 루머에 시달렸고, 언론은 그것을 더욱 확대 보도하면서 여론을 자극시켰다. 룸살롱 출입, 논문 표절 의혹, 목동녀,

조부 친일 논란, 2세의 호화 유학 의혹, 안랩 주식 배임 횡령 의혹과 같은 무수한 근거 없는 루머에 시달렸고, 입문 후에는 MB의 아바타, 뉴라이트와 같은 악의적인 허위 날조 비방으로 집중 공격을 받은 바 있다.

정치 입문 전에는 사회적으로 존경받던 인물이었는데 막상 정치에 발을 디디고 보니 언론들의 논조는 참으로 저급해졌고, 진실을 보도해야 할 사회적 책임을 안고 있음에도 외려 루머를 부추기며 독자의 말초신경을 자극시키려 하더니, 안철수 독자 신당의 창당이 가시화되어 갈 시점부터는 갖가지 부정적인 전망을 보도하거나 기성 정당의 진영의 논리에 초점을 맞춘 사설, 혹은 전체의 내용 중 일부만 뚝 떼서 기사 타이틀에다가 갖다 붙임으로써 오해를 불러일으키게끔 의도적으로 전체 맥락을 흩뜨려 놓기도 했다. 게다가 확인되지 않는 측근과 관계자의 말을 인용한 기사들도 많이 올라왔다. 특히 신당 창당은 곧 야권 분열이고 공멸이라는 식의 논조와 안철수 주변에 사람이 모이지 않는다는 식의 김 빼기 기사는 단골 메뉴였다.

그런데 이게 끝은 아니었다. 사진의 경우 뭔가 화난 듯한 표정과 피곤해 보이는 표정, 어두운 표정, 눈을 감고 있는 사진, 배경에 붉은 빛이 반사된 사진, 기사와 별로 연관성이 없는 사진들을 자주 사용하면서 안철수 의원의 이미지를 깎아 내렸다.

어쨌든 스킨십이 많을수록 효과는 더 클 것이니 더 많이 만나서 더 많이 호소하는 방법밖에 없을 것 같다. (2014-07-08)

2014년 브라질 월드컵 본선에서 대한민국 국가대표 축구팀은 1986년 월드컵 이래로 사상 최악의 성적을 기록했다. 우울한 사회적 분위기로 인해 응원의 열기 또한 역대 최저였다.

월드컵 대회가 끝나고 나면 언제나 그랬듯이 언론 매체에서는 대한민국 국가대표 축구팀의 총체적인 문제를 지적하며 본선에서 부진할 수밖에 없었던 여러 원인들을 지적해 왔는데, 이번 대회에도 익숙한 내용의 기사들을 접하게 되었다.

이번 대회에서 성적 부진의 가장 큰 책임을 홍명보 감독에게 돌리려는 것은 문제가 있어 보인다. 2002년 한일월드컵이 성공할 수 있었던 이유는 국내 축구의 고질적인 학연과 지연의 관행에서 자유로울 수 있는 외국인 지도자를 발탁한 점, 그리고 히딩크 감독을 2000년 12월에 한국대표팀 감독으로 임명하고 2002년 대회까지 임기 보장을 해줌으로써 그의 방식대로 충분히 대회를 준비하면서 대표팀을 조련할 수 있었기 때문이다.

히딩크는 학연과 지연의 굴레에서 벗어나 자유롭게 재목을 발굴하고, 철저히 팀워크 중심으로 선수들을 조련했다. 네임 밸류가 높은 선수일지라도 밑바닥부터 신인들과 경쟁하게 했다. 좋은 성적도 성적이거니와 어떻게 해야 대한민국의 축구가 발전할 수 있는가를 보여 준 사례였는데도, 대한축구협회는 대회를 앞두고 감독 선임에 있어서 여러 파열음을 냄으로써 대표팀의 몰락을 예고했다. 납득하기 힘든 선임과 경질, 시한부 계약으로 반쪽 감독이 만들어지기도 하고, 후임으로 제대로 준비되지 못한 축구 지도자를 선임한 졸속 행정을 보였다.

대회가 1년도 남지 않은 시점에서 사령탑에 오른 홍명보 감독은 선수로서는 탁월했으나 지도자로서의 경험은 부족하고 본선에 임할 시간도 촉박하다 보니 눈에 익은 선수들 위주로 기용하면서 소위 '의리 축구'라는 오명을 남겼다. 차출된 선수들이 베스트 컨디션과 기량을 유지해 준다면 아무 문제가 없겠지만 굉장히 리스크가 큰 선수 기용 방식일 수밖에 없다.

대한축구협회는 우왕좌왕 협회의 입맛에 맞는 한국인 감독들을 연이어 선임했다가 해임하고, 교체하고, 또 교체함으로써 많은 비용과 시간을 허비했다. 때문에 여기저기에서 협회의 개혁을 요구하는 목소리가 커지고 있기도 하다. 30년이 되도록 구체제와 구인물이 핵심 수뇌부의 자리를 꿰차고 있으면서 기술위원회의 위원들을 능력보다는 자신들이 부리기 편한 사람들로 심어 놓았다는 사실은 축구에 종사하는 많은 축구 전문가들이 지적하고 있는 부분이기도 하다. 기술위원회는 후임 대표팀 감독으로 우선 한국인이 아닌 외국인 지도자를 스카우트해야 할 것이다.

어수선한 축구협회를 보고 있노라니 대한민국 제1야당의 모습이 오버랩 되었다. 계파와 힘의 논리에 의해 당이 휘청거리며 오랫동안 기득권을 행사했던 주류 강경 세력들은 연일 전투태세다.

새정치연합과 민주당이 합쳐서 새로운 당을 만들어 냈지만 여전히 힘의 논리, 학연과 지연, 계파에 의해 좌우되는 새정치민주연합은 '도로 민주당' 일 수밖에 없다. 내려놓지 못하고, 작은 것에 얽매여 대의를 추구하지 못하는 모습은 스포츠나 정치나 피차일반이라는 생각이 들어서 무척 씁쓸했다. (2014-07-14)

안철수 대표의 서울 동작을 선거 유세 지원 현장에서

7.30 재보궐선거의 공식 선거운동이 17일부터 시작되었다. 16일에는 안철수 대표가 기동민 후보의 선거 사무소 개소식에 참가하기로 되어 있었으나, 오후 같은 시각 세월호특별법 처리를 위한 여야 지도부 긴급 회동 참석을 위해 일정이 취소되었다.

대신 17일은 안철수 대표가 기동민 후보와 함께 지역 구민들에게 출근길 인사를 하기도 하고 의원 총회를 동작을에서 개최하기도 하면서 기 후보에 대한 적극적인 지원을 시작하였다.

18일에는 김포 김두관 후보 선거 지원, 수원정 박광온 후보 선거 지원이 있었는데, 오후 2시 30분경부터 오후 3시 40분까지 동작구 흑석동 상가를 방문하여 기동민 후보의 선거를 지원하기도 하였다. 필자는 오늘 오후 흑석동 현장으로 발걸음을 향했다.

언론에서는 7.30 재보궐선거를 위한 당의 공천이 시작되면서 당 지도부, 특히 안철수 대표 중심의 실책을 부각시키면서 지도부가 자기 계파나 챙기는 공천을 저질렀다며 집중 성토했지만, 이 어수선한 상황들은 사실상 당내 강경파들의 내부 총질이 발단이 된 것이다.

서울 동작을 지역은 지난 8일 국회 정론관에서 있었던 기동민 전 서울시 정무부시장의 출마 선언을 위한 기자회견 도중에 허동준 전 동작을 지역위원장의 난동으로 기자회견장이 아수라장이 될 정도로 지역에 대한 전략 공천의 후유증이 컸던 곳이기도 하다. 금태섭 전 대변인을 서울 동작을 지역에 전략 공천 하려 한다는 소문이 돌자, 1일에는 의원 31명이 연판장을 돌려 금태섭 변호사가 좌절한 곳이기도 하다. 4일에는 30명 의원이 기동민 후보의 전략 공천을 반대하며 또 다시 연판장을 돌린 곳이다.

당내 강경파들은 6.4 지방선거에서 안철수 대표를 축출하려던 뜻을 성사시키지 못하자 이번 재보궐선거에서는 더욱 예민하고도 공격적으로 안 대표를 공격하는 저급함을 보여 왔는데, 당의 승리의 기준도 자신들의 입맛에 맞는 목표치를 제시하며 끊임없이 당을 흔들고 있는 상황이다.

안철수 의원은 제1야당의 대표의 자격으로 6.4 지방선거를 치른 지 얼마 되지 않아 또 다시 큰 선거를 맞이하게 되었다. 새로 구입한 파란 운동화가 유난히 고달파 보이는 이유이다.

오늘 동작을의 선거 지원 현장에 가서 안철수 대표를 향해 정치는 멀리 보고 해야 한다며 쓴소리를 하는 분도 계셨고, "안철수 씨가 왔다"며 따뜻하게 맞아준 노점상 할머니의 모습도 보였다. 걱정과 다르게 대체로 분위기가 나쁘지는 않은 곳이다.

7.30 투표일까지 많은 시간이 남아 있지 않다. 새정치민주연합이 주류 강경파의 계파 패권주의에 의해 오로지 안철수 죽이기에만 몰입한다면 그것은 안철수만의 실패가 아니라 당의 발전을 저해하는 자해 행위가 될 뿐이다.(2014-07-19)

4장 · 좌절, 그리고 와신상담

강경파들의 자충수 ｜ 안철수의 흔적을 청소하자? ｜ 안철수의 고뇌 ｜ 차분하게 지역구 챙기면서 외부 활동 재개하다 ｜ 안철수의 새로운 시작 ｜ 노원에서 경제 강연회 가져(공정성장론의 부각) ｜ 안철수 의원이 미통과 법안들을 폐기하지 않는 이유 ｜ 지금 야권에 필요한 것은 ｜ 정치인들의 행보를 바라보는 이중 잣대 ｜ 새징치민주연합 전당대회, 그들만의 잔치 ｜ 역술, 여론조사, 그리고 정치 ｜ 재보궐선거를 앞두고 몸을 사리는 신임 당 지도부 ｜ 안철수의 적극적인 행보에 맞춘 《월간 안철수》 창간 ｜ 세월호 1주기 토론회에서 ｜ 선거와 여론조사 ｜ 분노하는 새정치민주연합의 비주류 ｜ 휘청거리는 새정치민주연합 ｜ 진보 교육 혁신주의자 김상곤의 엉거주춤한 선택 ｜ 고려대학교에 나타난 안철수 ｜ 우려스러운 혁신 기구의 등장 ｜ 이상한 내려놓기 ｜ 한가한 셀프 디스 ｜ 안철수 의원의 '콘텐츠 정치'에서 2퍼센트 모자라는 것들 ｜ 신당 창당은 필수, 야권 재편은 상수

▌강경파들의 자충수

지방선거와 7.30 재보궐선거를 통해 두 공동대표를 퇴진시키고자 호시탐탐 기회만 노리던 강경파들의 숙원이 이루어졌다.

6.4 지방선거에서 사실상 패배한 새누리당은 설욕을 다지고 있었고, 보수 성향 유권자들은 결집하고 있었다. 반면 새정치민주연합은 공천 과정의 잡음과 연속적인 연판장 돌리기, 폭행 시비에 휘말리며 일찌감치 민심을 잃었다. 명분 없이 추진된 야권 연대도 더 이상 먹히지 않았다.

재보궐선거와 같은 단기전에서는 인물보다는 당의 이미지에 의해 승패가 갈리기가 쉬운데, 새정치민주연합이 국민에게 보여 준 내부 난투극은 패배를 자초하는 원인이 되었다.

새누리당은 이준석을 혁신위원회 위원장으로 내세우며 이미지 관리에 들어갔고, 14일엔 전당대회를 통해 김무성 의원이 새 대표최고위원에 선출되면서 당은 표면적으로는 단합해 나가는 안정적인 이미지를 부각시켰다. 상대적으로 짜증스런 모습만 연출한 새정치민주연합은 폭염의 날씨마저 더해져 투표율을 더욱 낮췄고, 마지노선의 목표 의석수 5석마저 붕괴되고 말았다. 안철수 공동대표가 이번 선거는 5석도 어렵다고 했던 말을 엄살로만 취급하며 7석은 해야 된다며 엄포를 놓았던 강경파들이다.

그런데 선거 결과를 통해 발견된 특이한 사항은 이번에 낙선한 새정치민주연합이 후보들 중에서 친노 성향의 후보자들은 큰 표 자로 낙선했고, 안철수 대표가 낙점했거나 우호적인 관계를 유지한 후보자들은 당선되거나 근소한 차이로 패배했다는 점이다.

통합의 명분으로 내세웠던 기초선거 무공천은 거센 반발로 번복되었고, 지방선거에서의 폭언과 폭행 시비, 재보궐선거 공천 과정에서의 잇따른 연판장 돌리기와 같은 끊임없는 패권적 행태들에 대한 경고장은 아니었을까.

석연찮은 선거 결과로 인해 두 공동대표가 취임한 지 불과 넉 달 만에 사퇴하고 그 자리에 다시 친노 세력이 당의 중앙에 배치된다면 새정치민주연합은 국민들로부터 지금보다도 더 외면받을 일만 남은 것 같다.

새정치민주연합이 집권할 수 있는 방법은 계파 정치를 청산하고, 운동권 출신 강경파들의 2선 후퇴를 통한 폐쇄적인 당을 변모시키고, 참신한 정치 신인들을 발굴하고 외연을 확장하여 중도 보수, 무당층을 끌어오는 것인데, 강경파들의 정신 승리는 제1야당의 부끄러운 자충수가 아닐까 여겨진다.

새정치 세력과 통합해서 탄생한 새정치민주연합은 변화를 거부한 채, 패권주의에 몰입되어 혁신과 정권 교체를 이룰 수 있는 통로를 닫아 버린 선거가 되었다. (2014-08-01)

▌안철수의 흔적을 청소하자?

7.30 재보궐선거는 새정치민주연합이 당내 강경파에 의해 좌우되는, 간판만 교체한 '도로 민주당' 임을 확인시켜 주었다.

특정 계파에 의해 좌우되는 정당 시스템, 특정 계파의 목소리가 당 전체를 대변하는 시스템을 가진 당은 미래가 없다고 생각한다. 생각의 차이를 말하지 못하는 당, 생각의 차이를 말했을 때 포용하지 못하는 당은 민주 정당이라고 말할 수 없다.

김한길, 안철수 공동대표가 물러났더니 주류 측에서 안철수의 흔적을 청소하자고도 하고, 당명도 다시 바꾸자는 목소리가 나오고 있다고도 하니 삼류 막장 드라마가 따로 없다.

이런 가운데 안철수 전 대표는 모처럼의 휴식을 취하면서 정국 구상에 들어간 것으로 알려지고 있다. 차분히 시간을 낚을 것인지, 아니면 일각에서 제기하는 탈당을 결행할 것인지에 대해서는 현재로서는 아는 바가 없지만, 당에 잔류하여 주도적으로 전면에 다시 나서서 당을 혁신할 수 있는 위치에 설 수 있는 기회가 쉽게 올 것 같지는 않다. 당분간은 중앙 정치와는 거리를 두면서 기력을 찾고, 천천히 때를 기다릴 수밖에.

지금 와서 안철수의 흔적을 지우고 당명을 바꾸겠다는 자들에게 미래가 있을까? 국민들은 지켜보고 있을 것이다. 그리고 기억할 것이다. 인내하고 기다리면 기회는 오기 마련이다. 최근에 영화 〈명량〉이 개봉되어 많은 이들에게 감동을 주고 있다. 절체절명의 위기를 극복하는 지혜와 용기가 안 전 대표에게 필요한 시점이다. (2014-08-03)

▌안철수의 고뇌

안철수 대표가 7.30 재보궐선거의 결과에 책임을 지고 사퇴한 지 한 달이 지났다. 안 전 대표로서도 과정보다도 단기적인 결과에 책임을 지고 물러난 것은 매우 아쉬운 일이고, 개인으로서도 굉장히 큰 타격을 입었다.

안 전 대표의 지지율 하락 원인은 중요한 시점에 결정타를 날리지 못하는 점에 있다. 민낯이 완전히 드러난 당에서의 미래 불확실성과 불안감이 지지율의 하락으로 이어지고 있는 것이다.

8월 한 달 안철수 의원은 지극히 제한적인 반경 내에서 지역구를 챙기고, 노원 정책카페에서 회의도 하고, 언론인들과 만나 많은 조언들을 경청하면서 부족했던 점, 잘못한 점, 하지 못했던 점 등에 대해 숙고하는 시간들을 가지고 있는 것으로 알려졌다.

서두르지 않고 차곡차곡 다시 잘 준비해서 나타나겠다고 의지를 다지는 안철수 의원에 대해 보좌관을 통해 최근의 근황을 들을 기회가 있었다. 새정치민주연합에 잔류하여 반전이 가능한지에 대해 회의적인 분위기이다 보니 지지자들 사이에는 당과 결별하라는 주문이 부쩍 늘어난 모양이다.

당 외적인 고민은 세월호 정국이다. 안철수 의원이 정국에 대해서 목소리를 좀 내어 주어야 되지 않느냐는 여론도 있고, 대표직에서 사퇴하자마자 전면에 나서는 것은 적절치 않다는 여론도 있다. 오는 9월 1일 정기국회가 열리고 안철수 전 대표가 본회의에 참석할 예정이기도 하지만, 당분간은 민감한 사안에 대해서는 거리를 둘 것으로 보인다.

　실제로 안철수 전 대표도 측근들에게 정치적, 인간적으로 많은 고뇌를 토로하기도 했다고 한다. 매일같이 보좌진들에게 청운동이나 팽목항에 가서 유가족과 실종자 가족들에게 사과를 해야 하는 것 아니냐며 묻곤 한다는 것이다. "선거 패배로 인하여 세월호특별법이 난항을 겪으면서 유가족들이 겪을 고통을 생각하면 너무나 마음이 아프다." 하지만 전직 대표로서 현직 지도부에게 부담을 줄 수 있고, 정치적으로 곡해될 수 있기 때문에 이런저런 말들을 언급하는 것은 부적절하다고 판단한 것 아니겠느냐는 것이다.

　반면 최근 안철수 지지자들 사이에는 이제부터는 안 전 대표가 좀 더 강하게 목소리를 내라는 주문이 늘어나고 있다. 더 이상 가만히 당하지만 말고 강한 액션을 취하라는 것이다.

　최근 문재인 의원이나 새정치민주연합 내의 강경파들이 세월호 정국에서 보여 준 행동들이 대다수 국민들 사이에서 호응을 얻지 못하고 있는 것으로 나타났다. 그것은 문재인 의원이 당내 실질적인 '최대 주주'임에도 불구하고, 이미 세월호특별법과 관련하여 새정치민주연합이 유족들의 의사를 제대로 반영하지 않고 두 차례나 여당과 야합을 한 상태에서, 마치 당 지도부의 결정과 전혀 무관하다는 듯 다른 목소리를 내면서 대여 재협상을 위한 타깃을 명확히 하여 정면 돌파를 시도하기보다는 유족을 위한다며 단식을 단행하거나 당내 의원들이 단체 동조 단식, 이중적인 장외 강경 투쟁에 나선 행동에 대해서 그 진정성을 믿지 못하겠다는 상황이다.

오히려 안철수 의원이 당 대표 시절에 청와대를 압박하며 세월호특별법 처리를 강력 촉구했을 때가 더 좋았다는 평가들도 나오고 있다. 마음 같아서는 안 전 대표가 당장에라도 국민들에게 하고픈 말들이 많겠지만 좀 더 '숙고의 시간'을 가지는 편이 나을 것 같다는 생각을 하게 된다. (2014-08-31)

차분하게 지역구 챙기면서 외부 활동 재개하다

안철수 전 대표는 공동대표직을 사퇴한 후 대외적으로 정치적 활동이나 언급을 자제하고 있다. 두 달 가까이 뉴스의 중앙에서 벗어나 있다 보니 시간이 가면 갈수록 정치적인 영향력을 계속해서 잃어버리게 되거나, 국민들의 관심과 시선에서 점점 멀어지고 있는 것은 아니냐는 우려를 하는 상황이다.

그동안 측근들과 수차례의 심도 있는 내부 토론의 시간을 가지고, 정치적 동지들과 조력자들을 만나 다양한 조언을 듣고, 때로는 굉장히 아픈 쓴소리도 소화하면서 과거를 복기하고 반성도 하면서 시간을 보내고 있는 것으로 알려졌다. 적어도 안철수 전 대표에게 부족한 점, 잘못한 점, 채워야 할 것들이 무엇인가에 대해서 충분히 전달받았고, 여러 사람들의 뜻을 여과 없이 인식하고 있다고 한다.

현재 지지율도 많이 떨어져 있고 정치적으로 위축이 되어 있는 상황이라 하더라도 정치 상황은 언제든 바뀔 수 있다. 당은 이미 새로운 지도부가 치명적인 내홍을 겪고 갈팡질팡하면서 또다시 새로운 비대위원장이 선출되는 과정에서 국민들로부터 신뢰를 잃어버리고 있다. 당 지도부와 당의 실세가 따로 돌아가는 이중적인 행태도 비판을 받고 있다. 안철수 전 대표 측도 서두르지 말고 때를 기다리면서 준비하는 것이 최선의 선택이라고 판단하고 있다.

이런 가운데 안철수 전 대표가 차분하게 지역구부터 챙기면서 외부 활동을 재개하고 있다. 19일은 그가 정치에 입문한 지 2년째 되는 날이었다. 이날은 노원구 상계동에 있는 홍파복지원 기금 마련을 위한 바자회에 참석하여 주민들과 지지자들을 만났다. 20일에는 노원구민 배구대회 개회식에서 축사를 하기도 하였다. 21일 휴일 오전에는 노원구민 체육 센터를 방문하고, 오후에는 신상계초등학교를 방문하여 배드민턴대회에서 축사를 하였다.

그런데 때마침 당의 내부 진동이 심상찮다고 한다. 정치는 역시 살아 있는 생물이다. (2014-09-21)

안철수의 새로운 시작

안철수 전 대표는 지난 7.30 재보궐선거 결과로 인해 당 대표직을 사임한 지 얼마 되지 않은 시점인 8월 4일 '안철수의 새 정치' 홈페이지에 PC의 초기 화면을 캡처하여 올림으로써 다시 시작하는 본인의 마음을 에둘러 표현했다.

당 대표직을 사임한 이후에는 상당 기간 공식적인 활동을 자중하면서 대외적으로 정치적인 말을 극도로 아꼈다. 기대에 미치지 못한 결과에 대한 깊은 성찰과 숙고의 시간을 가지면서 향후 어떻게 미래를 도모할 것인가에 대해 많은 토론과 생각들을 하나하나 정리해 나갔을 것이다.

우선 크게 중심을 잃고 흔들리기 시작한 지지 기반을 다시 추스르고, 향후 정치적 스탠스나 정책적인 지향점, 미래 방향의 초점을 어디에 맞출지도 심히 고민했을 것이다.

당 대표가 되자마자 숨 고를 틈도 없이 잇따라 치러야만 했던 선거 탓에 제대로 챙기지 못한 지역구와 지지 기반, 나아가 국민들과의 소통을 1순위로 정했을 것이다. 통합 이후에 고사 상태에 빠진 새 정치에 대한 대국민 메시지를 다시 가다듬고, 다시금 국민들을 설득해 나가야 할 미래 가치에 대한 재정비도 고민했을 것이다.

안 전 대표는 비공식적인 일정이었지만 영호남 지역의 지지 포럼이 마련한 크고 작은 미팅이나 간담회에도 몇 차례 다녀온 것으로 알려지고 있다. 노원 정책카페나 의원실 등의 전문 인력 보강이나 '정책네트워크 내일'에 대한 구조조정을 통하여 조직과 정책 등에 있어서 복합적이고 유기적이면서도 총체적인 재정비가 진행 중이기도 하다.

지금까지 언론에 알려져 있는 것보다 훨씬 강도 높고 심도 있는 고민과 토론을 통하여 재도약을 준비 중이었고, 서서히 구상한 계획들이 언론에 흘러나오고 있는 상황이기도 하다.

민주당과의 통합 후에 비록 안철수 의원이 당 대표라는 포지션에 있었음에도 불구하고 당내 강경 주류들의 강력한 저항에 부딪히고 좌절한 탓에 현재 안 전 대표의 지지율은 전년도에 비해 2/3가 빠져나간 상태이다. 그 주된 이유는 새 정치와 특정 계파의 패권 정치는 궁극적으로 공존할 수 없으며, 극도로 배타적이고도 호전적인 당의 풍토 속에서 앞으로 정치 개혁과 쇄신을 어떻게 해낼 수 있겠느냐는 회의적인 시각이 지배적이기 때문이다.

정치인 안철수는 지지하지만 당은 지지하지 않는다, 혹은 그 당에 남아 있는 한 지지하지 않겠다는 중도층의 지지 보류로 인하여 무당층이 30퍼센트 가까이 급속히 증가했다. 안철수 의원을 지지하던 층의 일부가 박원순 시장 쪽으로 옮겨 갔다고 하더라도 박원순 시장이 현재 20퍼센트 문턱에서 오르락내리락하고 있는 사실은 시사하는 바가 크다. 더욱이 문재인 의원 쪽으로 흘러간 지지층은 얼마 되지 않는 것으로 나타나고 있다. 문재인 의원도 확정성에 한계가 있다는 지적을 받고 있으며, 일각에선 제19대 대선에 친노 후보 불가론이 제기되고 있기도 하다. 당내 일각에선 안희정이나 정계 은퇴를 선언한 손학규, 그리고 김부겸을 대안으로 하자는 목소리들도 나오고 있을 정도로 새정치민주연합 내에서는 절대 지존이 없는 상황이다.

현재 박원순 시장의 행보를 보면 다소 들떠 있는 듯한 느낌을 받고 있고, 문재인 의원온 지니치게 국민들을 의식하고 서두르고 있나는 느낌을 받고 있다. 반면에 현재 가장 지지율이 낮은 안철수 의원의 얼굴 표정은 오히려 당 대표 시절에 비해서 훨씬 밝고 침착하게 보이기까지 한다.

당 대표 사임 이후 정치의 중앙에서 사라진 안 전 대표의 시즌2는 '정치가 아닌 정책'이라는 방향성을 잡은 것 같다. 최근 안철수 전 대표와 최측근들이 비대위나 조강특위에 불참하면서 실질적으로 5 대 5 지분 포기를 선언하였다. 이러한 결심의 배경에는 당내 역학 구조의 한계를 절실히 깨달았음에 그 이유가 있다. 당내 역학 구조에 휘말릴수록 안철수다운 정치의 실종을 의미함도 절실히 깨달은 듯하다. 다만 이러한 선택에 걱정이 없는 것은 아니다. 당내 기반을 확장할 기회를 던짐으로써 추후 전당대회, 총선, 대선 경선을 위하여 당장에 필요한 현실적인 교두보를 마련하지 못하는 것 아니냐는 우려 때문이다.

조강특위 불참이 탈당의 의미로 이어지느냐에 대한 여러 추측성 기사들이 난무한 가운데 안철수 전 대표의 의중은 지금 현재로서는 탈당을 단행할 가능성은 극히 낮은 것으로 보인다. "재보선 패배의 책임을 지고 물러난 사람이 그 때문에 구성된 비대위에 참여하는 것은 당권과 지지자들에 대한 도리가 아니다."는 것은 안 전 대표의 성격상 탈당이나 새로운 창당에 대한 복선을 깔고 말한 것이 아니라고 보인다.

안철수 전 대표는 '다시 국민 속으로'를 선택했다. 국민들이 그를 정치에 불러들인 본연의 궁극적 이유를 되새기고, 초심으로 돌아가 처음부터 다시 시작하겠다는 뜻이다. 그것은 곧 안철수다운 정치를 하겠다는 의미이기도 하다.

최근 활발하게 지역구 활동을 재개하면서도 지역 내에서 각종 현안을 다룬 간담회를 연이어 개최하고 있다. 지역구 내의 입법 활동이나 여러 전문 직업군들과의 만남을 이어 가고 있지만, 보육 현안같이 단순히 상계동 지역 내에만 해당되는 사안들이 아니라 국민 전체에게 해당되는 주요 사안들도 들어가 있다.

10월 7일부터 27일까지 정기국회 국정감사가 시작되기에 국정감사 활동에 집중하는 모습도 눈에 띈다. 대체적으로 안 전 대표가 준비를 아주 많이 한 것 같다는 평가다.

오는 11월부터는 각종 토론회와 강연 행사, 방송 출연과 민생 투어를 계획하고 있다고 한다. 대표직을 사퇴한 후에 『안철수의 생각』을 다시 읽으며 초심을 다졌다는 안철수 전 대표, 그가 다시 국민 속으로 들어와 초심을 잃지 않고 애초에 국민들이 그에게서 표출하고자 했던 '안철수 현상'의 의미를 되새긴다면 많은 국민들이 그에게서 다시 희망을 찾게 될 것이다. (2014-10-22)

■ 노원에서 경제 강연회 가져(공정성장론의 부각)

노원포럼에서 주관한 강연회 '한국 경제와 노원 발전 : 안철수의 생각' 이 30일 오후 6시 50분 노원평생교육원 강당에서 열렸다.

지난 28일 안철수 의원이 빙부상으로 인해 여수 장례식장으로 내려가 있던 터라 강연회가 취소될 것으로 보였으나, 안 의원은 이미 공지된 사항이라 약속을 지켜야 한다며 정상적으로 강연회를 진행하였다. 당초 강연회는 패널들과 함께 토론회 형식으로 진행할 것으로 예고했으나 국감 일정으로 인해 오랜만에 안 의원의 단독 강연의 형태로 이루어지게 되었다.

다소 초췌한 모습으로 강연장에 나타난 안 의원은 일부의 우려와는 달리 막상 강연이 시작되어서는 특유의 유머와 에피소드들을 곁들여 전문적이지만 어려운 용어를 쉽게 풀어 설명도 하고, 청중들에게 질문도 던져 가며 강의를 주도해 나가는 모습이 인상적이었다.

2013년 4.24 재보궐선거에서 노원병 지역의 국회의원으로서 국회에 입성하게 된 안철수 의원이 공약 중 하나로 매월 토크 콘서트를 개최하여 소통하는 기회들을 진행해 왔지만, 단독 강연은 그리 흔치 않은 광경이었다. 필자 개인적으로는 작년 11월 3일 대한의과대학·의학전문대학원학생협회에서 주관한

'제3회 젊은의사포럼'에서의 강연 이후 처음 접하는 강연회였다.

가장 까다로운 주제일 수 있는 경제 분야에 대해 우선 안 의원이 그동안 생각하고 경험한 것들을 적절한 예를 들어 풀어 나갔고, 경제에 대한 자신의 풍부한 경험과 철학들을 지역구인 상계동의 발전을 위하여 적용시켜 왔고, 앞으로도 그리할 것을 약속하는 내용으로 강연이 진행되었다.

"우선 현재 우리나라를 확정 짓는 해결해야 할 가장 중요한 문제는 한마디로 '격차'이다."라고 강의를 시작한 안 의원은 "경제뿐 아니라 상상할 수 있는 모든 영역에서 심각하게 진행, 확대되고 있는 것이 빈부, 남녀, 세대, 지역, 중소기업과 대기업 간의 격차이며, 특히 경제 문제가 가장 심각한 것이 대한민국의 현실이다."라며 이런 격차를 줄일 수 있는 세 가지 힌트를 제시했다. 첫째로 부의 공정한 분배, 둘째로 대기업과 제조, 수출 중심에서 중소기업과 벤처기업으로, 제조업보다는 지식정보산업으로, 수출보다는 내수 쪽으로의 패러다임의 변화의 필요성, 셋째로 정부가 나서서 표시 내고 생색 내는 형태가 아니라 뒤에서 창의적 발전을 위한 토양과 제도를 마련해 주어야만 한다고 하였다. 공정한 분배 구조를 만드는 일만이 제2의 성장 동력이 스스로 나오게끔 해 줄 수 있다고 강조하였다.

왜 중소기업이 중요한가에 대해서는, "중소기업은 한국 경제의 포트폴리오로서의 의미를 가지고 있다. 중소기업 산업을 육성하여 대기업군과의 쌍두마차 체제를 구축해야 한다. 서로 원원하며 상호 보완하는 역할이 필요하다. 대기업은 이제 고용 창출의 한계점에 도달했다. 반면에 중소기업, 벤처기업은 고용 창출을 유일하게 활성화시킬 수 있는 곳이다. 중소, 벤처기업이 있어야 대기업도 잘된다. 대기업의 혁신도 중소기업이 원동력이 되기도 한다."

그런데도 자꾸 실패하는 이유에 대해서는, "대기업 규모 중심의 경제구조가 영세기업을 힘들게 하고 사업의 기회를 축소시킨다. 투자해서 이익을 보기 힘든 구조를 바꾸어야 한다. 선진국에서는 자금 회수의 경우 자기가 투자한 기업이 대기업에 팔리는 경우가 90퍼센트, 자기가 투자힌 기입이 상상되는 경우가 10퍼센트인데 한국은 대기업에 팔리는(M&A) 시장이 거의 존재하지 않고, 상장되기도 매우 힘들기 때문에 아예 투자를 하지 않게 된다. 인수 합병 시장을 형성해 주고 투자 성공 확률을 높여 줘야 한다."

왜 실패를 많이 하는가에 대한 이유에 대해서도, "벤처기업의 성공 확률이 낮은 이유는 경영진의 능력 부족에 있다. MB시절 '1인창조기업'에 굉장히 많은 반대를 했었는데 자동차가 최고 속도를 낼 수 있는 이유는 브레이크가 있기 때문이다. 성격은 달라도 가치관은 같은 경영진들과 함께하는 것이 중요하다. 기업을 도와주는 사회적 인프라가 열악하다. 그리고 중소기업·대기업의 불공정, 중소기업과 정부 간 불공정 관행, 중소기업 간의 과당 경쟁 구조와 같은 불공정 거래 관행도 개선되어야 한다.

기업을 해서 망하면 재기가 힘든 문화를 고쳐야 한다. 새로운 시도가 안 되면 사회의 희망이 없다. 창업 리스크의 분담이 필요하다. 선진국의 경우에 정부와 투자자, 지원 인프라 분산으로 인해 창업자에 대한 리스크를 낮춰 주는 반면에 한국은 사업자가 모두 짐을 지게 내버려 두고 있다. 실리콘밸리는 '성공의 요람'이라고 하는데 오히려 '실패의 요람'이라고 생각한다. 100개의 기업 중 90개 이상이 망한 기업을 어떻게 사후 관리하느냐가 관건인데 개인의 실패를 사회적 자산으로 승화시켜 주어야 한다. 그러기 위해서는 모든 이해 관계자들의 공동 참여가 필요하고, 정부는 앞에서 생색내는 것이 아니라 제도적인 뒷받침을 할 수 있도록 최대한 지원을 아끼지 말아야 한다."

이러한 경제 철학을 노원 지역에 적용하기 위해서는, "재보궐선거 당시에 저는 노원 지역을 어떻게 발전시켜야 하는지 비전 제시를 하고서 세부적인 공약으로 접근을 하였다. 노원 평균 연령이 34.6세로 굉장히 젊은 지역이다. 인구 수는 송파구에 이어서 2위이다. 노인 인구는 서울에서 1위이고, 장애인, 기초 생활수급자도 1위인 반면에 재정 자립도는 최하위 수준이다. 이런 노원에서 문제들을 풀 수 있다면 대한민국 전체에 적용이 가능하지 않겠느냐는 생각을 하게 된다. '노원휴먼라이브러리', 김성환 노원구청장이 시도한 심폐소생술을 통한 자살률 최저로 낮추기, 생활 임금 등이 좋은 모델이 될 것 같다.

노원 지역은 자체 일자리가 부족하여 멀리 출퇴근하는 직장인들이 많은데 지역 내부에서 일자리 창출이 활성화가 되어야 하며, 예컨대 창동 차량기지와 도봉 운전면허시험장이 이전하고 나서 그곳에 일자리를 창출할 수 있는 중소기업과 벤처기업이 들어설 수 있게 하면 큰 기회의 장이 될 수가 있다. 중소기업은 중견 기업으로 성장시키는 터전이 되게 하여야 한다.

교육의 문제는 적성에 맞는 진로를 도와주는 게 진정한 교육인데 현재는 진로 교육이 아니라 진학 교육이 되어 버렸다. 노원 지역이 진로 교육의 메카가 되어야 하겠다.

복지 문제는 매우 중요하며 특히 국회 보건복지위원회에 들어간 이유이기도 하다. 여러 좋은 방안들의 제도화, 입법화가 저의 역할이라고 생각한다.

정치는 '우리 삶을 규정짓는 틀'이라고 생각하는데 탁상공론식이 아닌 경제, 교육, 복지가 현장 중심이 되기 위해서는 현장의 목소리가 반영되는 정치가 되어야 한다고 생각을 했다. 그래서 현재 여러 중요한 간담회들을 진행해 오고 있다."라고 하였다.

강연을 마치고 나서 몇몇 참석자들의 질문을 받기도 하였는데, 본인의 단점에 대한 생각을 묻자 "숙고의 시간을 가지면서 저의 장점을 극대화시키면서 단점이 치명적이지 않게끔 관리해야겠다는 생각을 대표직을 그만두고서 고민한 점이기도 하다."고 답변하였다.

강연장에는 지난 6.4 지방선거에서 무소속으로 강북구청장 후보로 나섰던 채수창 전 강북경찰서장이 참석하여 질문자로 나서, 벤처기업을 창업(주식회사 풍덩아트 조형연구소)했다고 소개하기도 하여 눈길을 끌기도 하였다.

안철수 전 대표는 11월이 되면 전국 민생 투어나 토론회, 방송 출연 등의 일정을 시작할 것이라고 하는데, 이날의 강연이 그 출발점이 되지 않을까 하는 생각을 갖게 되었다. 향후 '안철수의 생각'을 전국을 다니면서 널리 알리고 토론하게 되길 기대해 본다. (2014-10-31)

안철수 의원이 미통과 법안들을
폐기하지 않는 이유

안철수 의원이 공동대표직을 사퇴한 이후로 첫 법안이 발의가 됐다. 지난해 5월 '장애인 인권 침해 방지 및 피해 장애인 보호 등에 관한 법률안' 이 발의됐지만 7개월 동안 계류하다가 내용 보강을 목적으로 지난해 12월 31일 철회했다가 올 들어 지난 2일 다시 같은 이름으로 법안을 발의하게 된 것이다.

5년 동안 전남 신안군에서 지적 장애인들의 소위 '염전 노예' 사건을 배경으로 한 이 법안을 발의한 안 의원은 보건복지부 소속이기도 하면서 평소 장애인 인권이나 복지와 관련해서 많은 관심을 가지고 있기도 하다.

국회의원들은 입법 활동을 하면서 겉으로 보이는 실적을 많이 의식하는 듯하다. 법안 통과율을 높이기 위해서는 우선 미통과된 법안들은 서둘러 폐기하는 게 상식인가 보다. 그런데 안 전 대표를 만나서 듣게 된 입법 활동에 대한 생각은 많이 달랐다.

안 의원은 "국회 입성 후 열 개의 입법을 했다. 앞으로 더 열심히 할 생각이다. 1호 법안으로 제출한 것이 '금융실명제강화법' 이었다. 그 법안이 통과됐고, 민주당과 통합하면서 입법한 최초의 법안이 소위 '세 모녀 법안' 인데 이 안도 통과되었다. 세 모녀 법안 관련, 깊은 스토리가 있다. 제가 제출한 법안은 여섯 가지 항목이었다. 여섯 가지 정도가 돼야 소외 계층, 사각지대를 해소하는 데 어느 정도 가시적인 성과가 있을 수 있다고 했는데, 여러 의원들이 비슷한 법안들을 제출하면 다 모아서 대안 법안을 하나 만들어 놓고 원래 제출한 법안은 다 폐기한다. 그래서 이 대안 법안만 본회의에서 통과하게 된다."면서 "제가 여섯 개가 통과되어야 한다고 했는데 두 개만 반영이 되었다. 그래서 고민을 하다가 저의 법안들을 폐기를 하지 않고 계류시켰다. 그냥 놔두면 폐기되어야 했는데, 계류하면 저한테는 손해다. 왜냐하면 제 법안은 본회의에 통과된 법안 외엔 인정받지 못한다. 그러면 소위 실적이 줄어들게 되는 거다. 그런데도 저는 의지 표명을 하기 위해서 나머지 네 개가 모두 통과되어야 한다. 지속적으로 더 노력하겠다는 뜻으로 계류시켰다. 이런 사례가 거의 없었다."고 말했다.

안 의원도 언론에 자신의 생각을 기자들에게 설명할 기회는 있었으나 제대로 기사화해 주는 곳들이 없어서 아쉬움을 표했다.

최근 야권의 정치 상황이 요동치고 있다. 제1야당인 새정치민주연합의 무능과 계파 정치의 한계를 지적하며 선명 야당에 대한 필요성에 대한 국민적 요구와, 중도 신당 창당에 대한 요구들이 커지고 있는 상황이다. 이러한 정국 속에서도 당분간 정치 현안들과는 적절히 거리를 둔 채 경제 이슈를 중심으로 경제 행보를 할 것으로 보이고, 의미 있는 입법 활동에 전념할 것으로 보인다. 현재 야권 정계 개편에 대한 민심에 대해 안 의원은 신중한 입장이고, 현재로서는 묵묵히 안 의원이 할 수 있고 잘할 수 있는 것들만 집중할 수밖에 없는 상황임에도 불구하고 복잡한 속내는 있을 거라는 조심스런 추측을 해 본다. (2015-01-07)

▌지금 야권에 필요한 것은

지금 야권에 필요한 것은 건전하고도 창조적인 파괴이다. 야권, 특히 제1야당은 지금까지 크고 작은 선거 때나 정치적인 고비 때마다 '통합'과 '연대'를 외쳐 왔다. 지난 제18대 대통령 선거를 앞두고서는 미래 비전에의 명확한 의지를 보여 주기보다는 '정권 교체'라는 의제만을 내세워 왔다.

마음에 들지 않는 구석이 있다 하더라도 '대의'를 위해서는 표를 모아 달라는 것이었는데, 그 전략적인 논리가 지금까지 국민 정서 속에 상당 부분 먹혀 들어갔던 것도 사실이다. 거대 양당 사이에서 홀로서기 힘든 진보 성향의 소수 정당들도 선거 때마다 제1야당과의 '연대'를 통해 '공존'의 길을 택했다.

하지만 그 정치 공학적 '단일화'나 '연대'는 2012년 4.11 총선이나 제18대 대선을 통해서 한계점에 도달했다. 야당으로서의 정국 주도 능력의 부재, 미래 가치 비전 제시의 부족, 시종일관 반MB나 반유신 프레임으로 선거를 몰아간 점, 작은 기득권도 내려놓지 못하는 치졸함과 연대하면 표가 저절로 모일 거라는 적당주의도 패인 중 하나이다. 선거에서 반드시 이겨야 한다는 절박함도 없었고, 대충 밥그릇만 지키면 된다는 오만함과 나태함이 선거를 망쳤다.

일이 이 지경이 된 데에는 제1야당의 책임이 가장 크다. 민주적인 방법으로

당을 운영하지 않았고, 오히려 계파 패권을 강화하고, 큰 선거 앞에서도 아무도 기득권을 내려놓지 않고 있었으니 당연한 결과이다.

안철수 세력이 독자 신당 창당을 시도하던 기간 동안에 민주당은 '신당 창당은 곧 야권 분열'이라는 전략으로 시종일관 안철수 측을 공격했다. 뒤로는 안철수 의원의 민주당 입당을 회유하기도 했다. 2014년 3월 민주당과 새정치연합이 통합하여 새정치민주연합이라는 통합 신당이 탄생했지만, 당내 주류인 친노, 운동권 강경파들이 가장 먼저 시작한 일은 당의 쇄신이 아니라 안철수 세력의 초토화를 위한 내부 총질이었다.

통합의 명분이기도 했던 기초 무공천을 뒤흔들어 번복하게 하는가 하면, 6.4 지방선거와 7.30 재보궐선거에 이르기까지 안철수 공동대표와 새정치 풀뿌리 세력들을 죽이기 위해 꼼수 정치, 연판장 정치, 깽판 정치를 총동원했다.

서울 동작을 지역은 마치 무법천지를 방불케 하는 활극으로 패권 정치의 민낯을 온 국민들에게 생생하게 각인시켰고, 아무런 감동도 명분도 없는 정치 공학적 야권 단일화에 식상한 유권자들은 새누리당 후보의 손을 들어주고 말았다.

안철수 전 대표를 아웃시키고 다시 당을 장악한 친노들이 미래 가치와 시대정신을 담아낼 능력과 가능성은 희박해 보인다. 2012년, 그들이 늘 강조하는 정권 교체가 시대적 대의였다면 표의 확장성이 더 컸던 국민 후보에게 단일 후보를 양보할 배포는 없었던 것일까. 그럼에도 결과에 책임지는 사람이 아무도 없는 당이 바로 제1야당인 것이다.

1월 11일 새정치민주연합의 상임고문인 정동영 전 의원이 탈당하고 진보 신당을 창당하려는 '국민 모임'에 합류를 선언하였다. 오죽했으면 정동영 전 장관 같은 분이 탈당을 했을까 하는 생각을 하게 된다.

야권은 더 이상 허울 좋은 연대나 단일화, 통합이라는 말로 국민들을 현혹해서는 안 된다. 친노패권주의를 청산하지 않으면서 말로만 수십 번 '뼈를 깎는 쇄신'을 외친다면 그것은 국민을 기만하는 행위이다.

최근 새정치민주연합의 전당대회가 진행 중이다. 그들만의 잔치가 될 가능성이 크다. 바뀌지 않고 지금 이대로 제19대 대통령 선거를 치른다면 절대로 정권 교체에 성공할 수 없다. 다시금 새로운 중도 신당이 등장하여 새롭게 판을 짜야 한다. 비록 민주당과 통합하면서 새 정치의 꽃을 피우지 못했지만 안철수를 중심으로 한 새정치 세력이 초심으로 돌아가 바닥 민심을 다시금 확인할 필요가 있고, 정치의 중심에 서는 방법을 진지하게 고민해 봐야 할 시점이라고 생각된다.

당장 눈앞에 있는 선거에서 아픈 고통이 수반되더라도 멀리 보면서 정치 지형을 다시 개편해야만 한다. 설령 정권 교체가 성공한다 하더라도 정치 쇄신이 수반되지 않는다면 대통령만 바뀌는 것 그 이상의 의미가 없다. (2015-01-11)

■ 정치인들의 행보를 바라보는 이중 잣대

문재인 새정치민주연합 신임 대표는 전당대회가 끝난 바로 다음 날인 9일 오전 8시경 서울 국립현충원을 방문해서 이승만, 박정희 두 전직 대표의 묘소를 참배하였다. "박, 이 전 대통령 묘소 참배 여부를 놓고 국민이 갈등하고 국론이 나뉘는 것은 바람직하지 못하다. 현충원 참배로 그런 분열과 갈등을 끝내겠다."는 것이 신임 당 대표가 말한 묘소 참배 이유이다.

지난 2012년 제18대 대선 경쟁에 뛰어든 당시 안철수 대선 후보는 출마를 선언한 다음 날인 9월 20일 서울 국립현충원을 찾아 이승만, 박정희, 김대중 등 전직 대통령의 묘역과 현충탑을 참배했다. "대한민국의 새로운 변화를 위해 노력하겠다."는 것이 안 전 후보가 방명록에 남긴 글이다.

안철수 의원은 2014년 새해 첫날에도 국립현충원을 방문하여 전직 대통령들의 묘소를 참배하며 "우리나라 역대 전직 대통령들에게는 공(功), 과(過)가 같이 있어서 공은 계승하고 과는 극복해야 하는 게 우리 후손의 역할"이라고 말한 바 있다.

안 의원의 행보를 두고 일부 극렬 진보 네티즌들이 SNS상에 입에 담을 수 없는 악성 댓글과 게시물들을 올리면서 온라인이 들끓기 시작했다. 심지어는 방명록에 남긴 글이 박정희 대통령을 찬양하는 것이었다면서 의도적으로 왜곡하여 조직적으로 유포하기 시작했다. 반면에 문재인 신임 당 대표가 두 전직 대통령 묘소를 참배했더니 이번엔 찬양하는 글들이 올라오기 시작했다.

두 전직 대통령의 묘소 참배에 대한 찬반은 충분히 있을 수 있는 일이겠지만, 개인의 판단 기준을 자신들이 지지하는 특정 정치인과 맞물려 누구는 되고 누구는 안 되는 '내로남불' 식이라면 상식적이지 못하다.

이러한 아전인수 격 이중 잣대는 현충원 참배 건이 처음은 아니다. '나쁜 안철수와 착한 문재인의 이중 잣대 시리즈'가 오랫동안 SNS에 돌아다닌 것만 봐도 일부 정치 네티즌들이 논리와 상식보다는 감정과 분위기에 편승한 행위들을 하고 있다는 것을 알 수 있다.

문재인 당 대표의 경우에는 제18대 대선 후보 시절 두 전직 대통령의 묘소 참배를 거부하면서 "권위주의 체제로 고통을 주고 인권을 유린한 정치 세력이 과거에 대해 진정한 반성을 하면 제가 제일 먼저 박정희 전 대통령의 묘역을 찾고 참배할 것이다."라고 했는데, 그 당시와 비교한 현 시점에서 보수 여권 세력들의 진정한 반성과 변화가 없었음에도 불구하고 문재인 당 대표가 자신의 과거 발언을 덮을 수 있었던 부분에 대한 해명이 충분하지 않다고 생각한다.

정치 지도자들의 이해득실을 따지지 않는 일관된 모습이 필요하며, 그에 따른 추종자들의 맹목적인 사생결단식 팬십과 라이벌 정치인들에 대한 이성을 잃은 무차별 공격은 자제되어야 할 것이다. (2015-02-09)

새정치민주연합의 2.8 전당대회에서 문재인 후보가 신임 당 대표로 선출되었다.

새정치민주연합의 전당대회는 시작부터 국민들의 별다른 관심을 끌지 못한 채 약 한 달간 진행되었는데, 막판 박지원 후보의 선전은 그나마 유일하게 흥미를 유발시킨 요소였던 것 같다. 전당대회를 며칠 앞둔 시점에서 급작스럽게 여론조사 룰이 변경된 점에 대해 박 후보 측에서 강력히 반발하고 나서면서 두 후보 간 격차가 좁혀졌던 상황이 연출되기도 했지만, 결과를 뒤집기에는 역부족이었다. 경선 도중 룰이 변경된다는 것이 있을 수 있는 일인가.

문제는 늘 그들만의 룰이고, 그들만의 잔치라는 점이다. 사실상 내부 총질에 의해 새정치민주연합의 공동대표들이 물러난 바 있고, 그 자리를 이을 새로운 당 대표나 최고위원들을 선출하는 전당대회조차도 꼼수를 동원해서까지 기득권을 지키려 했으니, 애초에 국민은 안중에도 없었던 것이다.

박지원 후보는 문재인 후보가 당 대표가 된다면 "당권도 먹고 대권도 먹으면 다른 대통령 후보들이 어디로 갈 것이냐."고 비판하면서도 "저는 어떤 경우에도 저렇게 착하고 좋으신 분이 대통령 후보로 가서 지금보다 더 많은 지지를 받아서 꼭 대통령이 되어야 한다고 생각한다. 그래서 저는 우리의 집권을 위해서는 당 대표와 대통령 후보, 즉 당권-대권이 분리되어야 한다고 주장한다."고 하면서 주류를 향해 감성에 호소했다. 그럼에도 불구하고 친노가 당 대표가 되고 대권도 잡으려고 하니, 앞으로 여러 대선 주자들이 선의의 경쟁을 하면서 같이 성장하는 공당의 모습을 상상할 수가 있겠는가.

이길 수 있는 대통령 선거에서 패배한 이후에도 더욱 계파 패권을 강화하여 당을 폐쇄적으로 운영해 나가는 제1야당의 모습은 국민들로 하여금 다시금 신당 창당을 요구하는 이유이기도 하다.

신임 당 대표가 당 운영을 제대로 하지 못했을 경우에 김한길, 안철수 전 공동대표에게 들이대었던 잣대를 똑같이 적용하여 쓴소리를 할 수 있는 용기를 가진 이가 몇이나 있을지 의문이다. 연판장을 돌리던 부류들은 조용해질 것이고, 당의 결속을 빙자하여 소수의 목소리는 묻혀 버릴 것이다.

전당대회를 앞두고 문재인 의원은 당 대표에 당선될 경우 내년 4월로 예정된 제20대 총선에서 현재 지역구인 사상구에 불출마하겠다고 선언했다. 기득권을 내려놓는 것처럼 말하지만 사실상 대선에 집중하겠다는 의미에 가깝다.

일부 동교동계가 부글부글 끓고 있고, 비노들의 움직임이 심상찮다는 소식이 있으나 실제로 분당으로 이어질지는 의문이다. 다만 일반 국민들 사이에서도 신당에 대한 요구는 점점 강해지고 있어 정치권의 물밑 움직임을 예의주시할 필요성이 있다. (2015-02-09)

▌역술, 여론조사, 그리고 정치

역술이라는 단어의 깊은 뜻이 궁금하여 인터넷을 검색해 보았더니 '해와 달의 운행을 재어 책력을 만드는 기술로, 동양의 사상이 함축되어 있는 음양의 원리와 오행을 가장 핵심적인 사항으로 삼고 이런 변화 값을 파악해 가는 학문인 역학을 활용하는 기술'이라고 한다.

역학은 철학적인 근거에 의해 데이터 수치를 산출하여 확률로써 그 결과를 도출하는 학문이라고 하니, 이를 연구하는 역술인들은 많은 심신 수양과 탐구를 필요로 할 것 같다.

이런 계통에 문외한이다 보니, 잘은 모르겠으나 무속인은 조금 다른 의미를 가지는 것 같다. 평범하게 살아온 사람들 중에서 갑자기 신내림에 의해 무속생활을 하게 된 경우가 꽤 있다고 하니 영적인 차원을 말하는 것 같았다. 점을 보러 온 사람들의 기본 신상(생년월일)에 대한 정보 없이도 얼굴만 보고서 바로 술술 나오는 경우도 많다 하니 초자연적인 영역인 듯하다.

구정 연휴 기간 JTBC 채널에서 역술인에 대한 검증을 주제로 한 프로그램을 시청하게 되었는데, 프로그램 제작진들은 복비 일천만 원을 투입한 결과치고는 신통하지 않았다고 말했다. 소위 대한민국 10대 점술가들을 찾기 위해 전국을 누빈 결과 1차로 선정된 점술가가 6명이었고, 그중 2차 검증을 통해 무속인 두 명이 통과되었는데, 통과하지 못한 대부분의 점술가들은 제대로 된 사주풀이보다는 제작진들의 노출된 기본 신상이나 이미지에 의존하는 듯한 인상이었다. 하지만 놀랍게도 검증을 통과한 두 명의 무속인들은 섬뜩할 정도로 정확하게 의뢰자의 과거를 맞히기도 했다.

제18대 대선을 앞두고 많은 역술인들을 통해 유력 정치인들에 대한 사주풀이와 대권 운세 등이 유포되고, 심지어 2012년 9월 하순에는 어느 유명 역술인이 종편에 출연하여 박근혜 후보는 운이 없고, 안철수 후보는 이번보다 다음을 바라봐야 하며, 문재인 후보 쪽에 강한 운이 느껴진다고 발언하여 논란이 된 적이 있다. 예측은 빗나갔고, 박근혜 후보가 당선이 되었다.

그런데 그 문제의 역술인이 최근 모 종편 프로그램에 다시 출연하여 "차기 대선엔 여당이 이긴다."며 야권 대선 주자들에 대해서는 부정적인 발언을 하여 다시 논란을 일으키고 있다.

'사람의 얼굴에는 세상 삼라만상이 모두 들어 있어 얼굴을 보면 그 사람의 모든 것을 꿰뚫어볼 수 있다'는 조선시대 어느 천재 관상가를 소재로 한 영화 〈관상〉도 재미있게 본 적이 있다. 역사적인 이야기를 관상이라는 콘셉트로 풀어 나가는 영화였다. 결국 '관상'이란 것은 상대방의 얼굴에서 풍기는 기운을 통해서 길흉화복을 미리 풀이함으로써 앞날의 화를 피하고 복을 유도하기 위해 백성들에게 힘을 주고 덕담을 나누는 당시 서민들의 몇 안 되는 위안거리가 아니었을까.

최근 정치권에서 대통령의 지지도나 차기 대권 후보군의 지지율 여론조사 결과에 대해서도 논란들이 많다. 여론조사는 집 전화를 사용하느냐, 휴대전화를 사용하느냐, 집 전화나 휴대전화 응답을 몇 퍼센트로 반영하느냐에 따라 달라질 수 있고, 시간대가 아침인지 저녁인지, 평일인지 주말인지에 따라서도 결과가 크게 달라질 수 있다. 연령대에 대한 표본수, 응답수에 따라서도 차이가 많이 난다. 질문의 항목에 따라서도 결과가 많이 차이 나고, 단순 찬반을 묻는 질문이 아니라 여론조사 기관에서 자의적 설명을 덧붙인 후 질문을 던지고 답변을 유도했을 경우에도 차이가 많이 날 수밖에 없다.

영적인 힘이 되었든, 여론조사가 되었든, 그것은 선거를 앞두고 참고만 하면 될 일인데, 그것이 지나쳐서 민심을 왜곡하는 사례로 악용되어선 안 될 것이다. 종편의 시사 채널도 마찬가지이다. 종편에 출연해서 팩트를 벗어나 자신의 생각이나 바람만을 마치 밑바닥 민심인 듯 여과 없이 쏟아 내는 정치 패널들이 많이 있다. 올바른 정치 문화 정착을 위해서라도 자중함이 옳다. (2015-02-23)

재보궐선거를 앞두고 몸을 사리는 신임 당 지도부

오는 4월 29일에는 재보궐선거가 치러진다.

2014년 12월 19일 헌법재판소가 통합진보당 해산 심판 사건에서 정당 해산과 소속 국회의원의 자격상실을 결정함으로써 서울 관악을, 광주 서구을, 성남 중원, 이렇게 모두 세 곳에서 투표가 실시되는 것이다.

지난 2월 8일 전당대회를 통해 당 대표로 취임한 문재인 대표의 선거를 통한 첫 번째 시험대이기도 하다. 문재인 신임 당 대표는 당시 취임사를 통하여 "이 순간부터 무기력과 분열을 버린다. 박근혜 정권에 경고한다. 민주주의와 서민 경제를 계속 파탄 낸다면 저는 박근혜 정부와 전면전을 시작할 것"이라며 기염을 토했다.

그런데 24일 오전 새정치민주연합 양승조 사무총장이 모 라디오 방송과의 전화 통화에서 "세 곳 중 한 곳 이상 승리하면 된다."고 한 발언이 도마 위에 올랐다. 문재인 신임 당 대표의 사자후가 터져 나온 지 얼마 되지 않은 시점에서 당 지도부가 벌써부터 몸을 사리고 있다는 인상을 주기에 충분하다.

과거 김한길, 안철수 공동대표 시절, 지방선거와 재보궐선거를 앞두고 가열차게 지도부를 흔들었던 패기는 다 어디로 간 것일까. 작년 12월 29일 문재인 의원이 당 대표 경선 출마를 위한 기자회견에서 말한 "더 이상 패배하지 않는 이기는 정당" 선포가 무색하기만 하다. 지역구 총선 불출마 선언도 석연치가 않다.

패배하지 않는 이기는 정당을 만들고, 정권과의 전면전을 치르겠다던 문재인 신임 당 대표와 당 지도부가 새보궐선거와 총선을 앞두고 벌써부터 몸을 사리는 듯한 태도를 보면서 마음이 불편해진다.

계파의 이익을 위해서는 과거 당 지도부와 전직 공동대표를 향해서 끊임없이 내부 총질을 가하고 연판장을 돌리던 강경파들이 이번에는 침묵을 지키며 조용히 엎드려 있으니 기가 막힐 노릇이다. 새정치민주연합 신임 당 지도부는 이중적인 행태를 중단하고, 납득할 만한 최선의 후보들을 출마시킨 후, 선거의 결과에 책임을 져야만 한다. (2015-02-24)

안철수의 적극적인 행보에 맞춘
《월간 안철수》 창간

최근 안철수 의원이 민생, 경제에 방점을 찍고 적극적인 행보를 이어가고 있다. 2월 24일은 페이팔의 창업자 피터 틸과의 만남을 갖고 그의 연세대 강연회에도 참석하며 경제 혁신에 대한 많은 관심을 보였다.

지난 2월 28일 오후에는 부산진구 영광도서 앞에서 열린 '고리 1호기 폐쇄를 위한 시민 행진'에 참가하여 "국민의 생명과 안전을 위협하는 고리 1호기 수명 연장은 절대 반대"를 외쳤다. 모처럼의 장외 활동이었다.

3월 3일에는 그동안 안 의원이 기회가 될 때마다 줄곧 강조해 왔던 김영란법에 대한 국회 본회의 통과가 이루어졌다.

국민들의 안전과 삶에 직접적인 영향을 끼치는 주요 현안과 사안에 대해서 직접 현장을 방문하여 구호도 외치고, 여야 원내대표들을 찾아가서 설득하기도 하는 적극적인 스탠스를 취하고 있는 것이다. 연초에 몇몇 언론들과의 인터뷰를 통해서도 주요 현안에 대해서는 강하게 목소리를 내겠다고 한 바 있다.

특히 작년 말부터 시동을 걸기 시작한 경제 행보는 국내외를 가리지 않고 있다. 지난 1월 6~9일(현지 시간) 미국 라스베이거스에서 열린 세계 최대 가전 전

시회인 'CES 2015' 행사장을 찾아 세계 시장 동향을 점검했다. 구정 연휴 때는 히든 챔피언(일반인에게 잘 알려져 있지 않지만 각 분야에서 세계 시장을 지배하는 우량 기업)의 육성 과정을 살펴보기 위해 독일을 방문하기도 했다.

지난해 12월 11일 '한국경제 진단 및 미래성장동력 벤처생태계 활성화 방안' 토론회를 기점으로, 1월 13일 '안철수가 묻고, 장하성이 답하다' 좌담회, 그리고 2월 25일에는 박영선 의원을 초청하여 국회에서 '경제성장을 위한 공정한 시장 경쟁 좌담회'를 연이어 가지고 있다.

이러한 적극적인 일련의 행보에 대한 국민적 소통과 홍보를 위하여 웹진 형태의 《월간 안철수》를 발간하겠다고 예고하기도 했는데, 3월 5일 정식으로 창간호가 공개되었다. CEO였던 안랩 시절에는 월간 《安》이 정기적으로 발행된 적이 있지만, 안 의원의 정치 입문 후 웹진 형식으로 발간된 최초의 정치적 정기간행물인 셈이다.

《월간 안철수》(www.monthlyahn.com)에는 공정 경쟁, 김영란법, 히든 챔피언, 월간 동정과 같은 콘텐츠들이 실려 있다. 토론회 자료도 저장되어 있어, 토론회에 참관하지 못했거나 자료가 필요한 사람들이 조회도 할 수 있었다. 《월간 안철수》는 매월 첫 주 목요일에 발간된다고 한다.

의정 보고서인 《월간 안철수》의 창간호에 담긴 내용들 중 가장 주요한 내용은 안 의원이 구술하는 독일 이야기 동영상인데, 최근 안 의원의 경제 행보의 핵심 콘텐츠가 아닐까 싶다. 안철수 의원의 집무가 이루어지는 책상이 뒤로 보이듯이 518호 국회의원실에서 촬영한 동영상이다.

《월간 안철수》가 적극적이고도 다양한 행보를 통한 대안이 담긴 알찬 내용으로 정기 발간된다면 점점 더 많은 사람들이 관심을 가지며 지켜보지 않을까 하는 생각이 든다. (2015-03-08)

■ 세월호 1주기 토론회에서

4월 15일 오전 10시 국회도서관 강당에서는 세월호 참사 1주기를 맞이하여 '대한민국, 국민을 위한 국가인가?' 라는 제목으로 토론회가 열렸다.

세월호 참사가 발생한 지 일 년이 지난 지금, 그 사건이 우리에게 주는 교훈은 무엇인지, 우리가 현재 어떤 사회로 나아가고 있는지에 대해 지난 일 년을 되돌아보고 국민의 생명과 안전을 지킬 수 있는 정치적인 역할은 무엇인지를 짚어 보고자 함이 본 토론회의 취지이기도 하다.

본 토론회는 김한길, 안철수 전 공동대표의 주최로 마련이 되었는데, 지하 강당의 객석 300석은 일반 시민들로 가득 차 토론회에 대한 높은 관심을 보였고 문병호, 주승용, 변재일, 김영환, 이종걸, 김동철, 권은희 국회의원의 모습도 보였다.

토론회의 사회는 전남대 조정관 교수가 맡았으며, 발제에는 연세대 박명림 교수, 토론자로는 김성진 참여연대 부집행위원장과 안철수 국회의원, 박명림 교수, 그리고 고려대 조대엽 교수가 자리를 함께하였다.

먼저 연단에 오른 김한길 의원은 10여 분간 진행된 인사말을 통해 "참사 당시 박 대통령도 국가 대개조를 강조하였고 그로부터 일 년이 지났으나 새로운 대한민국은 오지 않았다. 참으로 부끄럽고, 죄송하고, 정치를 하는 한 사람으로서 많은 반성을 하지 않을 수 없다. 저와 당시 안철수 공동대표는 진상 규명과 책임자 처벌, 재발 방지책을 애기하기 위한 특별조시위원회를 정부에 구성하되, 한편으로는 범정부 차원의 새로운 대한민국위원회를 구성해서 앞으로 우리나라가 갈 길에 대해서 전반적인 재검토가 있어야 한다고 대통령에게 건의하였으나 지금까지 받아들여지지 않았고 받아들여질 조짐도 없는 것을 참으로 안타깝게 생각한다."며 "우리가 직면하고 있는 사회 불평등, 양극화를 해소하는 것이 모든 국민이 제대로 대접받는 사회를 만드는 데 중요한 일이며, 대한민국이 추구하는 가치의 순서를 다시 정하자."고 강조하였다.

이어서 박영선 의원이 연단에 올랐다. 박 의원은 "유가족이 직접 참여하는 진상조사위원회의 조기 가동을 주장하였으나 어느 날 갑자기 특검이 수면 위로 떠오르면서 상식을 삼켜 버렸고, 상식을 삼켜 버린 특검은 지금은 거론조차 되지 않고 있다. 어렵게 만들어진 세월호특별법, 그리고 이에 따른 진상조사위원회의 가동은 세월호특별법 시행령이라는 또 다른 복병에 발목을 잡혀서 가동조차 못 되고 있다. 세월호특별법 시행령의 근본 문제는 진상 규명에 대한 중대한 사안을 치졸한 입법 기술상의 다툼을 유도한 정치적 수단으로 악용되고 있다. 세월호를 조속히 인양하여 명백하게 진상을 조사하여야 한다."고 하였다.

같은 날 서울 중구 저동 특조위 사무실에서 별도의 기자회견을 가지기도 했던 이석태 세월호특별조사위원회 위원장도 연단에 올랐다. 이 위원장은 안철수 의원의 부탁도 있고 해서 참석하게 되었다면서 안전 사회 대책을 마련하기 위한 유가족과 국민들의 염원이 모여서 만들어진 세월호특별조사위원회조차 출범을 하지 못하고 있는 데 대해서 대단히 안타깝다는 심경을 토로했다.

발제자로 나선 박명림 교수는 국가 혁신의 요체로서의 정치의 재구성, 정치 혁신의 요체로서의 제왕적, 식물적 대통령제 폐절과 관료 국가 해체와 권력 분산을 실현시켜 복지국가의 토대 구축, 관료 국가에서 의회 국가로의 대전환, 전면적 지방자치 제도의 실시 등에 대한 설명을 이어 나갔다. 국가가 국민들의 소중한 생명 보호에 다시 실패하지 않도록 최소한의 법제와 규범을 마련할 필요가 있다는 것이다.

토론으로 들어가 조대엽 교수는 생활 민주주의, 생활 국가, 생활 정당에 대한 새로운 패러다임의 필요성에 대해 역설하였고, 김성진 참여연대 부집행위원장은 세월호 참사의 시작은 정경 유착에 따른 무분별한 규제 완화에 있다면서 경제 권력으로부터 자유로운 정치 권력의 정립과 국가 공공성을 회복시켜야 한다고 했다.

토론회를 주최한 안철수 의원은 "아까 박명림 교수께서 여러 가지 지표에 대해 말씀하셨는데, 그중에서도 한 사회가 지금 처해 있는 상황을 가장 잘 나타내는 지표 두 가지만 들자면, 자살률과 출산율이지 싶다. 자살률은 지금 현재 우리가 얼마나 고통스런 삶을 살고 있는지를 총체적으로 나타내는 지표라고 볼수 있고, 출산율은 우리가 우리 사회의 미래에 대해서 얼마나 희망을 가지고 있는가를 나타내는 지표라고 볼 수 있지만, 둘 다 굉장히 걱정되는 수준이다.

우선 자살률은 OECD 국가 중에서 최고의 수준이고, 출산율은 OECD 국가 중에서 최저이다. 따라서 자살률이 낮고 출산율이 높은 사회를 만들기 위해서 리더십을 발휘하는 것이 정치의 역할이라고 본다. 20여 년 전에 성수대교가 무너졌다. 그 당시에 글을 쓴 적도 있는데 어쩌면 대형 사고나 사건은 그 사회가 가지고 있는 근본적인 문제가 표출되는 계기라는 생각을 항상 해 왔다. 다리를 사용만 하고 관리를 하지 않았다. 그래서 단기간에는 우리는 아주 적은 비용으로 만든 다리를 사용하고, 거기에서 아낀 비용을 가지고 다른 것을 건설하는 용도로 쓰면서 나름대로 우리는 굉장히 효율적으로 발전하고 있다고 만족했었던 시기가 있었다. 그런데 그런 것이 누적되면서 결과적으로는 국가적으로 더 큰 피해가 온 사건이 되어 버렸다. 그 당시 우리 사회가 가지고 있는 문제를 세 가지 정도로 봤다.

우선은 물질만능주의, 다른 측면에서 본다면 그것은 인명 경시와도 같다고 생각한다. 돈이 사람보다 더 중요한, 어떡하면 최대한 이익이 나느냐에 집중하면서 사고가 안 나면 운이 좋은 것이고 사고가 나지 않으면 더 적은 비용으로 때우는 심리 때문에 큰 사고들이 재발되는 것이 아닌가 생각을 해 봤다. 또 하나는 위험 감수 문화이다. 우리가 힘들 때, 가진 게 별로 없다 보니까 모든 것들을 앞으로 나아가는 데만 썼었는데, 어느 정도 발전을 하고 난 후에도 우리의 마음가짐과 문화가 변하지 않다 보니까 결국은 우리가 현재 위기관리 문화로 바뀔 시점인데도 불구하고 여전히 바뀌지 않고 위험 감수만 계속하고 있다.

사회에서 굉장히 큰 사건, 사고는 항상 우리가 가지고 있는 문제점을 어떤 계기를 통해서 알려 주는 역할을 하기 때문에 증상 치료보다 원인 치료가 중요하다고 본다. 근본적인 구조의 문제점을 밝히고 제도화해서 우리 사회가 다시는 그런 일이 반복되지 않게 하는 것이 굉장히 중요한데, 단순히 책임자 처벌만 하고 그 건만 해결하고 넘어가면서 우리 사회가 가진 문제점은 그대로 존재하다 보니까 이런 사고가 또 다른 계기를 통해서 계속 생겨나는 거다. 삼풍백화점 붕괴 사고 등이 발생한 지 20년이 지난 지금도 경제적으로 더 발전했음에도 불구하고 이런 물질만능 문화라든지 위험 감수 문화라든지 또는 원인을 밝히고 제도화를 하는 노력들이 여전히 부족한 상황이다. 그런 가운데서 발생한 불행한 사고가 세월호 참사라고 생각한다. 참사 자체도 우리 사회가 가지고 있는 인명 경시, 안전 불감증 문화와 동시에 여러분이 말씀하셨던 관피아 문제라든지 또는 우리 사회의 비리와 담합 문제와 같은 것들이 총체적으로 드러난 참상이다. 그런데 그 후에 정부와 정치권에서 보여 준, 참사 이후에 이 문제를 해결하려는 과정에서 더 많은 문제들이 노출되었다.

모든 국민들이 우리 정부가 얼마나 무능한지를 알게 됐고, 우리 정치가 얼마나 갈등 해소와 문제 해결 능력이 부족한지를 송두리째 보여 준 사건이 아닌가 싶다. 따라서 저를 포함한 정치권 모두가 책임이고 저도 이 문제에 대해서는 깊이 반성하고 있다. 지금 일 년 정도가 지났는데 현재 그때 그 일이, 또 제2의 참사가 만약에 일어난다면 지금도 전혀 막을 수 없다. 결국은 바뀐 게 거의 없다. 이 사건을 단순 해상 사고로 국민의 안전 문제로만 좁은 시각으로 접근하기 때문이다. 그러다 보니 정부의 대책이라는 게 해경을 해체하고 국민안전처를 신설하는 걸로 끝났다. 인간 존엄 사회를 만드는 것에 우리가 모든 분야에 걸쳐서 총력을 집중해야 함에도 몇몇 사람들에게 책임을 전가하는 것으로 그치고 있다. 그래서 결국은 정치의 문제를 돌아보게 된다.

여의도에 온 후 느낀 여러 가지들이 있지만, 두 가지만 말씀드리고 싶다. 여의도에서 정치를 하다 보면 국민이 보이지 않는다는 문제, 급한 일만 하다가 중요한 일을 못하는 곳이라는 생각이 들었다. 국민이 보이지 않는다는 표현은, 정치가 상대방과 치열하게 싸우는 와중에 최종 결과를 누가 심판하는가 하면 국민이 한다. 만약에 두 세력이 싸우다가 한 쪽이 넘어지면 국민이 보고 있다가 넘어진 사람의 손을 잡아 일으켜 세우면 넘어진 사람이 승자가 되는 것이다. 그런데도 그런 당연한 이치를 잊어버리고 바로 눈앞의 상대방과만 싸우고 상대방만 눕히면 이기는 줄 착각하는 게 여의도의 정치 문화의 문제점이 아닌가 하는 생각을 해 보게 된다.

지역과 이념에 기반한 진영 논리, 승자독식주의 이 두 가지가 이런 행태 문화를 가져온 것으로 보고 있다. 지역과 이념에 기대면 당선까지 문제가 없다 보니까 국민이 보이지 않게 된다. 그래서 문제 해결보다는 정치적인 이해타산을 먼저 생각하게 되는 것이고 반대를 위한 반대를 하게 되고, 국민의 생명과 안전, 민생, 국가의 미래들이 중심 의제로 올라올 수가 없는 것이다. 승자독식주의다 보니 일단 이기게 되면 모든 것들을 획득할 수 있어 선거의 승패에 집착하게 되고, 선심성 공약을 하게 되고, 당선된 후에는 지키지 못할 공약이다 보니 파기되고, 따라서 정치 불신이 더욱 깊어지는 악순환의 고리가 여기서 생기는 것이다. 원래가 정치가 해야 할 일은 선출된 권력이 선출되지 않은 권력을 견제하는 것이다. 즉 대통령이나 국회의원들은 심판받는 권력이고 선출되는 권력이다. 우리 사회에는 선출되지 않는 권력들이 많다. 대표적으로 관료라든지 대기업을 들 수 있다. 평민의 입장에서 이들을 견제해야 할 책임이 있는데 정치 불신이 너무나 깊어지다 보니까 결국은 신뢰도 바닥이고 권위도 없어지다 보니 제대로 선출되지 않은 권력을 견제하고 심판할 역할을 하지 못한다.

우리 사회의 대표적인 문제들인 저성장, 양극화, 미래에 대한 불안들을 해결하지도 못하고 갈등 해소도 못하고 적폐를 개혁하는 리더십의 부재, 정치가 리더십을 발휘해서 이런 문제를 해결해야 함에도 불구하고 제대로 견제도 하지 못하고 문제를 해결하는 리더십도 없는 상태라고 말씀드린다. 낡은 인식과 관행을 혁신해야 한다. 진영의 정치에서 합의의 정치로, 상극의 정치에서 상생의 정치로, 공급자 중심의 정치에서 수요자 중심의 정치로, 선거 중심의 정치에서 문제 해결 중심의 책임 정치로 바뀌어야 한다고 말씀드리고 싶다. 정당 개혁이란 것이 기업을 예를 들면 혁신하지 않는 기업은 망할 수밖에 없다. 마찬가지 논리로 혁신하지 않는 정당도 존립하기가 어렵다.

정당 내에서 기득권 유지를 위한 어떤 것도 정당화할 수 없다고 생각한다.

계파 정치에 대한 폐해에 대해 많은 분들이 말씀하신다. 정파는 인정해야 한다고 보는 것이, 어떤 것을 이루기 위한 가치관과 비전을 공유하는 사람끼리 모이고, 내가 이 비전을 이루기 위해서는 나 자신도 희생할 수 있다는 생각으로 모여야 발전이 있는데, 현재의 일종의 계파 구조는 이익집단이다. 서로가 서로의 이익을 보호하는 바람직하지 못한 관계인데, 개혁의 대상이 되어야 한다. 전체적으로 미래 그룹과 과거 그룹은 혁신 그룹과 비혁신 그룹의 구도하에서 열심히 정당이 개혁되는 것이 옳은 방향이다.

새로운 젊은이들이 충원될 수 있는 구조를 정당에서 만들어야 한다. 예전에 독립된 정당을 만들려고 했을 때부터 제일 관심을 둔 것이 청년위원회인데, 지금 정당에서 청년위원회들이 지역위원회 소속이다 보니 청년들은 단순히 동원의 대상이지 그 사람들이 정치적으로 그 통로를 통해 입문하고 좋은 정치인으로 훈련받을 어떤 가능성도 보이지 않는 구조이다. 그래서 중앙당 소속의 청년위원회를 구상하고 만들었다. 그러다 보면 그곳을 통해서 전국에 있는 좋은 인재나 청년들이 영입이 되고, 같이 훈련을 받고, 그 사람들이 먼저 기초의원으로 일할 수 있도록, 리더십을 기를 수 있도록 하는 꿈을 꾸었다. 불행하게도 통합이 되면서 지금 거의 사라져 가고 있다. 가장 아쉬운 부분으로 생각하고 있다. 대안 정치를 정당에서 열심히 노력해서 만들고, 국회를 정책 대결과 검증의 장으로 만들어야 한다. 정당에서 투명성 확보 부분, 국민의 세금을 잘 쓰고 있는지 상세하게 공개해야 한다."고 여러 가지 사안에 대한 생각들을 발표하였다.

토론자들의 개별 발표가 끝난 후에 객석에서 질문지를 통해서 질문들이 들어왔는데, 그중에서 국회의원 축소에 대한 의견과 국회의원 수를 늘리는 대신에 보수를 줄이자는 의견에 대해서 안철수 의원의 답변이 돌아왔다.

과거 대선 때의 쟁점이 되기도 한 발언에 대해서 안 의원은 "제가 국회의원

수를 200명으로 줄이자고 했다는 것은 잘못 알려진 사실이다. 원문의 일부분만 떼어 내서 왜곡시킨 것이다. 정치에 대한 불신이 가장 큰 문제이다 보니 정치권이 조그만 기득권이라도 상징적으로 내려놓는 모습을 보이고 그걸로 다시 국민들이 정치권에 기회를 주실 수 있게끔 시작하는 것이 맞다고 보았다. 고 김대중 대통령께서 IMF 환란 시절에 10퍼센트 정도 줄였던 전례가 있어서 말씀을 드린 것이었다.

우리나라 헌법을 보면 국회의원이 200명 이상으로 규정돼 있다. 이 정도면 어느 정도 비용을 절약할 수 있다는 차원에서 말한 것이다. 그리고 국회의원 수를 늘리는 것은 힘들다고 본다. 지금 수준이라도 제대로 일하는 모습과 정치 개혁의 모습을 보여 드린 다음에 국민적인 설득과 동의를 구하는 수순이 있어야 의원 수를 늘리는 게 가능하다고 본다. 보수는 줄어도 된다고 생각하는데, 국회에 와서 보니까 결산엔 관심이 없고 예산에만 관심이 있더라. 결산이 가장 중요하다. 저의 하나의 아이디어인데 공인회계사를 의원 한 사람당 한 명씩 의무적으로 쓰게 하는 것이다. 그렇게 300명 정도 쓰면 200~300억 정도 경비가 될 것 같은데, 20~30조의 국가 예산 절감이 가능하다."며 질문에 대해 화답하였다.

4월 16일은 세월호 참사가 일어난 지 1주기가 되는 날이지만 정치권은 달라진 것은 없고 세월호는 여전히 멈춰 있다. 국가가 국민의 존엄한 생명을 지켜 줄 수 있어야 하는 국민의 생존권에 대한 의제마저 정치 진영의 논리에 갇혀 실종된 지 오래이다.

오늘 토론회를 지켜보면서 내내 마음이 아팠다. (2015-04-15)

▌선거와 여론조사

지난 제18대 대선에서 안철수 열풍이 불었을 때, 문재인 후보가 안철수 후보를 처음으로 추월한 사례가 나타난 것이 어느 한 여론조사 기관에서 '야권 후보 적합도' 항목을 적용하면서부터다. 때문에 여론기관이 의도했든 아니든 이 일은 야권 후보 단일화의 결과에 결정적인 영향을 미치게 되었다.

'적합도'는 이후 '선호도'라는 명칭의 항목을 사용하는 기관도 생겨나면서 제18대 야당 대선 후보 단일화 과정에서 안철수 후보에게는 결정적인 불리함으로 작용했다. 대선이 임박한 시점에서 '정권 교체를 해야' 한다는 국민의 여론이 60퍼센트에 가까웠다는 점을 감안한다면 본선 경쟁력을 더 앞세웠어야 했고, 만일에 여론조사 항목을 여당 후보인 박근혜 후보와 본선에서 대적하여 누가 더 경쟁력이 있는 야당 후보인가로 정해 놓고 단일 후보를 정했더라면 결과는 달라졌을 것이다.

안철수 후보가 범국민적 인기가 있었다 하더라도 현실 정치에서 정당이나 당원 조직과도 같은 세력을 갖추지 못했고, 친민주당 성향의 방송, 언론의 지원 사격을 당해 내기가 힘들었기 때문이다. 그중 여론조사도 한몫을 했다는 점은 유감스러운 일이다.

'적합도' 항목에서 재미를 보기 시작한 민주통합당은 안철수 후보의 단일화 협상팀 사이에서 '적합도'를 두고 양측이 한치도 물러설 수 없는 팽팽한 긴장감을 조성하는 결정적 역할을 했다.

당시 안 후보 측 단일화 협상팀의 금태섭 상황실장은 문 후보가 적합도에서 안 후보를 앞서고 있는 것에 대해 여권 지지자들의 역선택 가능성을 제기하면서 "지금 나와 있는 여론조사들을 보면 박근혜 후보의 지지자를 포함시켜서 적합도를 보는 것이 맞는데, 우리의 여론조사는 정말 기본이 잘못된 것이 아닌가."라고 지적했고, 박선숙 공동선대본부장도 비슷한 주장을 하기도 하였다.

결국 안철수 후보는 사퇴했고, 박근혜 후보와의 가상의 맞대결 구도에서 안철수 후보보다 상대적으로 경쟁력이 낮은 것으로 조사된 문재인 후보가 야권의 단일 후보로 나섰고, 정권 교체는 실패로 끝났다.

2013년 4.24 재보궐선거의 격전지였던 노원병의 경우에 4월 3일자 언론 보도에서 모 여론조사 기관은 2일 서울 노원병 유권자 700명을 대상으로 조사한 결과 허준영 후보가 44.0퍼센트, 안철수 후보가 38.9퍼센트로 조사됐다고 발표했다. 그러나 당시 비슷한 시기에 조사된 타 기관의 발표와는 사뭇 다른 결과였고, 심지어 새누리당 자체 조사에서도 안철수 후보가 크게 앞서는 것으로 조사되어 빈축을 사기도 하였다. 실제 투표 결과에서도 안철수 후보는 60.5퍼센트를 획득해 32.8퍼센트의 득표를 얻은 허준영 후보를 거의 더블스코어에 가깝게 따돌렸다.

최근 4.29 재보궐선거를 앞두고는 서울 관악을 지역의 여론조사를 실시한 모 여론조사 업체가 여론의 비판을 받고 있다. 새누리당은 23일 "여론조사를 빙자한 '여론 조작'이 우려스럽다."고 지적했고, 무소속 정동영 후보 측은 전날 '서울시 선거 여론조사 공정심의위원회'에 객관성 및 신뢰성에 대한 이의 신청서를 접수했다.

문제의 여론조사 기관이 발표한 조사는 최근 타 기관들이 관악을에 대한 여론조사를 발표한 결과들과 판이하게 다른, 새정치민주연합 후보가 새누리 후보를 제치고 1위에 오르고, 특히 정동영 후보에게는 매우 불리하게 나온 결과라 새누리당과 정동영 후보 양측에서 강한 비판이 제기되었다.

그런데 그 여론조사 결과를 새정치민주연합의 후보가 버젓이 현수막을 제작하여 내걸었고, 이에 정동영 후보 측은 선관위에 강한 이의를 제기하여 선관위가 26일 철거 명령을 내리고, 결국 새정치민주연합 후보 측에서 철거하는 해프닝이 벌어지기도 했다.

여론조사 기관들이 자신들이 고안한 아이디어를 차별화된 첨단의 방법이라고 내세우기보다는 원래부터 오랫동안 사용해 온 단순 질문을 넣고, 신뢰감 있는 표본수, 응답수를 통해 좀 더 정밀한 결과를 도출해 내기 위해서 노력해야 할 것이다. 그러한 객관성이 보장되지 않고 특정 정파에 유리한 조사가 된다면 그것은 여론 조작이 될 것이다. (2015-04-27)

4.29 재보궐 선거가 끝났다. 새정치민주연합은 네 곳에서 단 한 석도 차지하지 못하는 참혹한 패배였다. 야권 분열을 참패의 원인이라며 애써 스스로 위로하고자 했지만, 이번 선거는 새정치민주연합의 고질적인 '친노계파독식주의'에 대한 냉엄한 민심의 심판이었다. 경쟁력을 최우선으로 하기보다 친문 후보들을 내세운 것이 전패의 원인이었다.

문 대표는 선거 패배 후 가진 기자회견을 통해서 책임지는 모습보다는 오히려 스스로 면죄부를 주고 동기부여를 하면서 "다시 시작할 것이고, 길게 보고 가겠다."며 오히려 본인의 입지 문제를 장기적으로 끌고 나가겠다는 의지를 표명했다.

기자회견에 대한 국민들의 반응은 냉랭했고, 문재인 대표가 광주행을 결정하자 비주류 의원들 사이에서는 문 대표가 최고위원들과 상의도 없이 결정했다는 불만들이 터져 나왔다. 심지어 재보선 결과에 대한 문 대표의 입장 발표조차도 상의가 없었다는 것이다.

급기야 주승용 최고위원은 "이번 참패는 여러 이유가 있지만 그중에서도 '친노패권주의'에 대한 경고라는 지적이 많은 분들의 얘기였다. 당내에 친노

피로감이 만연돼 있다. 그동안 우리 당에 친노가 없다 했는데 과연 친노가 없는가. 당 대표가 되면 친노에 불이익을 준다 하셨는데 과연 친노가 불이익을 받았는가. 이번 공천도 경쟁력이 떨어지는 후보를 세워서 야권 분열의 빌미를 준 것 아닌가."라고 문재인 대표를 향해 직격탄을 날렸다.

동교동계도 "야권 재정비를 위해 즉각 신당을 창당해야 한다, 혹은 분당을 해야 한다."며 목소리를 높였다. 새정치민주연합 정대철 상임고문도 "자신이 문재인 대표라면 그만두겠다."고 돌직구를 날렸다.

그런데도 정작 당사자인 문재인 대표는 최고위원회의 자리에서 "사람·제도·정책·운영 방식 모든 걸 바꿀 각오로 임하겠다."고 했지만 언제, 어떻게 바꾸겠다는 것인지에 대한 명확하면서도 구체적인 근거가 하나도 없었다.

과거 구 민주당이 크고 작은 선거에서 패배를 거듭할 때마다 국회의사당 앞에서 천 배 하는 모습이나, 뼈를 깎겠다, 모든 걸 내려놓겠다는 등의 말들을 해왔는데 이젠 지켜보는 이들이 다 식상할 정도다.

최근 정청래 의원은 첫째도 단결, 둘째도 단결, 셋째도 단결이라며 당의 단합을 외치고, 친노 계파 사이에서는 "단기간에 당 대표가 자주 바뀌는 것은 좋지 못하다."는 목소리를 내고 있다. 이는 작년 7.30 재보궐선거 기간 동안 당 대표와 지도부를 뒤흔들어 온 친노, 486강경파들의 모습과는 완전히 대비되는 완벽한 이중적인 행태이며, 이런 책임지지 않는 자세를 국민들이 비판하고 있는 것이다.

문 대표는 지난 대선 때 안철수 후보를 딛고 단일 후보가 된 후에 "안철수의 새 정치를 잇겠다."며 선거 기간 내내 그의 이름을 불렀다. 안철수 의원이 노원병에 출마한다고 하니 처음에는 돕겠다고 했다가, 당선 후 창당을 선언하겠다 하니 새 정치가 무엇인지 구체적이지 못하다고 비판하기 시작했다.

통합의 명분으로 내세웠던 기초 무공천 방침도 당원들의 뜻을 물어야 한다며 비판했고, 당내 강경파들의 온갖 공격에도 중재하는 모습보다는 당내 불협화음에 동조, 침묵했다.

당 대표 경선 도중에 전대미문의 경선 룰 변경이라는 공당으로서는 도저히 납득하기 힘든 행태를 보여 주기도 했고, "당 대표가 되면 정권과의 전면전을 선포하겠다."던 그가 당 대표에 취임한 후에는 거침없는 우클릭 행보로 전통 지지층의 반발을 불러일으켰고, 고 성완종 파문에도 불구하고 오히려 특검을 거부하다가 여론이 나빠지자 다시 특검을 주장하는 등의 갈지자 행보를 보였다.

선거 후 기자회견의 내용이나, 협의 없는 광주행, 그리고 안철수 전 공동대표가 원내대표의 합의 추대를 제안한 부분도 시큰둥한 반응을 보임으로써 점점 소통하기 힘든 정치 지도자의 이미지를 국민들에게 심어 주고 있는 상황이다. 독선적인 자세로는 사람과 시스템을 바꾸는 길이 요원할 수밖에 없다.

광주도 그냥 내려가서는 안 된다. 광주시민과 과거 대북송금특검에 대한 진정한 사과와 반성 없이 일시적인 민심 달래기를 위한 방문을 해서는 안 된다. 기득권을 내려놓기 위한 특단의 조치와 실천으로 보여 주는 진심 어린 변화가 없는 한 새정치민주연합의 미래는 불투명하기만 하다. (2015-05-04)

▌휘청거리는 새정치민주연합

4.29 재보궐선거에서 새정치민주연합이 단 한 석도 건지지 못하고 네 곳에서 모두 패배하는 참담한 결과를 맞이함에 따라 새정치민주연합이 창당 이래 가장 큰 위기를 맞이하고 있다.

4 대 0이라는 참담한 결과를 놓고 당내 비주류 의원들을 중심으로 문재인 대표와 당 지도부에 대한 책임론이 흘러나왔다. 책임에 대한 구체적인 방안으로 문 대표의 대표직 사퇴를 요구하는 목소리도 포함되기 시작했다.

재보궐선거를 통해 특히 광주에서의 누적된 '친노패권주의'에 대한 심판으로 새정치민주연합의 지지 기반 이탈이 심각한 것으로 나타나자 큰 위기를 느낀 문재인 대표가 5월 4일 급히 광주를 찾았다. 그런데 광주 공항에서 20여 명의 시민들이 '문재인은 더 이상 호남 민심을 우롱하지 마라!'는 플래카드를 들고 대기 중인 것으로 알려지자, 문재인 대표는 이들을 피해 귀빈 통로로 공항을 빠져나갔다.

문 대표는 이날 오후 마을회관과 경로당 등을 방문하여 회초리를 달게 받겠다, 기득권을 내려놓겠다는 말만 되풀이했다. 광주 민심의 회초리를 달게 받겠다던 문재인 대표의 공항에서의 행동은 납득하기가 어렵다.

5월 8일 최고위원회의에서는 정청래 최고위원이 주승용 최고위원에게 '공갈' 발언으로 주 최고위원이 문 대표의 손을 뿌리치고 회의장을 박차고 나갔으며, 이런 살얼음을 걷는 분위기에서 유승희 최고위원은 생뚱맞게도 '봄날은 간다'를 부르는 바람에 '봉숭아학당'이라는 비아냥거림을 들어야만 했다.

정 최고위원의 막말 발언이 큰 파장을 불러일으키자, 문재인 대표는 13일에는 '읍참마속' 카드를 꺼냈다. 정청래 최고위원에게 당분간 '자숙의 시간'을 갖도록 하겠다는 것이다. '읍참마속(泣斬馬謖)'은 삼국지에 나오는, 눈물을 흘리며 아끼는 사람의 목을 벤다는 뜻의 사자성어로, 전투 책임자인 마속이 제갈량의 지시를 어기고 자신의 얕은 생각으로 전투를 하다 참패를 가져왔고 이에 제갈량은 눈물을 머금고 마속의 목을 벤 후에 군사들에게 사과를 했다는 데서 유래된 말이다.

문 대표는 12일 심야 최고회의를 소집하여 정청래 최고위원의 직무정지 방안을 결정했고, 다음 날인 13일 최고위원회에서 '읍참마속'이라는 사자성어를 꺼내면서까지 정 최고위원의 자숙을 주문하며 실질적으로 직무 정지에 해당하는 징계를 내렸고, 문 대표도 직접 정청래 최고위원에게 자숙을 요청했으며, 본인도 동의했다는 말까지 공개했다.

그런데 정 최고위원이 "최고회의에 참석하되 정치적 발언은 덜 하겠다는 것"이라고 기자들에게 말한 발언이 알려지자, 문 대표는 격앙된 목소리로 "다시 한 번 최고위의 논의를 거쳐 분명히 밝히겠다. 정청래 의원의 최고위원회의 출석을 정지시키겠다."고 말했다고 한다. 대체 누구의 말이 맞는 것일까.

사건의 발단은 선거 참패로 인한 당 대표의 책임 소재를 묻는 과정에서 막말 파문이 발생한 것인데, 본질은 사라지고 '주승용과 정청래의 반목'에 초점이 옮겨 가면서 오히려 중재자가 된 문재인 대표가 자신을 제갈량으로 비유하면서까지 정청래 최고위원의 희생을 눈물 어린 마속의 죽음으로 비유하는 것이 적절한 표현이라고 생각했을까. 이번 재보궐선거는 분노한 민심이 무능하고도 독선적인 새정치민주연합의 당 지도부를 향해 읍참마속한 선거가 아니었을까?

5월 11일 문 대표는 최고위원회의에서 국민들에게 공개 사과를 했다. 책임 소재에 대한 발언은 포함되지 않았지만 "국민과 당원께 큰 실망과 허탈감을 드렸다."면서 "당을 대표해 특히 사과한다."고 밝혔고, "이렇게 어려울수록 우리 당의 단합이 절실하다."며 당을 나름대로 추스르려는 모습을 보였다.

그러던 상황에서 갑자기 14일 '당원 여러분께 드리는 글'이라는 초강경 문건 폭탄이 터졌다. 제하의 입장문에는 "기득권을 지키고 공천 지분을 챙기기 위해 지도부를 흔들거나 당을 흔드는 사람들과 타협할 생각이 없다. 그런 행태에 굴복하지 않겠다. 누구든 도려내겠다."는 강경한 내용들로 채워져 있다. 당 지도부의 만류로 문 대표가 입장 발표를 보류한 것으로 알려졌지만, 이미 언론에는 입장문의 전문이 널리 퍼지면서 걷잡을 수 없는 상황이 되었다.

문 대표의 입장 발표가 보류되었다고는 하나 이미 문재인 대표의 속내가 적나라하게 드러났고, 문 대표의 전면전의 총구가 비주류들을 향하면서 비주류 입장에서는 '비노와의 전쟁 선포'로 받아들일 수밖에 없게 되었다. 당의 선거 참패에 대한 책임 소재 논란이 처음에는 엉뚱하게도 '주승용과 정청래의 반목 파문'으로 시작되었다가 급기야 친노와 비노 간의 공천권 싸움으로 몰아가는 상황이다. 게다가 비공개 회의 자료가 어떻게 언론에 먼저 흘러 들어간 것인지, 의도를 가지고 일부러 흘린 것은 아닌지, 도무지 그 이유와 배경을 헤아리기 힘들다.

'막말 파문'에 이은 '입장문 문건 파문'을 뒤로한 채 15일 오전 문 대표는 국회에서 열린 확대간부회의에서 다시 기득권을 내려놓겠다는 말을 반복했다.

문 대표가 지난 대선 때부터 내려놓겠다, 기득권을 버리겠다는 말을 지금까지 반복하면서 실제로 그동안 내려놓은 것이 무엇인지, 앞으로 무엇을 내려놓겠다는 것인지 알 길이 없다.

이렇게 당 지도부가 주체할 수 없이 휘청거리는 사이에 문 대표와 당의 지지율이 큰 폭으로 하락하고 있는 것으로 나타났다. 15일 한국갤럽이 12일부터 14일까지 전국 1,001명에게 예비 조사, 발표한 차기 정치 지도자 선호도 조사에서 문 대표는 지난 2월부터 4월까지는 20퍼센트를 웃돌았으나 이번에 15퍼센트로 급락한 것으로 나타났다. 당의 지지율도 22퍼센트로 하락했고, 무당층은 31퍼센트로 증가 추세다. 이대로 더 하락한다면 새정치민주연합 창당 이전의 민주당으로 돌아갈 가능성이 커 보이는데, 문재인 의원이 당 대표 경선 기간 동안에 본인이 당 대표가 되면 총선 때까지 당 지지도를 40퍼센트 수준까지 끌어올리겠다는 발언을 무색하게 만드는 대목이다.

이를 놓칠세라 새누리당 김무성 대표가 문 대표를 향해 "공천권을 내려놓으면 다 해결된다."고 한마디 툭 던진 모양이다.

'뼈를 깎겠다, 내려놓겠다'는 말은 이미 민주당의 오랜 전통이 되어 버렸다. 이는 오래되어 늘어난 녹음테이프를 반복 재생하는 것처럼 듣기 식상하고 거북하기만 하다. 부랴부랴 밤새 '혁신 기구', '탕평책'을 내놓았지만 별반 기대가 가지 않는 이유이다.

국민들은 위정자들의 지키지 못할 공약 남발, 언어유희, 언어도단, 언어폭력에 지쳐 있다. 국민들은 말뿐인 약속과 사과가 아닌 책임지는 정치를 보고 싶어 한다. 그런 의미에서 새정치민주연합의 불협화음은 단발성이 아닌 게 가장 큰 문제다. (2015-05-15)

진보 교육 혁신주의자 김상곤의
엉거주춤한 선택

2013년 1월 16일, 당시 독자 신당을 추진 중이었던 안철수 의원이 서울 프레스센터에서 있었던 경기도교육청 주최 무상급식 토론회에 참석해서 김상곤 교육감을 만났다. 당시 안철수 의원은 김 교육감을 신당의 경기지사 후보감으로 여기고 공을 들이던 차였다. 김 교육감은 "폭넓은 의견을 듣고자 한다면 굳이 피할 생각은 없다."며 안 의원과의 만남을 피하지 않는 모습이었다.

2월로 접어들면서 안 의원이 좀 더 직설적으로 힘을 실어 영입을 제안하는 정황이 드러났다. 17일에 김 교육감이 며칠 전에 안 의원을 만났다는 사실을 언론에 먼저 공개하면서 출마를 고민 중이라는 속내를 비추었고, 신당 합류에 대한 생각에 대해서 긍정도 부정도 하지 않는 모습이었다.

당시 안 측은 김 교육감의 합류 가능성을 높게 보고 있었고, 그때까지도 김 교육감은 "열린 마음으로 생각하고 있다."며 신중하면서도 다소 애매한 모습으로 일관했다.

그러던 24일 저녁에 안철수 의원과 또 한 차례 비공개 회동을 가진 것으로 드러났고, 그 자리에서 안 의원이 합류 요청을 하였으나, "상의를 더 해 보자."

며 종전의 신중한 태도에서 더 진전되지 못한 모습이었다.

결국 경기도지사에 출마는 하되 자신이 범야권의 단일화 후보로 나서길 희망하고 있는 것으로 언론에 알려지면서 김 교육감의 요구는 당시 안철수 의원 측이나 민주당의 입장과도 맞지 않는 것이었다. 계속되는 김 교육감의 태도에 창당을 준비 중인 안 의원의 속이 까맣게 타들어갔을 거라 짐작할 수 있는 대목이다.

국민들의 신당 창당에 대한 요구가 높았음에도 현실적으로는 기성 정당들로부터의 문단속 차원에서의 견제성 선제공격이 심했고, 당시 안 신당에 호감을 가지고 있던 현역 국회의원들조차도 현실적인 리스크를 감안하여 결단을 내리지 못하는 상황에다가 원외의 전국적인 인지도를 가지고 있는 유력한 인사들의 영입마저도 지지부진하면서 결국은 독자 신당 창당을 접게 되는 주요 요인 중 하나가 되었다.

그러던 안철수 의원이 3월 2일 민주당과의 통합을 전격 선언하자마자 김상곤 교육감은 마치 기다렸다는 듯이 이틀 후인 4일 경기도 교육감직을 사퇴하면서 경기도지사 선거에 출마하겠다고 했다. "민주당과 새정치연합이 스스로 기득권을 내려놓고 가치 통합에 기초하여 새로운 정치 지형을 만들었고, 그 큰 물줄기에 동참하겠다."는 것이 출마의 변이었다.

하지만 통합 신당 내에서 치러진 경기도지사 후보 경선에서 탈락하여 본선에도 오르지 못하는 수모를 겪었다. 지방선거에서 좌절을 겪은 김상곤 전 경기도 교육감은 곧바로 7.30 재보궐선거 수원을 지역에 공천 신청을 하였으나 당이 친노계로 분류되는 백혜련 후보를 전략 공천하면서 보궐선거 출마도 좌절되었다.

그런데 경선 과정에서 김진표 후보가 요구한 '여론조사 연령별 보정 방식'

이 당시 상당한 파장을 불러일으킨 사안이었음에도 불구하고, '자신이 제안한 경선 룰이 받아들여지지 않을 시에 후보직 사퇴 불사'라는 초강경 태도로 인해 당이 결국은 '연령별 투표율 보정 방식' 수용을 포함한 절충안을 확정시켰다는 점이다.

어느덧 시간은 해를 넘겨 4.29 재보궐선거에서 새정치민주연합이 네 곳에서 단 한 석도 건지지 못하는 참담한 패배를 하면서 문재인 대표를 위시한 당 지도부가 당 내외의 강력한 반발에 부딪히고 있음에도 불구하고 당 지도부가 패배에 책임지지 않고 오히려 정면 돌파를 하고 있는 상황에서 국면 전환을 위해 혁신 기구라는 것을 급조하고, 그 혁신 기구를 이끌어 갈 혁신위원장에 전직 대표인 안철수 의원에게 수락을 요구하는 지경에 이르렀다.

안철수 의원이 그 자리를 맡아서는 안 된다는 여론이 지배적이었던 이유는 문 대표가 제시하는 '전권 유무'에 대한 부분이 핵심이 아니라, 전권 부여와 전권 집행 여부가 현실적으로 가능하느냐는 데에 강한 불신과 의구심 때문이었다.

안철수 새정치 세력과 민주당이 통합을 하면서 5 대 5 지분은 고사하고 새 정치 세력이 전멸했고, 통합의 명분으로 내세웠던 기초 무공천 번복 파문을 포함한 6.4 지방선거와 7.30 재보궐선거 과정에서 당내 친노, 친문 세력들과 운동권 출신 강경파들이 김한길, 안철수 공동대표에게 불사한 상상을 초월하는 비토 행위들을 다시 떠올려 보았을 때 '당 대표 수준의 권한 부여'라는 약속이 실제로 당 대표의 자리에 있을 때조차도 제대로 당을 운영할 수 없게 무력에 의해 식물 대표로 만들어 버린 당의 구조적인 문제가, 혁신 기구 정도로 해결이 될 수 없다는 판단을 내릴 수밖에 없는 것이다. 문 대표가 부여하는 '전권'의 실효성과 진정성, 현실성이 없다는 것이고, 결국 혁신 기구는 당 지도부가 시간을 끌면서 책임을 피할 수 있는 면피용 아이디어가 아니냐는 것이다.

21일에는 이상헌 울산시당위원장 등 울산시 당 소속 당원들이 상경하여 국회 앞에서 장외 집회를 열고 당 지도부를 중심으로 단결과 화합을 강력하게 촉구했다. 이미 친노 측근들과 486운동권 출신들도 문 대표에게 "여기서 물러서면 모든 게 끝장난다."며 강경 돌파를 주문한 상황이다.

23일 봉하 마을에서 있었던 고 노무현 대통령 서거 6주기 추도식에서 극렬 문재인 지지자들이 비노 의원들에게 육두문자와 물세례를 퍼부었다. 비노 출신인 주승용 의원은 당이 곧 깨질 것 같다는 발언을 하면서 새정치민주연합의 친노와 비노 간의 갈등 증폭이 걷잡을 수 없는 파국으로 치닫는 분위기다.

혁신 기구 위원장직을 안철수 전 대표도 고사하고, 그동안 분위기를 한껏 띄우던 조국 교수마저도 "백면서생을 호출하지 마라."며 고사하자, 그다음으로 김상곤 전 교육감에게 손을 내민 것인데, 김 전 교육감이 그걸 받았다.

그런데 김 전 교육감은 제안을 받고 나서 바로 수락하지 않고 고민한 이유에 대해서는 전권 부여에 대한 확인이 필요했기 때문이었다고 한다. 김 전 교육감이 위원장직 수락을 결정하면서 "문재인 대표가 전권 위임을 약속했고, 혁신을 위해 가지고 있는 모든 것을 내려놓겠다고 약속했기 때문에 수락했다."는 그의 발언에서 순진함이 묻어 나왔다.

민선 1기 교육감 출신으로서 혁신적인 좋은 이미지를 쌓아 온 그가 일련의 우유부단한 선택들로 인해서 비틀거리는 새정치민주연합의 당 지도부에 산소 호흡기를 꽂아 주는 또 하나의 불쏘시개의 역할을 할 것인지, 당이 최대의 위기에 처했을 때 진정한 혁신을 위한 슈퍼 해결사의 역할을 할 수 있을 것인지에 대해서는 그리 멀지 않은 시간이 답해 줄 것 같다. (2015-05-24)

고려대학교에 나타난 안철수

2일, 때 이르게 찾아온 한낮의 더위가 가라앉을 시각, 고려대학교 안암 캠퍼스 내 민주광장은 라디오 생방송을 듣기 위해 모여든 청년들로 가득 차기 시작했다. TBS교통방송이 '퇴근길 이철희입니다'라는 프로그램에서 안철수 의원을 초대하여 고려대학교에서 특집 생방송을 진행하게 된 것이다.

프로그램 도중에 잠시 출연하거나, 전화로 연결하여 주요 현안에 대한 답변을 듣는 수준이 아니라 두 시간 가까이 되는 공개방송 형태의 프로그램에 풀타임으로 안 의원이 출연한 모습은 다소 이례적으로 와 닿았다.

방송이 시작되기 전에 학생들과 일반인들이 어울려 안철수 의원과 같이 사진을 찍기 위해서 길게 줄을 서기도 했고, 방송이 끝나고 나서도 다시 길게 늘어진 행렬에도 안 의원은 일일이 사진 촬영에 응해 주는 모습을 지켜볼 수 있었다.

진행자 이철희 두문정치전략소장이 준비해 온 질문들, 유료 문자와 인터넷 등을 통해 다양한 질문들을 받다 보니 개중에는 날카로운 돌직구성 질문들도 많이 있었다. 상당히 내성이 생긴 듯한 모습의 안 의원은 때로는 답변하기 난처한 질문들이 들어와도 무난하게 넘기면서, 때로는 사안에 따라서 단호하고도 확고한 태도를 통해 책임감 있는 정치인으로서의 모습을 부각시키려는 듯했다. 예컨대 우유부단하지는 않느냐는 진행자의 질문에 두 번의 양보가 결코 우유부단하거나 결단력이 없이는 할 수 없는 선택이라고 강조한 점도 그렇다.

대학교 캠퍼스에서 '청년 여러분, 행복하십니까?' 라는 주제로 청년들의 고민을 함께 나누고 그 대안을 찾아보고자 하는 내용을 담았고, 진행자 이철희 소장의 날카롭고도 유머 있는 진행이 간간이 인 의원으로부터 터져 나온 안철수식 유머와 어울려 경기 침체와 청년들의 일자리 문제와 같은 무겁고도 심각한 주제들을 중간중간에 상쇄시켜 주면서 두 시간 가까운 방송 시간 내내 집중력을 잃지 않게끔 했다.

안철수 의원 개인적으로도 작년 하반기부터 이어 오고 있는 경제 행보 및 각종 토론회의 연장선에서 청년들의 고민을 함께 나누는 좋은 기회가 되었다는 의미 부여가 가능할 것 같다.

진행자의 질문이 강공 모드로 진입하는 데에는 그리 많은 시간이 필요치 않았다. "지지율이 옛날 같지 않아서 속상한 거 아니냐."는 질문에 "지지율은 신경 쓰지 않는다. 예전부터 그랬다. 단기적으로 집착하는 것보다 장기적으로 내가 지금 왜 정치를 하고 있는가라는 일의 본질에 충실한 것이 내가 해야 할 일이라고 생각한다."면서 재치 있고도 진지한 자세로 답변을 이어 나갔다.

메르스 바이러스 사태와 관련하여 "바이러스 때문에 온 나라가 공포에 휩싸여 있다. 정부의 바이러스 대처, 잘하고 있느냐?"는 질문에는 "못하고 있다."며 정부의 안이한 판단, 허술한 대응, 무책임한 태도를 지적했다.

청년 실업에 대한 안철수 의원의 생각과 당이 앞으로 어떤 노력을 해야 하는지에 대한 질문에는 "'공정성장론'에 대한 확신이 있다. 이것이 제대로 제도화가 되면 실제로 질 좋은 일자리를 많이 만들 수 있다."며 최근 안 의원의 경제

성장 솔루션으로 내세우고 있는 '공정성장론'에 대한 차별성을 부각시키기도 했다. 단기적인 경기 부양책 법안들을 지적하면서 중장기적이면서도 근본적인 구조 개혁이 필요하며, 또한 공정한 제도하에서만 혁신이 가능하고 성장이 가능하다는 말도 덧붙였다.

정치를 그만두고 본래의 자리로 돌아갈 생각은 없느냐는 다소 난처한 질문에도 "지금까지 여러 가지 일들을 해 왔다. 의사, IT 전문가, 회사 경영자, 교수, 그리고 정치를 하고 있다. 정치를 하기 전엔 경력들이 연결이 되지 않았는데, 정치를 하고 보니 여러 분야와 현장에서의 경험이 현재 정치를 하는 데 정말 큰 도움이 되고 있다. 후회는 전혀 없다. 어떻게 하면 국민들의 열망을 실현시킬 수 있는 도구가 될 수 있을까 고민하면서 시작한 것이 정치이다. 정치는 적성에 맞다, 안 맞다의 문제가 아니라 저한테는 소명으로 생각한다. 좀 더 잘할 수 있도록 치열하게 노력하겠다."로 답변하여 박수를 받기도 했다.

한국 사회의 취업 문제에서 근본적인 문제는 무엇이며, 해결책은 무엇이라고 생각하느냐는 질문에는 "비정규직이 한국 사회가 가지고 있는 가장 큰 문제 중 하나이다. 지금까지는 한 직업을 2년 이상을 가지고 있으면 그 사람을 정규직으로 전환해야 되다 보니 2년이 되기 전에 해고를 시킨다. 그러니 중심을 사람에 두지 말고 일자리에 두는 것이 답이라고 생각한다. 즉, 회사에서 어느 한 일자리가 2년 이상 필요한 자리라면 그것은 정규직으로 뽑아야 한다는 것이다. 그렇게 되면 사람을 계속 바꾸는 편법이 일어나지 못할 것"이라며 새로운 시스템하에서의 제도화의 관철을 대안으로 내놓았다.

벤처기업과 관련한 질문에는 "현재 벤처기업 정책이 단기적이다. 일자리를 많이 만드는 기업에 인센티브를 주는 정책이 필요했는데 오히려 장학금 도입과 같은 단기적으로 학생들만 많이 들어오게 하면서 구조적인, 중장기적인 문제를 손을 대지 않았다. 창업에 실패 후 재도전 기회를 가질 수 없는 리스크, 우리나라가 OECD 국가 중에서 창업 후 실패 확률이 가장 높은(창업 3년 후 40 퍼센트 정도만 생존) 환경을 그대로 놔두면서 창업에 필요한 자금만 대는 것은 올바른 제도가 아니다."며 기업들의 성공 확률을 높일 수 있고, 실패한 사람들의 재도전 기회를 줄 수 있는 정책을 만들어야 한다고 주장했다.

새정치민주연합의 혁신 기구 위원장직 수락을 거부한 이유에 대해서는 "혁신은 대표의 몫이다. 문 대표가 전당대회에서 혁신을 하겠다고 해서 표를 얻어서 당선이 되었다. 다른 전문가를 대신 불러서 할 수 있는 것이 혁신이 아니다."며 당 대표의 책임과 역할에 대해 분명한 선을 긋기도 하였으나, 당이 혁신의 방법에 대해 제대로 방향을 잡지 못할 경우 조언할 수 있음을 시사하기도 하였다.

방송이 거의 끝나 갈 무렵에 재미있는 질문이 하나 들어왔다. 2017년 대선에 출마할 것이냐는 질문이었다. 이에 안철수 의원은 "지금 하고 있는 일, 최선을 다해서 하나씩 하나씩 뚜벅뚜벅 걸어가면서 실제로 결과를 만들어서 보여 드리겠다."고 응답하자, 진행자는 안 의원의 얼굴을 빤히 쳐다보면서 한 번 더 묻겠다며 명쾌한 답변을 유도하자, "그것은 국민들의 몫이라고 생각한다."고 재차 답변, 이에 진행자가 한 번 더 묻겠다며 출마 의향은 있는 것이냐며 유도 심문을 펼치자, "그럼요."라는 안 의원의 답변에 그제야 청중들 사이에서 웃음과 박수가 터져 나왔다.

프로그램의 진행자 이철희 소장이 "이 자리에 기자들이 있었으면 2017년 대선 출마 선언을 한 것으로 기사가 나갈 것 같다."고 했는데, 저녁에 인터넷으로 올라온 몇몇 언론의 관련 기사에는 '안철수 2017년 대선 출마 공식 선언'이라는 자극적인 타이틀의 기사를 볼 수 있었다. 국민들이 정치판으로 호출하여 정치를 시작한 장본인으로서 대선 출마에 대한 의지는 당연한 것 아니겠는가.

정직한 한국을 어떻게 하면 만들 수 있겠느냐는 질문에 "현재 한국 정치의 가장 필요한 것이 공공성의 회복이다. 정치를 개인적인 이해관계에 따라서 하다 보니 국민의 생활과 점점 멀어지게 되고, 그래서 국민들이 정치에 실망하게 된다."며 "김영란법과 같은 제도적인 규정과 정치권의 물갈이와 인적 쇄신, 사회문화를 바꾸는 긍정적인 캠페인과 인센티브까지도 같이 있어야 바람직한 방향으로 변할 수 있다고 본다."고 답변하였다.

안철수 의원은 마지막 질문에 대한 답으로, "정치는 우리의 삶을 규정하는 것이다. 능력 있는 사람이 정치를 해야 정치가 바뀌고, 우리나라가 바뀌고, 우리의 삶의 틀이 바뀔 수 있다."는 말을 강조하며 공개 생방송을 마무리했다. (2015-06-03)

▌우려스러운 혁신 기구의 등장

지난 10일, 새정치민주연합의 김상곤 혁신위원장은 기자회견을 통해 혁신위원 10명의 명단을 발표하였다. 이를 두고 많은 국민이 혁신 기구의 구성원으로 위촉된 혁신위원들의 면면에 대해서 깊은 우려를 떨치지 못하는 분위기이다.

그 이유는 혁신위원의 다수가 친노 성향으로 분류되기 때문이다. "친노는 존재하지 않는다."며 "친노, 비노 구분을 더 이상 용납하지 않겠다."던 당이 오히려 핵심 친노 인사들을 최전방에 포진시킨 것이다.

우선 혁신위원 명단에 이름을 올린 당내 인사 5명 중에서 박우섭 위원은 골수 친노이자 이해찬 의원의 직계 후배로, 친노로 분류되는 임채정 전 국회의장의 비서실장 출신이다. 우원식 위원은 대표 '문지기' 노영민 의원과 더불어 연세대 출신의 대표적인 학생운동권 출신이다. 이동학 위원은 '다준다정치연구소' 소장 출신으로 지난 대선에서 문재인 후보의 특보단에 이름을 올린 것으로 알려져 있다. 최인호 위원은 부산 사하갑 지역위원장으로서 고 노무현 대통령의 국회의원 비서관 출신자로서 이후 줄곧 핵심 친노로 분류되는 인물이다. 당외 인사로는 대표적인 친문재인 성향의 조국 교수가 이름을 올렸다. 나머지 인사들 중에도 친노로 보기는 힘들더라도 문재인 대표에 의해서 당직에 오른 친문재인 인사가 섞여 있고, 적어도 비주류의 목소리를 대변할 수 있는 인물은 전무한 상황이다.

이를 두고 김상곤 혁신위원장은 "계파를 대변하지 못하게 할 것"이라고 했으나 골수 친노, 혹은 범친노, 운동권 출신 인물들을 전면에 대거 배치한 상황에서 설득력이 없는 발언일 수밖에 없다.

혁신위원장의 전권 문제도 마찬가지이다. 김상곤 혁신위원장이 위원장직을 수락하면서 했던 말이 "전권 부여를 약속받았다."였지만, 시일이 지나서는 "혁신위원장이 강제할 수 있는 것이 아니다."라는 말로 사실상 전권이 없음을 시인하였다.

4.29 재보선 참패로 인해 불거져 나온 당 내외의 변화를 요구하는 목소리를 외면하고, 오히려 친노, 친문 강경파들을 중용함으로써 문재인 대표 체제에 힘을 실어 주는 선택을 한 셈이다.

게다가 혁신위를 언론에 띄우고 혁신위가 구성되는 사이에 문재인 당 대표 체제를 재정비하는 데 필요한 충분한 시간을 벌어 주고 있고, 당의 균열 움직임에 김을 빼는 효과를 얻고 있다. 주류들이 이러한 밑그림을 그리고 있는 배경에는 소극적인 스탠스로 인해 때로는 갑갑하고도 무능한 이미지로 비친 비노 의원들의 책임도 크다. 내년 총선을 앞두고 비노 의원들 역시도 지역구를 의식하지 않을 수 없는 상황이고, 쉽게 탈당을 감행하여 분당 사태가 벌어지지는 못할 것이라고 친노 주류들은 굳게 낙관하고 있는 듯하다.

4.29 재보궐선거를 통해 확인된 새정치민주연합에 대한 민심, 특히 호남 민심의 제1야당에 대한 심판의 의미가 훗날 호남 출신의 전현직 의원들의 탈당 도미노로 이어질지는 아직은 미지수다.

혁신위원들이 영입되고서 혁신위의 정체가 드러나는 데는 그리 오랜 시간이 필요치 않았다. 12일 오전, 혁신위에 합류한 이동학 혁신위원은 한 라디오 방송에 출연하여 "김한길·안철수 전 공동대표가 지난해 7.30 재보궐선거 패배 후 사퇴했는데, 당헌 당규에 나온 임기를 지키지 않은 것이 더 큰 무책임"이라며 되려 김한길,안철수 전 공동대표를 겨냥해 직격탄을 날림과 동시에 현재 당 내외에서 문재인 대표의 사퇴를 요구하는 목소리에 정면으로 맞서는 발언을 했다.

지난날 '기초 무공천' 과 연이은 지방선거와 재보궐선거에서 강성 친노들과 486운동권 출신 의원들이 김한길, 안철수 전 공동대표 체제를 무너뜨리기 위해 불사해 온 행동들을 망각한 적반하장식의 발언이 아닐 수 없다. 이쯤 되면 혁신 기구라는 것이 '혁신' 이라는 가면을 쓰고 전면에 등장한 '친노, 친문 전위대' 의 모습이라 여기는 것도 그리 무리는 아니다.

새정치민주연합의 혁신의 출발은 호남에서부터가 아니라 문재인 당 대표가 사퇴하는 것으로 시작되어야 하며, 공천에도 관여하지 않으며, 친노와 친문, 운동권 출신 의원들을 대폭 물갈이만 해도 당의 혁신은 절반 이상의 성공을 거둘 수 있다. 현역 국회의원도 아닌 김상곤이나 조국의 총선 불출마 선언이 혁신이라고 말할 수 있을까.

새정치민주연합이 무늬만 혁신인 혁신위를 띄워서 시간만 끌고 언론 플레이를 하면서 친문 체제를 확고히 굳혀 나가는 상황이라면 비주류 의원들의 특단의 결단이 필요하며, 새로운 정치 결사체를 구성하는 것이 옳지 않을까 생각된다. (2015-06-13)

▐ 이상한 내려놓기

문재인 대표의 '내려놓겠다'고 한 발언이 화제가 되고 있다.

문 대표가 제18대 대통령 선거에서 민주당 후보로 나선 2012년에는 무소속 안철수 후보와의 야권 단일화 협상을 앞두고 "모든 기득권을 다 내려놓겠다."고 했고, 대선 후보로서 호남을 찾아서는 "호남에서 기득권을 내려놓겠다."고 했으며, 당권에 도전하면서는 "모든 것을 내려놓겠다.", 4.29 재보선 참패 후 광주를 찾아서는 "대표인 저부터 기득권을 내려놓겠다.", 혁신 기구를 만들어서 김상곤 전 교육감에게 "혁신을 위해서 본인이 가진 모든 것을 내려놓겠다."는 등 '내려놓겠다'는 말을 되풀이해 왔다.

2012년 민주통합당의 대통령 후보가 된 이래 지금까지 정치적으로 고비가 있을 때마다 공개적으로 '내려놓겠다'는 발언을 적지 않게 한 사실에 대해서 문재인 대표는 스스로 얼마나 인식하고 있을까.

햇수로 3년째 "모든 것을 내려놓겠다."는 말을 즐겨 사용해 온 것을 지켜보면서 구체적으로 어떤 것을 내려놓겠다는 것인지, 그리고 지금까지 무엇을 내려놓은 것인지, 무엇이 문제의 핵심인지 당사자가 파악은 하고 있는 것인지 도무지 알 수가 없었다.

지난 대선, 모든 기득권을 내려놓겠다고 하였으나 야권 후보 단일화 막판 협상 과정에서 급기야 '3자 대결 구도 불사' 의지 표명으로 야권의 단일 후보 자리를 얻어 냈고, 박빙의 승부에서 최대의 승부수가 될 수 있는 자신의 국회의원직을 내려놓지도 못했고, 결국 정권 교체는 실패로 끝났다.

당 대표를 뽑는 2.8 전당대회를 앞두고는 "나부터 기득권을 내려놓을 것"이며, 심지어 "친노를 해체하겠다."는 발언도 했지만, 당 대표에 취임 후 당 대표의 리더십을 가늠할 수 있는 4.29 재보궐선거에서는 오히려 친노 챙기기 의혹을 더욱 증폭시켜 호남을 중심으로 친노 심판에 대한 거센 민심의 역풍에 직면하기도 하였다. 선거 결과는 참담했다. 어떤 형태로든 당 대표로서 책임지는 모습을 보일 수밖에 없는, 변명의 여지가 없는 참패였다. 하지만 문 대표는 당 내외의 거센 반발에도 불구하고 당 대표직 사임을 거부했고, '혁신위'를 방패막이 삼아 수세 국면을 피해 가는 방법을 택했다.

우여곡절 끝에 혁신위원장, 혁신위원들이 채워져 명단까지 발표하는 데만 한 달 반 가까이 걸렸다. 당내에 기존의 공천혁신추진단이 있음에도 불구하고 기능이 추가된 별도의 상위 기구 개념으로 발족시키는 데만 그 정도 시일이 걸린 것이다.

당에는 당의 운영 방식을 논의하는 당헌당규분과가 있고, 당의 정책 노선 등을 결정하는 정강정책분과도 있기 때문에 새정치민주연합이 단지 시스템적으로 당의 발전을 위한 소통과 논의 기구가 부족한 탓은 분명 아니었을 것이다.

위촉된 혁신위원들의 면면에도 벌써부터 말들이 많다. 친노, 친문 인사들 일색이라는 것이다. 이동학 위원은 위촉된 지 이틀 만에 라디오 방송에 출연해서 김한길, 안철수 전직 공동대표들에 대한 '조기 사퇴 무책임론' 직격탄을 쏘면서 포문을 열었다.

새롭게 구성된 윤리심판원도 윤리심판위원으로 임명된 서화숙 위원의 과거 SNS에 올린 여과 없는 거친 발언들이 도마 위에 올랐다. 과거 자신의 트위터를 통한 이명박, 박근혜 정부에 대한 거친 표현도 논란이 되었고, 안철수 전 대표에 대한 거부감의 표출도 네티즌들 사이에서 다시 회자되고 있는 중이다.

윤리심판원을 이끌고 있는 안병욱 윤리심판원장도 2012년 제19대 총선 공천 때 비례대표 추천심사위원장을 맡으면서 '친노 편향 공천' 논란이 야기된 바 있어서 비노들의 심기가 불편한 상태이다. 일각에서 혁신위와 윤리심판원을 '친문 전위대'라고 부르는 이유이기도 하다. 친노 인사들이 친노를 해체하고, 막말 인사가 막말을 심판할 수 있는 것인지 의구심이 들 수밖에 없다.

이런 와중에 사무총장 인선을 두고서도 당내 기류가 심상찮다. 4.29 재보궐선거 참패에 대한 책임으로 비노 인사인 양승조 사무총장이 사퇴한 후임으로 범친노로 분류되는 최재성 의원을 선임하는 데 문재인 대표가 매우 적극적인 태도를 보이기 때문이다.

홍보위원장에 작명 광고 전문가 손혜원 크로스포인트 대표의 영입 소식도 들렸다. 손 대표는 문재인 대표 부인의 절친한 친구로 알려져 있기도 하다. 그런데 손 대표가 웃으면서 말한 "이름을 만드는 사람이니 새정치민주연합의 이름을 바꿔 보라 하더라."는 부분에서 소름이 끼쳤다. 조만간 적당한 시점에서 당명마저 바꾸겠다는 생각이 아니겠는가.

최근의 새정치민주연합을 보면 놀라움으로 가득하다. 제1야당이 재보궐선거에서 4 대 0 참패한 사실도 놀라웠지만, 당 대표가 아무런 책임을 지지 않고 있는 점도 놀랍고, 혁신을 앞세워 내려놓기보다는 오히려 친문재인 색깔을 분명히 하고, 아무렇지도 않게 문재인 대표 체제를 강화시키고 있는 형국이니 말이다.

문재인 대표가 말하고자 하는 '내려놓기'의 방향성에 진정성이 부족할수록 국민들의 의구심은 커질 수밖에 없다. (2015-06-18)

■한가한 셀프 디스

지난 7월 23일 새정치민주연합은 "강한 카리스마를 보여 드리지 못해서 죄송합니다."라는 '셀프 디스 캠페인' 문재인 대표 편을 발표했다. '인권변호사'로 시작되어 '강한 자의 횡포에는 더욱 강해지는 당 대표의 카리스마를 보여 드리도록 노력하겠습니다.'로 끝나는 내용이다.

당의 신임 홍보위원장으로 영입된 손혜원 위원장의 기획 작품이라고 한다. 손 위원장은 브랜드 디자인 분야에서 탁월한 능력을 인정받은 전문가 출신이다.

하지만 '셀프 디스 캠페인'을 접한 필자는 쓴웃음부터 나왔다. 당 지도부가 너무나 한가하고 아직도 위기감을 못 느끼고 있는 것 같았다.

4.29 재보궐선거에서 사상 최악의 참패로 당 안팎에서 들끓는 당 대표직 사퇴 여론을 일축한 채 혁신위원회를 구성하여 방패막이 삼아 꾸려 온 지 석 달이 되었다. 그런데 혁신위가 지금까지 6차까지 발표한 혁신안은 혁신위의 구성원이나 내용 면에서 혁신과 거리가 멀어 보이고, 친문 인사들 중심으로 구성된 혁신위가 오히려 친문 체제를 강화시키고 있는 상황이다.

당 안팎의 문재인 당 대표직 사퇴 요구는 그동안 문 의원이 누차 강조해 온 '기득권을 내려놓겠다'는 약속을 지키라는 뜻이다. 하지만 당의 파국 직전에

극적으로 등장한 혁신위는 그저 그런 혁신안들만 시간 간격을 두고 띄엄띄엄 발표하면서 심지어 당 내부에서 당의 선거 개혁을 위해 거론되어 온 '오픈프라이머리'도 공식적으로 거부하는 입장을 밝혔다.

문재인 대표는 최근 총선을 겨냥하여 "총선 결과에 책임을 지겠다."며 자신의 당 대표 임기는 물론 정치 생명까지 걸겠다고 한다. 정치적 고비 때마다 되풀이되고 있는 이런 유사한 패턴의 발언에서 이제는 아무런 감흥을 느낄 수가 없나.

이런 가운데 '셀프 디스 캠페인'의 등장은 생뚱맞기까지 하다. '셀프 디스'를 기획한 손혜원 홍보위원장은 29일 자신의 페이스북에서 문 대표의 '셀프 디스'를 또다시 공개 추진했다.

게다가 손 위원장은 '새정치민주연합'이라는 당명도 브랜드 가치가 없다는 견해를 밝히며 당명 개정을 강하게 암시하고 있다. 이는 곧 안철수의 흔적을 지우고 당명도 바꿔야 된다는 강경파들의 목소리와 일치한다.

기득권을 내려놓는다는 것, 혁신을 한다는 것은 말보다 행동이 먼저고, 실질적인 내용이 중요하며, 정적을 견제하거나 이미지 메이킹과 퍼포먼스를 통해서 구현될 수는 없다. (2015-07-30)

안철수 의원의 '콘텐츠 정치'에서 2퍼센트 모자라는 것들

지난 제18대 대선의 화두 중 하나는 '경제민주화'였다. 이 이슈에 대해서는 여야 가릴 것 없이 세 명의 유력 대선 후보들이 각자의 입장에서 관련 정책들을 풀어내고 있었다.

대선 출마를 선언한 안철수 후보도 "경제민주화나 복지도 성장 동력을 가진 상태에서만 가능하다. 그 둘은 자전거가 바퀴가 두 개 있어야 하는 것과 마찬 가지다. 한쪽 편에서 성장 내지는 일자리가 창출되면서 동시에 그 재원이 경제 민주화나 복지로 가고, 다시 경제민주화와 복지가 사람들의 혁신적 창의성을 자유롭게 불어넣어 주면서 다시 혁신 구조를 만드는 선순환이 중요하다."며 안 철수식 경제 담론을 펼치기 시작했다. 이는 곧 '두 바퀴 경제론'으로 불리고, '쌍두마차 경제론'으로 불리기도 하며, 현재의 '공정성장론'의 핵심 키워드로 자리 잡게 되었다.

작년 7.30 재보궐선거 후 안철수 의원이 공동대표직을 사임하고서 정치 이 슈의 중심에서 가라앉아 있다가 다시 정치적인 기지개를 켜면서 본격적인 외 부 활동의 출발점이 된 것이 경제 강연 및 경제 토론회였다.

작년 12월의 경제 성장론 강연(당일에 사정이 생겨 토론할 여건이 어렵다고 밝혔음)을 필두로, 분배의 문제, 공정 경쟁, 복지 투자, 남북 경제협력 문제 등 다양한 각도에서의 심층적인 경제 토론회를 마련하고 있으며, 언론과의 인터뷰 기회가 있을 때마다 강조하고 있는 부분이 '경제 문제'이기도 하다.

해묵은 정쟁이나 진영 논리, 계파 논리와 먼 거리를 두고서 차곡차곡 콘텐츠를 쌓아 나가는 모습은 신뢰를 느낄 수 있는 부분이나. 하지만 동시에 콘텐츠에 대한 '포장의 문제'에 대해서도 생각을 하게 된다.

최근 들어 안 의원의 몇몇 언론 매체들과의 인터뷰 기사들을 보던 중 〈안 전 대표도 자신이 정치권에 들어온 이유를 '싸우기 위해서'라고 잘라 말하며, 그가 무기로 택한 것은 '콘텐츠'다.〉라는 대목이 눈에 확 들어왔다. 평범함을 넘어서 인상적이기까지 한 이 문구는 필자로 하여금 해당 문장을 몇 차례 되풀이해서 읽게 만들었다. 그러면서도 왜 이런 인상적인 내용이 쉽게, 그리고 널리 어필이 되지 않고 있는 것일까라고 생각하다가 그 생각이 문득 두 가지 갈래로 나뉘었다.

불특정의 일반 대중들과 정치에 관심이 많은 네티즌들을 놓고서 두 가지 분류를 해 봤다. 우선 일반인들이 딱히 온라인에서 정치 기사들을 검색해 보는 수고를 거치지 않고서는 안철수 의원이 무엇을 하는지 잘 알 수가 없을 거란 생각부터 들었다. 주변에서 정치 얘기가 나오다 보면 "요즘 안철수는 뭐 해요?"라는 질문들을 자주 듣는 게 현실이니 말이다. 그렇다고 해서 이런 분들이 반드시 정치에는 까막눈이라는 뜻은 아니지만 적어도 안철수 의원의 근황에 대해서 모르는 사람들이 아주 많다. 물론 모르는 이유는 많다.

두 번째로 정치에 관심이 많아서 페이스북이나 트위터 사용은 기본이고 각종 포털의 정치 이슈를 자발적으로 검색해서 나름의 식견을 지니고 있는 네티즌들, 그래서 안철수 의원의 콘텐츠 행보(경제 행보 포함)는 기본적으로 인지하고 있다 하더라도 SNS에서 금세 우호적인 여론으로 확장되고 있다는 느낌이 들지 않는다. 가장 큰 문제가 언론이다. 뉴스 매체들은 대부분 보수냐 진보냐 하는 주요 고객들을 타깃으로 하다 보면 정치적 논조가 자연스럽게 매체의 정치 성향을 대변하는 쪽으로 흘러가게 되어 있다. 무당층, 중도층과 같은 정치적 성향은 한편으론 이분법적이지 않고 중간 지점에 있기 때문에 모호하게 분류될 때가 많다. 그러다 보니 현실적으로 매체를 운영하는 데 필요한 후원금이나 광고, 정기 구독과도 같은 상업적인 면을 고려하지 않을 수 없는 뉴스 매체들이 별로 선호하지 않는 정치 성향들일 수도 있다.

뉴스 매체는 매체대로, 공중파 텔레비전 방송은 방송대로, 사람들에게 알려질 수 있는 채널들이 안철수 의원에 대한 보도에 호의적이지 않거나 기계적이고, 어지간한 이슈가 아니면 다루어 주지 않고 있기 때문에 시청률을 끌어올릴 수 있는 자극적인 정치 뉴스가 아닌 다음에야 안 의원의 경제 행보 정도로는 보도조차 건너뛰기 일쑤다.

공중파 텔레비전 방송에서 안철수 의원과 관련한 의정 활동에 대한 보도가 실종되고, 심지어 '안철수의 포스코 사외이사 재직 당시의 의혹 제기'와 같은 부정적이면서도 자극적인 보도 행태에는 특종 경쟁이라도 하는 양 열을 올리는 일부 공중파 방송국, 종편 채널들의 책임도 있을 것이다. 대부분의 종편의 경우에는 경제 행보 소식 정도가 아니라 출연한 패널들이 안 의원을 도마 위에 올려놓고 난도질하는 것에만 집중하기 때문에 오죽했으면 칭찬까지는 바라지도 않으니까 제발 있는 그대로만이라도 보도를 해 줬으면 좋겠다는 탄식이 흘러나오겠는가.

정치 관련 소식을 얻기 위해 온라인을 검색해 보면 최근에 아직은 잘 알려지지 않았지만 소규모 인터넷 뉴스 매체의 경우에도 친문재인 성향의 신생 매체들이 부쩍 많이 늘었다. 인터넷 팟캐스트에도 친문재인 성향의 방송은 많이 있다. 심지어 일부 여론조사 기관도 대표자의 출신 성분이나 편향적 결과 제시로 친문재인 성향으로 분류되며 공정성 시비로 논란이 있기도 하다.

안철수 의원이 경쟁력으로 내세우는 '공정성장론'도 묻혀 버리기가 쉬웠던 것이, 문재인 대표가 이에 질세라 '유능한 경제 정낭론'을 들고 나와서 언론들이 몇 차례 기사를 잘 써 주면 문 대표가 말하는 경제 담론에 안 의원의 경제 담론은 묻혀 버리기 때문이다.

최근 안 의원 측에서 콘텐츠를 널리 알리기 위해 채널의 다양화를 추구하고 있고, 그런 차원에서 《월간 안철수》와 같은 웹진도 기획해서 발행 중에 있다고는 하지만, 이 역시도 콘텐츠의 내용만큼 중요한 것이 얼마나 많은 사람들에게 알리느냐가 관건이다.

맥을 짚는 풍부한 학식에서 나오는 강의라도 유머가 없으면 삭막해질 수 있듯이 콘텐츠만 가지고 접근하는 정치는 다소 지루함을 줄 수 있다. 안 의원의 지지자들 사이에서도 콘텐츠 외에 그것을 잘 포장해 줄 수 있는 무언가가 빠져 있다는 지적을 자주 보게 된다. 좀 더 효율적인 좋은 방법은 없을까.

경쟁력 있는 콘텐츠를 갖추는 것은 너무나도 중요한 일이지만, 지지율이나 확장성 회복을 위해서는 다른 어떤 무엇인가를 가미해야 할 것 같다. 그것은 아마도 콘텐츠 강화에 대한 차원보다는 안 의원의 또 다른 정치적인 선택 가능성이나 입지에 대한 것을 의미하고 있는 것 같다.

또 하나의 이유는 안철수 의원이 '정치적 액션'이나 '정치 퍼포먼스'를 싫어하기도 하고, 원하지도 않는 것으로 알려져 있다. 그런데 역설적이지만 안철수 의원의 최대 단점으로 '정치적 액션'과 '정치 퍼포먼스'의 부족을 지적하는 사람들이 많다.

진정성이 없는 코스프레나 퍼포먼스는 당연히 지양되어야 하지만, 좋은 정치적 상품을 시의적절하게 잘 포장하여 내놓는 긍정적인 정치 마케팅은 필요하다. 그런 의미에서의 '정치 퍼포먼스'는 필요하다는 것이다.

대중들은 정치를 목도하면서 정치나 특정 정치인에게 가지게 되는 기대치가 있다. 정치적 상황이나 고비 때마다 자신의 생각을 자신이 지지하는 사람에게 대입시키는 기대 심리 같은 게 있는데, 그러한 정치적 기대 심리를 투과해 낼 '정치적 임팩트' 관점에서 본다면 사실 안철수 의원에게 높은 점수를 부여하기는 힘들다. 지지자들이 원하는 방향이 무엇인지를 많이 듣고 많이 고민해야 할 시점이 아닌가 싶기도 하다.

묵묵하게 콘텐츠를 갖추어 나가는 정치인의 모습이 '정치는 기본으로 돌아가자는 새 정치'의 개념으로 봐서는 더할 나위 없는 적합한 모습임에 틀림없지만 '안철수 현상'은 아주 특별한 것이었기에 지지자들이 바라는 바를 시원하게 충족시켜 주는 현실적 모습은 많이 부족했다. '콘텐츠가 무기'라는 말에 백 퍼센트 공감을 하지만 콘텐츠가 백 퍼센트 무기가 될 수는 없다. 새로운 확장을 위해서 온라인보다는 오프라인을 늘렸으면 좋겠고, 기회가 된다면 '공정성장론'에 관해 책으로 출간하는 것도 좋을 것 같다.

최근 새정치민주연합이 손혜원 홍보위원장을 영입하여 당의 이미지를 개선하기 위한 작업을 진행 중에 있는데, 속내를 들여다보면 사실상 문재인 당 대표의 이미지 개선을 최우선적으로 하고 있는 것으로 보인다. '셀프 디스'를 기획하기도 하고, 당명 개정을 준비 중이라는 소리도 들린다. 당의 거의 모든 시스템이 문재인 대표의 대선을 위해 움직이는 상황이고, 혁신위도 엄정하고도 과단성 있는 혁신을 고민하기보다는 문재인 당 대표의 의중을 반영하고 있는 것으로 보인다.

안 의원이 공적인 자리에서 지지율에 연연하지 않는다고 하지만, 지지율 추이를 꼼꼼히 체크해야 한다. 대권은 하늘이나 국민들이 주는 것이라는 의연하고도 통 큰 자세도 좋지만, 국가적 경제 문제 해결과 정치 쇄신을 위해 2017 대선을 목표로 하고 있다는 메시지를 분명히 하는 것도 필요하다고 생각한다. 대다수 안철수 지지자들은 안철수 의원이 묵묵히 정치적 밀알이 되는 것보다는 목표 의식이 뚜렷하고 권력 의지가 강한 안철수를 더 바라고 있음에 틀림없다.

현재 안철수 지지자들은 충분한 동기 부여를 받고 싶어 한다. 그것이 무엇인지를 빨리 찾아야 한다. 지지자들의 기대 심리에 부응할 수 있는, 위축된 심리를 다시 펴게 할 수 있는 과감한 정치력의 문제, 안 의원이 있어야 할 원래의 포지셔닝의 문제 등등이 충족되어야 한다는 것이다.

'새정치 세력과 민주당의 통합을 통해 어쩌면 강고한 거대 양당 체제에서 한 당을 개혁할 수 있지 않을까.' 하는 생각으로 결단을 내리고 새정치민주연합을 탄생시켰다고 했고, 안 전 대표가 그동안 당내에서 최선을 다해 왔다지만 결국 '가치의 경쟁' 보다 '수적인 경쟁과 힘의 논리' 에서부터 모순을 안고 출발한 이상, 적어도 현재까지는 안 전 대표의 미래에 대해 회의적으로 보는 시각이 많이 있는 것은 엄연한 현실이다.

합당을 하면 이리저리 흔들면서 가만 놔두지 않을 것이라는 우려는 그대로 현실로 나타나기도 했다. 그런 과정에서 지지자들이 마음속에 받은 적잖은 상처들을 간과해선 안 된다.

사실 안타깝게도 안철수 의원의 지지율은 새정치민주연합에서 머무르는 한 반등은 어렵고, 콘텐츠만으로는 두텁게 형성되어 있는 당내 기득권과 경쟁하기엔 그 임팩트가 약할 수밖에 없다.

이는 예측되는 새정치민주연합의 불투명한 우울한 미래와도 연관된다. 안철수 의원이 가지고 있는 정치적 자산과 동력을 피폐하게 만들어 버린 대가로써 친문 체제의 확립을 얻었을지는 모르겠으나, 그 과정에서 새정치민주연합이 잃어버린 것은 너무나도 많다.

내년 총선에서 선거 결과와 관계없이 문재인 체제가 붕괴되진 않을 것이다. 당 대표를 사퇴하느냐 아니냐의 문제도 부차적인 문제라고 본다. 혁신위를 통해 충분한 시간을 벌고 있고 혁신위를 통해 매번 문재인 당 대표의 의중을 간접적으로 국민들에게 툭툭 던져 보는 이유도 친문 세력이 구상하는 시스템의 완성에 있다.

일각에선 문재인 대표의 조기 사퇴설을 제기하기도 한다. 신당 창당을 막기 위한 극약 처방이 될 것이라는 설도 있다. 이것이 사실이라면 이는 어느 정도 당을 장악한 자신감의 발로에서 나온 것이다. 결국은 어떤 자리에 앉아 있느냐가 중요한 것이 아니라 힘의 문제, 시스템의 문제인 것이다.

최근 안철수 의원의 발언의 톤이나 내용 등에서 예전과 비교될 정도로 힘이 실리고 있다. 얼마 전 처음으로 팟캐스트에 출연하여 "공정성장론에 대해서도 자신 있다, 새누리당이 와도 이길 자신이 있다, 청년 일자리와 같은 구체적인 정책 과제도 다 만들어 놓았다."며 힘 있고도 자신 있게 말한 대목은 의미가 있다고 생각했다. 그동안 경제 토론회를 가지면서 경제 문제에 관한 생각들을 많이 밝혀 왔지만 높은 수위의 표현으로 자신감을 드러낸 것은 처음인 것 같다.

중앙일보에서 마련한 인터넷 방송에 출연해서는 "지금까지 결정적인 순간에 양보만 했다. 이번에는 끝까지 해 볼 생각이 있느냐?"는 사회자의 질문에 "당연히 끝까지 갈 것이다. 실력으로 할 것이다."고 하여 듣는 이로 하여금 청량감을 느끼게 했다.

8월 6일에는 트위터 계정을 통해 "오늘 박 대통령 담화 내용은 일자리를 만드는 것이 아니라 일자리를 나누는 것에 지나지 않습니다. 청년 일자리 문제는 일자리를 나누는 것으로는 해결되지 않습니다. 성장을 통해 새로운 일자리를 만들어야 합니다. 새로운 일자리는 제가 주장하는 '공정성장론'의 산업구조 개혁으로 가능합니다. 산업구조 개혁이 빠진 박 대통령식 방법으로는 대한민국의 근본 문제를 해결할 수 없습니다."(중략)이리는 멘션늘을 올렸다.

종전의 발언보다 훨씬 더 직설적이고 확신에 차 있는 발언이다. 필자는 이런 발언의 방식에서 많은 변화들을 감지한다. '무기'라고까지 비유한 '콘텐츠' 갖추기 작업이 상당히 진행되었고, 확신을 가지고 있음을 느끼게 한다.

이젠 그런 콘텐츠를 잘 포장하고 알려야 하는 시점이다. 정치적인 임팩트, 향후 행보와 같은 플러스알파가 병행되어야 할 것이다. 정치를 바꿔 달라는 국민의 요구와 부름에 의해 등장한 '안철수 현상'의 당사자로서 그 수많은 사람들의 기대치, 그 방향을 다시 제대로 잡고 나가야 한다. 권력 의지에 대해 당당히 피력해야 할 것이다. 그리고 정치 좀 바꿔 달라는 많은 국민적인 요구에 귀 기울여 다시 새로운 길을 개척하는 안철수 의원의 모습을 기대해 본다. (2015-08-06)

■ 신당 창당은 필수, 야권 재편은 상수

4.29 재보궐선거에서 사상 최악의 참패로 크게 당황한 친노들이 일단 발등에 떨어진 불부터 끄자는 심산으로 급조해서 띄운 것이 혁신 기구였다. 이미 선거를 통해서 분노한 민심이 친노에 대해 심판을 한 그 뜻을 헤아렸더라면 친노들의 백의종군 선언 그 이상만 한 특효약이 없었을 것이다. 그런데 이래저래 시간만 허비하면서 혁신위의 정체성과 방향성의 민낯이 거의 바닥을 드러낸 상황이다.

현역 20퍼센트 물갈이론이나 청년 비례 의석수 증대, 권역별 비례대표제, 의원 정수 확대 제안 등 연이은 헛발질에 국민의 반응은 싸늘하기만 하다. 혁신위의 발족 자체가 그 진정성을 의심받으면서까지 출발했다 하더라도, 그나마 녁 달이 흐른 시점에서 혁신위가 제대로 혁신다운 혁신을 하는 모습을 보였더라면 많은 국민이 혁신위를 향해 응원했을 것이며, 새정치민주연합의 지지율은 상승할 것이고, 따라서 문재인 당 대표의 지지율도 상승했을 것이다. 그런데 상황은 정반대이다. 혁신위는 차라리 친노 의원 30퍼센트 이상의 용퇴론이나 문재인 당 대표의 백의종군을 통한 부산 출마를 종용하는 것이 진정한 혁신일 것이다.

그런데 혁신 기구에 이상한 일이 발생했다. 어느 시점부터 김상곤 혁신위원 장의 모습은 사라지고, 조국 혁신위원의 모습만 보인다. 기이한 현상이 아닐 수 없다. 조국 혁신위원은 최근 언론과의 접촉을 통해 "문 대표는 내년 총선에서 이기면 대통령이 될 텐데, 지면 전혀 길이 없을 것 같다. 수도권과 호남에서 승리했다는 평가를 들으면 총선 승리라고 볼 수 있다. 그에 따라 문 대표의 정치적 명운이 갈릴 거다."라는 발언을 했다.

전체 의석수와 관계없이, 그리고 충청권, 영남권의 의석수와 무관하게 단지 호남과 수도권에서만 새누리당보다 의석수가 많이 나온다면, 그것이 곧 총선의 승리라는 공식은 뼈아픈 성찰을 통한 혁신적인 인식에서 우러나오는 것이 아니라 내년 총선의 목표치를 대외적으로는 최대한 하향 조정함으로써 벌써부터 책임을 피하겠다는 것으로, 얕은 면피용 발언으로 보이는 대목이다. 게다가 새정치민주연합이라는 제1야당에는 문재인 외에는 대안이 없고, 대선 후보가 되기도 힘든 반민주적 당내 시스템을 잘 말해 주는 듯해서 씁쓸하기만 하다. 기득권을 내려놓지 않으면서 호남에서 승리할 수는 있을까? 수권 정당으로서 전국적인 표를 받을 수 있을까? 친노패권주의, 친노 후보로 정권 교체는 가능한 것일까?

조국 혁신위원은 얼마 전에는 트위터 계정을 통해 "당을 나가 신당을 만드는 것은 자유지만, 당에 있으면서 외부 신당파를 만나는 것은 정치 도의상 문제가 있으므로 공천에서 배제해야 한다."고 공개적으로 으름장을 놓으며 당내 내분에 강한 경고성 발언을 했다. 당 지도부는 주승용 최고위원도 끈질긴 설득 끝에 복귀시켰으며, 박지원 의원도 한반도 평화안보특위 위원장에 앉히면서 '떡 하나 더 챙겨 주며 미운 놈 달래기'에 나섰다.

당내 결속을 강화하고, 신당 창당을 무산시키기 위한 극약 처방으로 일부 언론에서 문재인 당 대표의 9월 사퇴설이 보도되기도 했다. 새정치민주연합의 주류들은 당내 실무진, 혁신위, 윤리위, 공심위 등 대부분을 친노 인사로 앉히고, 각종 공천 시스템을 문재인 대선 후보 확정과 대선 본선에 맞추고 있다. 당명도 입맛에 맞게 곧 뜯어고칠 것으로 보인다. 이미 이렇게 문재인 대선 체제로의 시스템화에 올인 하고 있는 상황에서 기정사실화되어 있는 신당 창당을 무산시킬 가장 큰 방법으로 문재인 당 대표의 사퇴만 한 것이 없다는 것이다.

만일에 일부 호남 출신 전현직 국회의원들의 문재인 당 대표 사퇴 요구가 단지 문재인이 당 대표로 있을 시에 호남에서 당선이 힘들다는 인식의 임시방편으로 지도부를 흔든 것이라면 이는 더 큰 문제다. 본질은 친노패권주의의 타파에 있다. 그렇기 때문에 궁극적으로 문재인 의원이 대표직을 내놓고 안 놓고의 문제가 전부일 수 없다. 이미 대표직 사퇴로 인한 그 효용성은 시점을 넘겼다. 만일 9월 사퇴설이 현실로 드러날 경우에도 '기득권을 포기했다' 는 각종 포장성 언론 플레이는 경계 대상이 될 것이다.

새정치민주연합 주류들이 늘 견제의 대상으로 여기며 줄곧 흔들거나, 당 대표를 제외한 끊임없이 새로운 직책을 제안하여 발을 묶어 두려는 대상인 안철수 의원의 경우도 모처럼 국민정보지키기위원회 위원장을 맡아서 모든 신경이 국정원 해킹 의혹 해소에 가 있는 와중에 안철수 전 대표의 측근이었던 금태섭 전 대변인의 폭로성 저서가 발간되어 안철수 의원에게 타격을 가하고 있다. 하지만 생각보다 파장이 크진 않은 듯하고, 무소속 천정배 의원도 9월 초에 신당의 윤곽이 드러날 것이며, 새정치민주연합으로의 복당 가능성은 제로임을 공언하며 신당 창당에 박차를 가하는 모습이다. 안철수 의원의 경우에도 안철수 의원의 탈당을 요구하는 지지자들의 목소리가 커지고 있는 상황이다.

이미 몇몇 군소 야권 세력들이 10월, 그리고 11월경 신당 창당을 목표로 한 움직임이 급물살을 타고 있다. 고쳐서 쓸 수 없는 제1야당의 졸렬한 혁신 쇼를 지켜보는 것보다, 야권 재편에 기대를 갖는 이들이 훨씬 더 많은 궁극적 이유이다. 신당 창당은 필수이며, 야권 재편은 상수이다. (2015-08-26)

5장 · 다시 독자 세력화에 도전

안철수 의원의 결단을 촉구하며 | 안철수 의원의 '공개서한' 이 주는 의미 | '정책네트워크 내일' 창립 2주년 회원의 밤 | 혁신하지 않으면 승리는 요원하다 | 안철수식 최후통첩 | 안철수, 혈혈단신 광야에 서다 | 야권발 신당의 핵심 키워드는 정권 교체 | '국민의당'을 창당하다 | 일찍 찾아온 국민의당 위기 | 더민주의 히읗 좋은 '혁신선대위' | 국민의딩 딩색에 담긴 의미 | 송면 채널의 정치시사 토론방송, 이대로 좋은가 | 언론의 과도한 국민의당 폄하 | 국민의당, 긍정적 변화는 시작되고 | 야권 연대 없는 총선을 치러야 | 안철수 후보, 노원병 선거사무소 입주 | 각 당의 공천, 경선 잡음 | 일부 재야 원로들의 뻔뻔스런 선거 개입 | 노원병 안철수 후보 유세 현장 스케치 | '안철수의 국민 속으로' 인터넷 생방송 40일째 | 저급한 일부 정치 평론가들 | 김미경 교수에 대한 기억

사진 ⓒ 이지혁

▌안철수 의원의 결단을 촉구하며

지난 7일 새정치민주연합 혁신위의 10차 혁신안이 발표되었다. 혁신위 구성 후 거의 넉 달을 끌어온 지리멸렬한 시간들이었다. 당의 4.29 재보궐선거 참패 시점부터 계산한다면 그 시간은 더욱 길고도 지루하기만 했다.

우선 대다수의 국민들의 시선을 새정치민주연합의 혁신위로 끌어오질 못했고, 그나마 제1야당의 변화를 예의주시하던 이들이 인내심을 가지고 오랫동안 지켜보았지만, 애정과 갈채를 받기엔 거리가 먼 혁신안들이었다. 혁신위 구성 시점보다도 오히려 당의 지지율이 더 낮아진 상황이 이를 반증한다. 출발부터 이미 결말을 예감이라도 한 듯 반신반의하는 마음으로 기다린 이들도 꽤 많은 듯하다.

그러나 결국은 당의 입맛에 맞게끔 요구되는 인물들을 골라내어 선거인단으로 끌어모으기 쉬우면서도, 오랫동안 말도 많고 탈도 많았던 모바일 투표를 통해 그들만의 네트워크 정당을 구축하겠다는 속내를 드러냄으로써, 당의 근본적인 체질 개선과 혁신을 염두에 두기보다는 실질적으로는 기득권이 그대로 유지되기 쉬운 시스템, 나아가서 친노패권주의를 정당화하고 공식적으로 시스템화 함으로써 문재인 체제를 공고히 하고, 문재인 당 대표를 대선으로 직행시키겠다는 일방통행식 의지를 보여 준 것이다.

지난 6일 안철수 의원이 기자회견을 자청하여 혁신위가 그동안 발표한 혁신안들에 대해 제동을 걸기 시작하면서 당 안팎으로 그 강경 발언을 하게 된 배경에 대해서 여러 분석들이 난무하기 시작했다. 탈당 가능성을 제기하는 이들도 있었고, 위축된 입지에 대한 답답한 심경에서 나온 행동이라고 보는 이들도 있었지만, 정작 본인은 "이대로 간다면 공멸할 거라는 위기감과 절박함 때문이었다."고 말했다. 게다가 '친노'라든지 '문재인 당 대표 사퇴'라든지 특정 계파나 특정인을 언급하지도 않은 모습이었다.

10차 혁신안이 발표되고 하루 뒤인 8일 안철수 의원은 작심이라도 한 듯 "혁신위는 그만 정리하는 게 도움 될 것"이라고 직격탄을 날렸다. 많은 사람들이 이런 강경해진 스탠스에 놀라움을 나타냈다. "통쾌하다", "안철수가 달라졌다", "이제 와서 딴지를 거는 이유가 뭐냐?"는 등 다양한 반응들이었지만, 놀라움을 숨기지 못하는 부분은 한결같아 보였다.

이에 질세라 주류 측에서는 그렇다면 당신이 한번 혁신안을 내보라고 반격을 시작했고, 앞으로도 그런 요구가 드세질 것으로 보인다. 이제는 안철수 의원도 친노패권주의의 정중앙을 향해 말을 던질 수 있어야 한다. '친노패권주의 청산과 문재인 당 대표의 사퇴를 요구한다.'는 말을 이제는 여과 없이 꺼내야 할 시점이다. 반발은 상상을 초월할 수도 있다. 하지만 반발이 큰 만큼 그와 반대로 정치적인 명분과 자산을 얻을 것임엔 틀림없다.

안 의원의 최초의 반격이 애초에 비주류를 대변하거나 여차하면 탈당할 수 있다는 복선이 배제된 순수한 마음에서 비롯되었다 하더라도 이제는 스스로를 가둬 두고 있는 '착한 정치' 이미지에서 과감히 벗어날 때가 되었다. 그동안 새정치민주연합의 주류 강경파들은 안 의원의 그런 품성을 철저히 이용해 왔다. 몽니와 투쟁은 다른 것이며, 정치는 투쟁의 과정일 수밖에 없다. 권력은 투쟁을 통해 얻어지는 부산물일 것이다.

새정치민주연합은 고쳐 쓸 수 있는 당이 아님이 입증되었다. 그것은 오래전부터 친노가 정통 제1야당을 장악하는 순간부터 이미 시작된 야권의 불행이다. 다만 민주당과 새정치연합이 합침으로써 그 수명을 연장시켰을 뿐이다.

안철수 의원이 해야 할 정치의 목적과 목표, 지향점들을 원점에서부터 고민해 보자. 단순히 새정치민주연합의 총선의 승리라는 것이 목적이고 목표일까? 애초에 안철수 의원이 시도하려고 했던 새로운 정치가 비록 새정치민주연합의 탄생으로 결과적으로 이도저도 아닌 정치적 가치로 묻혀 버리긴 하였어도, 국민들 마음속에는 여전히 새로운 정치에 대한 갈망이 남아 있다. 그런 마음을 안철수 의원은 헤아려야만 한다. 국민들이 정치판으로 불러낸 그 시점의 초심으로 돌아가야만 한다. 사람들은 친노패권주의에 묻힌 안철수 현상을 가슴 아파 한다. 그런 마음을 묵과해서는 안 된다.

민주당과의 잘못된 만남으로 인해 새 정치도, 정치 쇄신도, 정권 교체도, 그리고 안철수 의원 개인의 정치적 꿈도 서서히 멀어져만 가고 있다. 통합의 충격으로 지지자들의 절반 가까이가 등을 돌리고, 그중 남은 지지자들의 절반이 사라졌다. 통합 후에도 당 안에서 잘하면 되지 않느냐며 기다려 준 긍정적인 생각을 가진 이들도 이제는 고개를 설레설레 내젓고 있는 상태다.

그 많은 지지자들과 추종 세력, 그리고 측근들도 곁을 떠났다. 단순히 독자 신당을 창당하지 못했기 때문이 아니라 새정치민주연합 안에서 우군들을 만들지 못한 점이 더욱 뼈아프다. 그의 필생의 콘텐츠가 제대로 관심을 끌거나 부각되지 못하고 그의 위축된 정치적 입지에 비례해서 제대로 관심 받고 평가받지 못하고 있기도 하다.

남아 있는 7퍼센트 내외의 지지자들도 애간장을 태우기는 마찬가지다. 현재 안 전 대표가 당에 잔류해서 잘해 나가길 기대하는 사람은 그리 많지 않은 것으로 보인다. 새정치민주연합이 탄생되고 나서 안철수 전 대표는 좌절의 연속이었다. 그동안 기다려 준 열성 지지자들조차도 이제는 제발 벗어나라는 절박하고도 안타까운 목소리만 낼 뿐이다.

안철수 의원에게 등을 돌린 다수가 안철수 의원이 마음에 품었던 통합의 결단과 이유보다는, 끝까지 독자 세력화를 이루지 못한 데에 대한 크나 큰 아쉬움과 배신감 같은 것이 마음속 깊숙한 곳에 남아 있는 듯하다. 그것은 즉시 무당층의 폭발적인 증가로 나타났다.

하지만 현재 저조한 그의 지지율과는 별개로 안철수 의원은 여전히 그 누구보다도 잠재된 표심을 많이 품고 있는 정치인이기도 하다. 안 의원의 정치적 선택과 정치력, 자신의 포지셔닝의 과감한 변화가 일어나는 순간 그 열망은 다시 재점화될 가능성은 여전히 크다. 그렇게만 된다면 그를 부정적으로 보는 시각도 많이 달라질 것이다.

16일의 의원 총회가 남아 있긴 하지만, 그리고 문재인 당 지도부와 혁신위에서 안철수 의원의 제안을 얼마나 수용할지는 모르겠지만, 다급한 마음에 안철수 의원을 달래려 할 수도 있겠지만, 결론적으로 혁신안 논의를 다시 공론화하고 시간을 끌면서 여론 압박을 할 것임에 틀림없다.

이제는 그것과 무관하게 정치적 결단을 내리기 위한 준비를 해야 한다고 생각한다. 다시 어중간하게 협상을 통해 타협하는 순간, 안철수 의원의 향후 정치적 입지는 낙타가 바늘구멍을 통과하는 것보다 더 어려워질 수도 있다. 남아 있는 최후의 지지자들이 가지게 될 심적인 동요도 이만저만이 아닐 것으로 예상된다.

침몰하는 배에 필요한 것은 배를 고칠 도구나 연장이 아니라 구명조끼와 구명보트, 그리고 안전하게 방향을 제시할 나침반뿐이다. 이상돈 교수가 최근 안철수 의원의 강경 스탠스를 높이 평가하면서도 "신당을 실패한 사람은 신당을 다시 하기 어렵다."고 신당행 가능성을 일축했다. 수긍이 가는 말이기도 하다. 안철수 의원의 심정을 충분히 이해하고도 남을 만하다. 하지만 이런 스스로의 트라우마를 깨뜨려 주길 바라는 이들의 마음은 한결같다.

안 전 대표가 스스로도 종종 언급하는 '정치적 소명 의식'은 이제는 '초심으로 돌아가 다시 국민 속으로 들어가는 것'이라고 생각한다. 국민과 역사가 부여한 기회를 이렇게 고갈시켜서는 안 된다고 생각한다. 친노패권주의에 에워싸여 있는 모습은 새 정치의 캐릭터와도 전혀 어울리지가 않는다. 새정치민주연합을 고쳐서 쓰겠다는 일종의 책임감의 굴레에서 벗어나야 새로운 출발이 가능하다. 현재 야권이 거듭나는 길은 새로운 가치를 가진 이들의 세력화를 통한 정치 구현으로 정계 개편을 이룩하는 것이 유일한 방법이다. 새로운 선택을 함으로써 새로운 공격에 직면할 수도 있지만 새로운 우군도 얻을 것이다. 그래서 침몰하는 배에서 탈출하고 새로운 배에 승선하여 새로운 정치적 항해를 시작하는 결단을 내려 주길 바라는 것이다. (2015-09-09)

■ 안철수 의원의 '공개서한'이 주는 의미

13일 오전 안철수 의원은 '안철수의 새 정치' 공식 홈페이지를 통해 '문재인 대표께 드리는 글'이라는 제목으로 '공개서한'을 올렸다. 문재인 당 대표와 혁신위를 정면으로 비판하면서 당 쇄신 방안에 대한 공론화를 요구한 것이다.

안 의원이 제안한 것들로는 첫째로 16일 중앙위원회 개최를 무기 연기할 것을 요구했고, 둘째로는 당 대표의 재신임을 위한 여론조사도 취소할 것을 요구했으며, 셋째로 '지역별 전 당원 혁신 토론회' 개최 제안을 요구했다. 국민의 관점과 기준에서 밤을 지새워서라도 당의 새 길을 찾는 '혁신 끝장 토론'이 필요하다고 덧붙이기도 했다.

필자는 공개서한을 읽어 내려가면서 안철수 의원이 당의 혁신 문제가 당 대표 개인의 거취 문제와 결부시킬 수 없다고 말한 대목, 혁신안이 당을 근본적으로 쇄신할 수 없다고 말한 대목, '안철수는 새 정치 한다더니 무엇하고 있느냐?'는 국민의 질타를 두렵게 생각하지 않을 수 없었다는 대목에서 공개서한의 깊은 뜻을 발견할 수 있었다.

일반인들에게 익숙한 여의도식 화법에 견주어 봤을 때 소위 반친노 정서가 묻어 나오는 '직격탄'이 빠졌다고도 볼 수 있지만, 글을 자세히 읽어 보면 감성적이면서도 노른자와도 같은 핵심이 골고루 다 들어 있음을 알 수 있다. 마치 바둑을 두듯 느리고도 신중한 자태이면서도 군더더기 하나 없는 핵심을 열거하고 있다. 그동안 복기를 충분히 했다면 묘수도 보이는 법이다.

최근 안철수 의원은 지척 거리에 있는 사람들에게 당의 불합리한 행태와 시스템에 대해서 이번 기회를 통해 "뿌리를 뽑겠다."는 말을 한 것으로 알려졌다. 그만큼 당내의 친노패권주의에 대한 심각성을 인식하고 있고, 당의 근본적인 혁신에 대한 의지가 강하다는 뜻이다.

안철수 의원이 오전에 올린 '공개서한'은 강력하게 보이지 않는다는 시각과 견해를 감안한다 하더라도 안 의원의 평소의 캐릭터나 화법에 견주어 봤을 때 안 의원이 최근에 감을 제대로 잡고 있고, 핵심을 제대로 짚고 있으며, 대안을 품고 있고, 메시지를 전달해야 할 정치적 대상을 제대로 파악하고 있다는 생각이 들었다.

안 의원이 9월 2일에 제시한 3대 혁신 방향과 다시 매치해 읽어 보면 더욱 그런 생각이 든다. 이는 어쩌면 '문재인 당 대표 사퇴' 요구보다도 더 강력한 메시지로 읽힐 수 있다. 안철수 의원은 당의 시스템적 모순과 부패를 지적하면서 당 실세의 정중앙을 타깃으로 삼고 있으며, 동시에 국민에게 호소하고 있는 것이다.

의사나 프로그래머는 환자의 병이나 프로그램의 오류나 개선에 대해 근본적인 원인을 찾아 나간다. 배탈이 났는데 배만 문지른다고 병이 나을 수는 없지 않은가. 현재 안철수 의원은 새정치민주연합의 체질을 진단하고, 근본적인 병의 원인을 규명하여 치료하고자 함에 일차적인 목표를 두고 있는 것으로 볼 수 있다.

최근의 강하면서도 절박한 스탠스의 배경을 두고서 '권력 투쟁'으로 비추어지는 것을 가장 경계하면서도, 적어도 지금은 당의 근본적 쇄신과 처방을 위한 충정에서 우러나온 것임에는 틀림없어 보인다. 특히 정치 공학적으로 움직이지 않는 평소의 스타일에 비추어 복잡한 복선을 깔고 던진 말은 확실히 아닌 것으로 보인다.

하지만 안철수 의원의 충정에서 나왔다고 하는 일련의 제안들이 현재 새정치민주연합의 주류, 그리고 문재인 당 대표가 그대로 수용할 가능성은 그리 높아 보이지 않는 것이 문제다. 현재 문재인 당 대표는 안철수 의원의 직언을 당의 흔들기로 규정하고 있으며, 당을 흔드는 세력은 128명 중 1명에 불과하다며 안철수 의원을 겨냥한 바 있다.

문재인 당 대표는 최근 안철수 의원과 천정배 의원이 회동한 사실에 대해서도, 그 시기와 만남 자체가 주는 의미에 대해서도 매우 불쾌하게 받아들인 것으로 알려졌다. 언론과 호사가 사이에서는 두 의원의 회동이 가지는 의미를 두고 해석들이 각양각색이다. 정가에서는 일반인들이 알고 있는 내용보다 더 깊숙한 무언가가 있다는 시각도 있다. 어쨌든 두 사람의 만남 자체만으로도 충분히 민감할 수밖에 없다.

안 의원의 문재인 당 대표에게 고하는 '공개서한'은 전직 대표로서 당을 걱정하고, 근본적으로 체질 개선을 바라는 충정의 발로임에 틀림이 없다. 동시에 문재인 당 대표를 위시한 주류와 혁신위에 대한 정면 타격이기도 하다.

최근 당 대표 재신임과 혁신안 통과에 대한 무서운 집착을 보이고 있는 문재인 당 대표와, 그를 둘러싸고 있는 주류 세력들의 심기가 불편할 수밖에 없다. 안철수 의원의 제안을 계속 불편한 감정을 내세워 일방적으로 반박할 수도, 그렇다고 해서 선뜻 수용할 수도 없는 진퇴양난에 빠질 수가 있다.

만일 당 대표와 혁신위가 즉각적으로 안 전 대표의 제안을 거절한다면 결과적으로 새정치민주연합의 지각변동을 촉발시킬 가능성이 크다는 것이다. 안철수 의원의 제안을 받아들인다면 받아들이는 대로, 거부한다면 거부하는 대로, 그 양면의 경우의 수 모두 다 현재로서는 소위 '128명 중 1명'이 으뜸 패를 쥐고 있는 상황이다.

안철수 의원은 우선 탈당이 아닌, 당 안에서 최선을 다하겠다는 의지를 불태우고 있다. 당내 기반이 취약한 상황에서 국민을 대상으로 공론화한 것도 방향을 잘 잡은 것으로 보인다. 다만 뚜렷한 당내 기반이 없는 것도 치명적인 한계이기도 하다. 공론화의 방향의 가닥은 잘 잡은 것으로 보이나, 이런 공론화를 통한 재검토 과정이 주류로 하여금 다시금 시간을 끌 수 있는 단초를 제공할 수도 있다. 이러한 절박한 '공개서한'도 통하지 않는다면 그다음엔 어떡할 것인가?

확실한 것은 새정치민주연합의 주류 세력들이 결코 호락호락하지 않다는 것이 문제다. 결과를 결코 낙관할 수 없는 이유이다. 새정치민주연합은 회생이 어렵다고 여기고 있고, 따라서 안철수 의원의 새로운 정치적 결단을 바라는 여론의 목소리가 점차 커져 가고 있는 추세다. 현재로서는 안철수 의원의 탈당 가능성이 그리 높아 보이지는 않지만, 오는 10월까지도 새정치민주연합에 별다른 변화가 일어나지 않는다면 정치적 극약 처방을 내려야 할 것으로 보인다. 근본적으로 당의 체질 개선의 가능성이 희박한데도 당에 남아 있어야 할 명분은 없다고 여겨지기 때문이다. (2015-09-13)

‘정책네트워크 내일’ 창립 2주년 회원의 밤

10월 17일 토요일 오후 4시 30분, 국회의원회관 제1소회의실에서 ‘정책네트워크 내일’의 창립 2주년 회원의 밤 행사가 열렸다. 원래는 지난 6월 5일에 개최하기로 되어 있었으나, 메르스 사태로 인해 행사가 취소된 바 있다.

정책네트워크 회원을 위해 마련된 본 행사는 회원들과 좀 더 내실 있는 시간을 가지기 위해 내빈을 초대하지 않고 회원들만 초대했다고 한다. 회원 간의 소통 강화를 목적으로 행사가 열렸으며, 앞으로 회원 배가 운동을 펼쳐 나갈 계획이라고 한다. 야외로 주말 나들이하기 좋은 청명한 날씨임에도 불구하고 대략 200여 명의 회원이 좌석을 채웠다.

오후 5시 정식으로 행사가 시작되기에 앞서 안철수 의원이 회원들과의 개별 포토타임을 30분 정도 가지기도 했는데, 행사장에 도착한 안 의원은 좌석에 앉아 있는 회원들 한 사람 한 사람을 직접 돌아다니며 악수를 청했다. 악수 후에는 연단에서 회원들과 일대일로 사진 촬영을 하기도 했다.

단순히 정책네트워크가 발족된 지 2년이 된 시점에서 가지게 된 회원들 간의 만남의 의미에 앞서, 안철수 의원이 새정치민주연합의 당내 혁신을 위해 강한 목소리를 내고 있는 상황이고, 외부에서는 신당 세력들이 창당을 준비하고 있고, 역사 교과서 국정화 문제와 같이 여러모로 긴박하게 돌아가고 있는 정치권 전체의 역동적인 상황과 맞물려 안철수 의원의 현재의 생각을 공유할 수 있는 의미 있는 자리이기도 하다.

행사를 앞두고 미리 실시된 온라인 설문조사를 통해 확보한 회원들의 여러 의견과 질문을 토대로 안철수 의원과의 대화를 진행하기 위해 새정치민주연합 전진영 부산광역시 의원이 안 의원과 함께 단상에 올랐다.

"혁신에 대해서 먼저 말씀드리고 싶다."며 운을 뗀 안철수 의원은 "개인적으로 혁신의 경험들이 있다. 안철수 연구소를 창업해서 살아남기 위해 부단한 노력들을 했었다."고 벤처기업을 운영하던 시절의 치열한 경쟁과 혁신의 경험을 반추했고, IBM의 CEO 루 거스너가 어려워진 회사를 살리기 위해 전 직원을 설득하고 힘든 시절을 극복한 일화를 들면서 "혁신은 반대와 불편함을 포용하고 가슴속에 녹여서 그것을 변화를 위한 역동적인 에너지로 만드는 과정이 혁신"임을 설명해 나갔다.

당 혁신을 바라는 간절한 요구에 대한 당의 반응에 대해서 서운한 감정을 숨기지 않았는데, 새정치민주연합의 당 대표나 혁신위원장이 "안 전 대표 말이 맞다. 우리도 지금까지 굉장히 노력하고 고민하고 여러 가지 안을 만들었지만 아무도 관심을 보여 주지 않더라. 그런데 그 고민을 하던 차에 문제 제기를 너무나 잘했다. 감사하다. 한번 머리를 맞대고 이것을 어떻게 해결할 수 있을지 의논해 보자. 혹은 안 전 대표의 생각을 구체적으로 이야기해 달라."라고 할 줄 알았는데 오히려 반응이 "무례하다"였다면서 어이없이 당의 혁신 요구가 묵살된 과정에 대한 안타까움을 토로했다.

혁신이 왜 실패했느냐는 질문에는 "당이 정말로 변화가 일어났느냐, 아니냐의 판단은 혁신위나 정치인들이 하는 것이 아니라 국민들이 하는 것이다. 국민들이 보기에 당이 큰 변화가 없다고 판단한다면 혁신은 실패한 것이다."고 답변하면서 국민의 눈높이를 강조했다.

"야당은 민주와 반민주의 대결에서는 반대를 해야 했다. 그런데 지금은 우리가 꿈꾸는 세상에 대해서 대안을 말해야 하는 세상이 왔다. 국가를 이끌어 가는 독립적인 비전이 있어야 된다는 것이 야당의 책무이다. 도덕적으로 훨씬 우월해야 한다. 많은 권한을 가지는 선출직 의원이라면 최소한의 자격을 갖추어야 한다. 일반적으로 훨씬 더 도덕적으로 문제가 없는 사람이 국민들께서 주신 소중한 권한을 가지고 나라를 이끌 자격이 있는 것 아니겠는가. 사회적인 약자를 위해서 목소리를 내주는 것이 야당의 역할이다."라고 하면서 야당이 생명력을 가지려면 어떻게 해야 하느냐는 질문에 대한 답변을 이어 갔다.

인터넷으로 올린 회원들의 질문 중에서 정치인 안철수로서 절대 포기할 수 없는 가치가 무엇이냐는 질문에는 "저는 매순간 최선을 다하는 스타일이다. 여러 직업들을 거치면서도 나름대로 창의적인 것들을 만들어서 어떤 일에 보탬이 되기 위해 최선을 다했다."며 "정치인으로서도 매순간 최선을 다하고 다른 정치인과는 좀 다른 새로운 가치를 만들어서 우리 국민들의 삶에 보탬이 되려고 노력하고 있고, 함께 나누는 마음을 계속 유지할 것을 분명히 약속드린다."고 각오를 다지면서 "의료와 연구 분야, 컴퓨터 프로그래밍, 회사의 경영 활동, 교육 현장에서 학생들을 가르쳤던 직업, 어떻게 보면 대한민국에서 가장 중요한 네 가지 분야에서의 현장 경험이 현재 정치를 하는 데 큰 도움이 되고 있다."고 설명함으로써 이번 혁신 문제도 반드시 결과를 만들어 보이겠다며 강한 어조로 어필했다.

안 의원이 답변을 마무리할 때마다 예전에 비해 더욱 직설적이면서도 강해진 어조, 강한 의지 표명, 구체적인 대안을 제시하는 모습에 진행자가 "예전에 비해 확실히 많이 달라지신 것 같다."는 말로 화답하자, 회원들의 큰 박수가 터져 나오기도 했다.

혁신 방향에 대해 어떻게 해야 밑바닥 의견들과 방향성을 보다 많이 반영할 수 있겠느냐는 질문에는 "국회가 급한 일만 하다가 중요한 일을 못하는 곳이라는 생각을 했다. 그것을 탈피하려면 단기적인 시각에서 벗어나서 중장기적으로 구조적인 문제를 바꾸겠다는 사명감을 갖고 끈질기게 계속 지속적으로 그 일을 해야 한다고 생각했다. 현장에 있는 분들, 특히 야당 지지자들, 학계에 있는 교수들, 관료들, 심지어 새누리당 의원들까지도 전부 얘기를 들으면서 사명감을 가지고 끈질기게 관철해 나가야만 조금씩조금씩 변화해 나갈 수 있는 것 아니겠는가."라며 혁신에 대한 다양한 계층의 목소리를 경청할 것을 주문했다.

역사 교과서 국정화 문제에 대해서는 "급하면서도 중요한 일이기도 하다. 그런데 행정부의 권한이기도 해서 국회가 하기에는 한계가 있는 일이다. 가장 근본적으로 이런 일을 해결할 수 있는 것이 내년 총선에서 이기는 것이다. 그렇다면 총선에서 이기기 위해서도 당 혁신을 해야 한다. 그런 관점에서 고칠 것은 고치고, 싸울 것은 싸우자고 말했던 것이다. 지금 싸우기만 하고, 안 고치고, 내년 총선에서 참패하면 더 힘들어진다. 그래서 이럴 때일수록 더 당 혁신의 큰 변화를 이루어서 다시 신뢰를 회복하는 일을 하루라도 빨리 해야 한다고 생각한다."고 했다.

혁신이 이루어지지 않으면 어떻게 하겠느냐는 네티즌의 질문에는 "반드시 관철시키겠다. 그리고 안 되면 공멸한다. 문재인 대표와 만나서 얘기했을 때 당 대표가 다 동의를 했었다. 혁신의 3대 방향, 모두 다 맞다. 원래는 혁신위가 했어야 했는데 그것을 못했다. 다 동의를 했었다. 그러면 본인이 해야 하는데, 안 하면 문 대표가 거짓말하는 것이 된다."며 미온적인 태도로 일관하고 있는 문재인 당 대표를 직접적으로 겨냥하기도 했다.

새정치민주연합은 혁신이 힘드니 신당을 만들자는 지지자들의 의견에 대해서는 "매일 아침마다 나는 왜 정치를 하는가라는 질문을 한다. 낡은 정치를 바꿔 달라는 국민적 열망을 실현시키기 위해서 도구로써 나서야겠다는 것이 저의 생각이었다. 그래서 의외로 저의 머리가 복잡하지 않다. 무슨 수를 써서라도 낡은 정치를 청산해야 되고, 지금은 제가 속해 있는 당을 우선적으로 바꾸는 것이 저의 일이다. 그런데 혁신을 하자는 요구에 답을 안 하고 있다. 그래서 저는 꼭 답을 들어야겠다."며 정치적인 복선을 의식하기보다는 현재로서는 당의 혁신에 집중하고 있음을 강조했다.

공정성장론에 대해 쉽게 설명을 해달라는 질문에 "공정성장론은 경제가 성장할 수 있다, 일자리를 만들 수 있다는 이야기다. 중소기업도 실력만으로 대기업이 될 수 있는 산업구조로 만들면 된다는 것이다. 개인만이 개천에서 용이 되는 세상이 아니고, 기업 세계에서도 개천에서 용이 되게 만들 수 있으면 성장도 하고 일자리도 생겨날 수 있다는 간단한 이치다. 그렇다면 왜 지금까지 제대로 되지 않았느냐, 그것은 국가에서 제대로 제도를 만들지 못하고, 제대로 실행에 옮기지 못하고, 리더가 주관을 가지고 끝까지 밀어붙이지 못했기 때문이다. 회사를 경영하던 시절, 어떤 일을 하려면 제도와 그 제도를 제대로 운용하는 것, 의지를 가진 리더가 필요하다는 생각을 했었다. 우리나라가 지금까지 제대로 되지 않은 이유는 제도만 존재했기 때문이다. 제도만 만들고, 공약만 하고, 그걸 제대로 운용을 하지 않고, 리더가 결과를 제대로 챙기지 않았기 때문에 실제로 서민 생활에 와 닿지 않았던 것이다. 제도가 실행이 되지 않는 이유는 허술하기 때문이다. 빠져나갈 수 있는 여러 가지 일들을 만들다 보니 운용하는 쪽에서 의지도 없는데 실행을 안 하게 된다. 좀 더 세밀하고 정밀하게 만들어서 실행하지 않을 수 없도록 하는 일을 하고 있다. 공정성장론이 거대 담론이 아니고 실질적으로 일자리를 만들고 성장할 수 있는 방법이고, 그것을 위해 필요한 제도가 10여 가지가 되는데 그중에서 세 가지(공정하게 경쟁하게 만드는 것, 창업에 대한 법안, 한 번 실패한 사람들도 재도전할 수 있는) 법안들을 이번에 정기 국회에 제출하게 된다. 사회가 공정해지면 저절로 일자리가 생긴다."면서 공정성장론이 정치를 시작하고서 떠오른 생각이 아니라 회사를 운영하던 시절 오랫동안 현장에서 터득한 경험을 가지고 만들게 된 것임을 강조했다. 실현 가능한 주장이고 실제로 하나씩 하나씩 입법 활동하면서 보여 주겠다고 했다. 아마도 안철수 의원이 최근 당의 혁신 문제를 제외하고서는 가장 공을 들이고 있는 부분이 '뉴 안철수 노믹스'로 불리는 '공정성장론'에 대한 설파가 아닌가 하는 생각이 든다.

기타 몇 가지 참석자들의 질문에 답하면서 토론 시간은 모두 마무리가 되었다. 현장에서 직접 회원들과 함께 자리를 지키면서 느꼈던 점은 확실히 안철수 의원의 화법이 질문을 옆으로 비켜 나가지 않는 직설적이면서도 강해진, 그리고 대안을 가지고 답변을 한다는 부분에서 지난 대선 때보다 업그레이드되어 있음을 참석자들도 한결같이 느꼈을 것 같다.

안 의원 본인의 표현처럼 마치 30년을 압축, 농축한 듯한 3년간의 정치 일선에서의 치열한 경험이 안 의원을 대안을 가진 현실적인 정치인으로 더욱 가열차게 변화시키고 있는 것이 아닌가 하는 생각이 든다. 그리고 현재 안철수 의원의 지지자들 사이에서 제기되고 있는 탈당 요구에 대해서는 우선은 현재 당내에서 최선을 다해 혁신에 매진하겠다는 강한 의지를 피력했다. 안철수 의원이 주도적으로 탈당을 하는 일은 희박하게 보이는 이유이다. 하지만 당이 안의원의 요구에 귀 막음을 계속할 경우에, 근본적으로 혁신이 불가능하다고 판단이 될 경우가 온다면 안 의원의 개인적인 의지나 선택을 통해서가 아닌 야권 전체의 지각변동으로도 이어질 수 있는 친노 기득권을 향한 뇌관을 건드리고 있는 것도 틀림없다.

행사가 끝나고 회원들과의 뒤풀이 시간을 가졌고, 안철수 의원은 테이블 하나하나 찾아와서 인사를 하고 악수를 청하고 덕담을 나누면서 다음 개인 일정을 위해 자리를 떠났다. 뒷모습이 왠지 든든해 보였다. (2015–10–18)

■ 혁신하지 않으면 승리는 요원하다

10.28 재보궐선거에서 새정치민주연합이 또다시 참패했다. 전국 24곳에서 겨우 2곳을 힘겹게 건진 치욕스런 결과다. 특히 새정치민주연합은 귀책사유가 있는 재보선 지역에는 공천을 안 한다는 혁신안 1호 대국민 약속을 어기면서까지 당비 대납과 기부행위 등의 공직선거법 위반으로 당선무효 형을 받은 곳에도 자당 후보들을 슬쩍 끼워 넣은 바 있다. 그러고도 참패를 한 것이다.

문재인 대표의 지역구 내에서 치러진 기초의원 선거를 포함하여 야권의 전통 지지 기반인 호남과 수도권에서도 무소속과 새누리당에 압도당한, 내용적으로도 아주 좋지 않은 선거 결과였다. 반면에 새누리당은 민심의 척도라고 할 수 있는 수도권 열 곳에서 아홉 곳을 석권했다.

선거 결과가 나오자, 새정치민주연합은 김성수 대변인을 통해 "이번 선거를 통해 나타난 국민의 민심을 헤아려 당의 변화와 혁신을 위해 더욱 노력하겠다."고 당의 공식 논평을 발표했다. 서둘러 선거의 결과에 대한 의미를 축소시키려는 모습이 역력했다.

정부의 역사 교과서 국정화 문제가 불거져 나오자, 문재인 대표나 당의 지도부는 철저히 역사 교과서 국정화 문제에 올인 하기 시작했다. 당내에서 안철수 전 대표가 강하게 혁신을 요구하며 문 대표의 답변을 기다리고 있는 시점에서 눈엣가시 같은 비노들의 물밑 움직임과 외부에서의 문 대표 체제에 대한 퇴진 압박 여론, 그리고 신당 창당과 같은 이슈를 한 번에 묻어 버릴 수 있고, 지난 4.29 재보궐선거 완패에 이어 또다시 당 지도부에 타격을 줄 수도 있는 10.28 재보궐선거에 대해 모르쇠 할 수 있는 절호의 기회라고 여겼을 것이다.

당 차원에서 후보들에 대한 지원을 제대로 하지도 않은 이유도 어쩌면 10월 재보궐선거가 이슈화되길 바라지 않은 속셈이었을지도 모른다. 국정교과서 문제로 물을 만난 고기마냥 문재인 대표와 당 지도부가 거리로 뛰쳐나가 피켓을 들고, 주먹을 불끈 쥐면서 구호를 외치고, 어깨에 띠를 두른 채 군중들을 향해 오른팔을 높이 치켜들고 휘젓는 모습과 화려하게 치장된 버스 투어 차량들을 보면 마치 대선 유세를 방불케 하는 듯했다. 문 대표 또한 내년 총선까지 국정 교과서 문제를 이슈화할 것을 분명히 했다.

하지만 국정교과서 문제는 문 대표 개인이나 당에게 플러스 요인이 되지 못했고, 재보궐선거 결과에도 전혀 영향을 주지 못했다. 역사 교과서 국정화에 반대하는 여론이 높아지고 있음에도 불구하고 여전히 정체된 문 대표와 당의 지지율, 그리고 참담한 선거 결과가 이를 반증해 주고 있다.

이는 곧 국민들이 교과서 문제와 특정 정파의 이해득실과는 무관하다고 여기고 있으며, 국정화에 반대하면서도 정치적으로 문재인 대표나 새정치민주연합에 대한 지지의 의미가 아님을 말해 주는 것이다. 그런데 당은 교과서 문제를 정치적인 돌파구로 여기며 한껏 도취된 모습이었다.

안철수 전 대표 역시 틈나는 대로 후보들을 지원하는 모습을 보였으나, 그마저도 약발이 통하지 않았다. 친노가 장악한 문재인 체제하에서의 안철수라는 이름은 더 이상 무용지물인 셈이다.

친노를 비호하고 있는 일부 언론들도 새정치민주연합의 장외투쟁을 부추기면서 문재인 체제에 힘을 실어 주기도 하고, 신당의 동력이 죽었다며 신당을 준비하는 세력에게 찬물을 끼얹으며 장단을 맞추던 차였는데, 이런 언론 플레이에도 민심은 싸늘하게 응답했다.

지금이라도 새정치민주연합이 내년 총선을 위해 만회할 시간과 방법은 아직은 남아 있다. 다만 이를 실천할 의지가 문제인 것인데, 문재인 대표와 친노 주류들이 기득권을 완전히 내려놓으면서 정치 일선에서 물러나고, 친노패권주의를 정당화하는 혁신안에 대해 백지화를 선언하고, 안철수 전 대표가 요구하는 혁신안에 대해 응답하고 실천하여 당을 투명하고도 민주적인 공당으로 바꾸는 방법밖에 없다. 그런데 그럴 가능성이 보이지 않는 게 문제다.

이런 총체적인 작태에서 벗어나지 않는다면 제3의 신당 창당 세력에게 더욱더 큰 명분을 줄 것이며, 당 내부의 비노들에게도 정계 개편에 대한 명분을 줄 것임에 틀림없다. 물론 내년 총선과 차기 대선에서의 새정치민주연합의 승리도 요원한 것으로 보인다. (2015-10-29)

안철수식 최후통첩

12월 6일 오전 안철수 의원이 국회 정론관에서 당내 혁신과 관련하여 기자회견을 가졌다. 지난주 일요일 오전에 이어 일주일 간격으로 단독 기자회견이 이루어짐으로써 정치권뿐만 아니라 많은 호사가들 사이에서 기자회견의 배경과 내용에 대해서 기자회견 전부터 여러 추측과 예상이 난무했고, 회견 후에도 안 의원의 워딩 하나하나에 함축된 의미를 캐내고 해석하느라 어수선한 분위기다.

기자회견 전날 밤에는 안철수 의원이 조건부이긴 하지만 탈당 쪽으로 마음을 굳혔고, 혁신 전대를 재차 요구는 하되 관철되지 않을 경우에는 탈당할 수 있다는 '결별'을 언급할 것이라는 관측들이 조심스럽게 흘러나오기도 했다.

특정인이나 정당에 대한 지지 여부를 떠나서 신당 세력의 움직임이나 안철수 의원과 문재인 당 대표 측의 대립을 두고 헤게모니 싸움이라고 여기는 사람들도 꽤 있는 것은 사실이다. 하지만 친노들의 일방적인 독주에 대해서 비판적으로 보는 시각들이 점차 확산되고 있는 것도 사실이다.

지난 2일 내일신문의 여론조사 발표에 따르면, 전국 19세 이상 남녀 825명 대상으로 여론조사를 실시한 결과 '혁신 전대' 지지 43.6퍼센트 대 '문안박연대' 지지 25.1퍼센트로 나타났다.

6일 오전 안 의원의 기자회견 후 포털 사이트를 포함한 각종 SNS에는 친문 여론을 제외한 안철수 전 대표의 광범위한 의미에서의 지지자들(과거에 지지했다가 현재 냉담해지거나, 신당 쪽으로 마음이 돌아섰지만 예의주시하거나 관망하고 있는 부류, 혹은 무당층 일부)은 안 의원이 화끈하게 탈당을 언급한 부분이 없어서 실망(이젠 정말 지겹다)하는 분위기가 많이 눈에 띄었는데, 그중 일부는 그래도 혹시나 하는 마음으로 안 의원의 마지막 워딩을 긍정적으로 해석하는 사람들도 있었다. 안철수 의원의 지지자들 사이에서도 의견이 분분했다. "안 의원의 최후통첩이 읽힌다. 그러니 지켜봐야 된다."는 분위기가 많았고, 일부 지지자들은 실망감을 감추지 못하는 표정이었다.

필자는 텔레비전을 통해 기자회견을 지켜보았는데, 회견 초반에 안 의원의 목소리의 떨림이 감지되기도 하면서 기자회견에 임하는 당사자의 비장한 마음을 읽을 수 있었다. 그동안 탈당을 전제로 당내에서 혁신을 주장하거나 거듭 혁신 전대를 요구한 것은 분명히 아니지만, 이제는 더 이상 물러설 수 없는 마지노선까지 왔음을 알고 있는 안 의원도 "이제 더 이상 어떤 제안도 요구도 하지 않을 것입니다. 묻지도 않을 것입니다. 저는 오직 낡은 정치를 바꿔 달라는 시대 흐름과 국민의 요구에만 충실할 것입니다."라는 말에 충분히 담아낸 것으로 보인다.

최근 안 의원과 혁신 토론회를 이어 가고 있는 한상진 서울대 명예교수는 동아일보 기고문을 통해 "지금까지 문재인 대표의 치명적인 한계는 자기반성, 즉 책임 의식이 전연 없다는 점이다. 대신 온갖 수단을 동원하여 기득권을 챙기는 것처럼 보인다. 그러니 사람들이 믿지를 못한다. 만일 이런 상태로 계속 가면 유권자의 탈바꿈이 괴력을 발휘할 것이다. 어차피 내년 총선은 틀린 것이고, 다음 대선을 위해서라도 현재의 제1야당을 일단 무너뜨려야 한다는 가치 판단의 돌연변이가 넓게 퍼질 가능성이 있다."면서 야권 개편이 이루어질 수밖에 없는 강한 경고성 메시지를 던지기도 했다.

안 의원 개인으로도 당내 입지 문제나 혹은 탈당 관련해서도 무척 많은 고민을 할 수밖에 없었을 것이다. 결코 가볍게 선택할 수 있는 사안이나 입장은 아니었으리라. 민주당과의 통합을 하게 된 나름의 진정성과, 당을 혁신해 보겠다는 의지 표명이 최우선적으로 고려될 수밖에 없으면서도 새정치민주연합 내 기득권의 두텁고도 높은 벽을 실감하지 않을 수 없었을 것이다. 또한 신당 세력, 현재 안 의원과 지적 관계를 형성하고 있는 혁신주의자들의 주장이나 조언, 혹은 전통의 지지자들 사이의 아우성을 계속해서 외면하기도 힘든 상황임을 본인도 알고 있을 것이다.

이제 남은 것은 문 대표가 안 전 대표의 제안을 진정성 있는 모습으로 전격 수용을 하여 파국을 막든지, 혹은 거부하여 친문 세력들을 이끌고 정면 돌파하느냐는 것이고, 안 전 대표 입장에서도 만일 최종적으로도 거부당한다면 더 이상 선택을 주저해서는 안 될 상황이 온 것이다. 물론 그 선택은 새정치민주연합과 결별을 선언하는 것이다.

문 대표 측에서 수용은 하되, 조건부를 내세워 또 다시 토의에 들어가자고 제안할 경우에도 안 전 대표는 단호하게 거절할 준비가 되어 있어야만 한다. 이것은 안철수 개인의 미래와도 직결되기도 하지만 제1야당이 제대로 혁신할 수 있느냐의 문제이고, 나아가 야권이 거듭날 수 있느냐의 문제와 직결된다.

2014년 3월 2일 안철수 세력과 민주당이 전격적으로 통합을 선언하고 나서 이루어진 한국갤럽의 여론조사에서 안철수와 민주당의 통합이 새 정치가 아니라는 의견이 무려 49퍼센트였음을 되짚어 보고 싶다. 국민들이 바랐던 것은 새 정치라는 새 술을 새로운 정당이라는 새 포대에 담는 것이었다.

물론 문 대표의 최종 답변이 남아 있다고는 하지만 혁신 전대 제안에 대해 이미 싸늘한 답변을 들은 바 있기에 안철수 전 대표의 오늘 기자회견은 최후통첩의 성격이 될 수밖에 없다. 친노로는 도저히 안 되기에 야권의 새로운 정치 지형 형성을 갈망하는 국민적 요구는 여전히 높기만 하다. 낡은 진보를 청산하지 않고는 더 이상 야권의 미래가 없음은 물론이고 친노, 친문 세력들의 패권주의, 나 아니면 안 된다는 극한의 이기주의, 특정 학연주의, 일부 과격 운동권 출신들의 연판장, 막말, 부패 문제 등으로 얼룩진 낡은 진보의 행태들을 완전히 물갈이하지 못한다면 새정치민주연합의 혁신은 아무런 의미가 없으며, 새정치민주연합의 주류들이 이를 수용할 가능성도 극히 낮기 때문이다.

　작년 3월 2일, 그리고 오늘날까지 많은 시간이 흘렀다. 그렇지만 새정치민주연합은 달라진 것이 없다. 여당과의 정책적인 경쟁력은 물론이고, 민생 정당으로서의 면모도 갖추지 못했다. 야당 특유의 전투력도 상실했다. 당내 계파 갈등은 더욱 심화되었고, 주류 세력들은 기득권 유지에 혈안이 되어 생각이 다른 사람들을 배척하는 데 앞장서 왔다. 당내 시스템 대부분의 주요 의제의 방향은 오로지 문재인 당 대표의 대통령 만들기에 올인 하는 듯한 모습이다. 당이 누구를 위해 존재하는 것이며, 누구를 위한 통합이라는 것인가. 결론적으로 민주당이 안철수에게 필요로 한 것은 안철수가 가지고 있는 중도의 이미지와 지지율뿐이었다.

　안철수 의원은 6일 문재인 대표에게 혁신 전당대회를 재차 요구하는 최후통첩을 한 후 자신의 거취 문제를 결정하기 위해 지방에서 칩거에 들어갈 것이라고 한다. 앞으로 일주일 정도 연락이 안 될 것이라고도 한다.

　안철수도 거듭나야 되고, 야권도 거듭나야 된다. 그 방법은 유일하다. 안철수와 친노 세력은 결별하고 백지 상태에서 다시 야권의 재건에 노력해야 한다. 그것이 야권을 다시 살리고 희망을 다시 살리는 유일한 길이다. (2015-12-07)

■안철수, 혈혈단신 광야에 서다

　새정치민주연합 안철수 전 대표가 드디어 탈당이라는 초강수를 통한 정치적 승부수를 던졌다. 1년 9개월간의 '불편한 동거'를 끝내고 마침내 결별을 선택했다.

　이미 충분히 예상했지만 진보를 가장한 친노 지라시들의 전방위적 조롱과 비방이 인터넷상에 범람하고 있다. 논조의 객관성에 있어서 차라리 보수 성향 매체들의 사설들이 읽기가 더 나은 지경이다. 각계각층의 친문 성향의 지식인들이나 전문 직업인들이 나팔수를 자처하고 한마디씩 거들고 있기도 하다.

　안철수가 권력의 중심부에 접근할수록 그들의 비판과 공격의 수위는 매섭게 휘몰아쳤다. 대선 때 민통당 대선 후보와 단일화를 시도할 때도 그랬고, 독자적인 정치 세력화를 할 때도 그랬고, 새정치민주연합의 공동대표에 올랐을 때도 그랬고, 문재인 당 대표 체제에 쓴소리를 시작했을 때도 그랬다. 지금은 당을 떠났더니 다시 온갖 조롱과 비난을 토해내고 있다. 낡은 언론의 현실을 통해 비루한 정언 유착을 목도하게 된다. 그들이 간절히 원하던 대선 후보직을 양보받았고, 새정치 세력과 민주당이 각기 나뉘지 않고 통합하여 지방선거를 치렀기 때문에 기득권을 연장할 수 있었음에도 불구하고 친노패권주의자들의 탐욕은 멈추지 않았다. 지방선거와 재보궐선거를 치르기 위한 당내 경선도 하나마나한 불공정 경선 룰 때문에 소위 안철수의 사람들이 저절로 포기하고 나가떨어지게 만들었다. 문재인 의원이 당 대표에 취임하고 나서 치른 4.29 재보궐선거, 10.28 재보궐선거에서의 연이은 치욕스런 참패에도 불구하고 민심에 역행하는 면피용 혁신위 구성으로 시간만 끌었다. 한술 더 떠서 치졸하게도 안철수의 색깔을 지우기 위해 당명도 일방적으로 바꾸려 하고 있다.

새정치민주연합 당 대표와 그를 둘러싼 실세들을 향해 들끓기 시작한 민심은 가라앉지 않고 있고, 당내 비주류 의원들도 크게 동요하기 시작했다. 그런 가운데 안철수 전 대표의 10대 혁신안과 혁신 전대 요구는 당을 살리고자 하는 충정에서 시작된 것은 틀림없다. 그의 그런 모습을 지켜보면서 안 전 대표의 지지층에서는 이미 난파선처럼 침몰하고 있는 당을 굳이 고쳐 쓰려는 의도를 이해할 수 없다는 불만의 목소리들도 많았다. 고집스럽게 당의 진정한 혁신만 강조하는 안철수의 모습에서 답답해하고, 아직도 당에 남아 있는 이유를 모르겠다는 비판 여론에 직면하기도 했다.

변화를 바라는 안 전 대표의 요구와 친노, 친문 기득권 사이에는 시종일관 평행선이 유지될 수밖에 없었고, 결국 접점을 찾지 못한 채 파국을 맞이했다. 문 대표가 안 전 대표의 요구에 응답하거나 허심탄회하게 만나서 얘기를 나눌 시간이 충분했음에도 불구하고 탈당이 예상되는 최후의 기자회견을 앞둔 당일 새벽 1시에 불쑥 안 전 대표의 집을 방문한 행위는 납득하기 어렵다. 안 전 대표는 탈당 기자회견 당일 오전 7시경에도 문 대표와 전화 통화에서 혁신 전대를 주장한 것으로 알려졌다. 나름의 진정성을 읽을 수 있는 대목이다. 혁신 전대를 수용한다면 기자회견을 취소하겠다는 내용이었는데 그때까지도 문 대표는 수용을 거부했고, 오전 10시가 넘어서 연결된 전화 통화에서도 문 대표는 우선 기자회견부터 취소시키고 만나서 얘기하자며 급한 불부터 끄고 보자는 식이었다. 만일에 문 대표가 혁신 전대를 수용했더라면 안 전 대표의 탈당 기자회견은 당연히 취소되었을 것이고, 탈당 사태는 없었을 것이다. 새정치민주연합 기득권이 괴욕이 부른 대형 참사임에 틀림없다.

우여곡절 끝에 이루어진 안철수의 극적인 탈당은 결과적으로 친노, 친문의 민낯을 직간접적으로 보여 주기에 충분했고, 흩어진 새 성지 열망에 대한 불씨를 다시 살리게 된 계기가 되었음에 틀림없다. 과거의 독자 신당 지지자들은 대체적으로 속이 시원하다는 분위기다.

안철수 의원은 지난해 불시에 민주당과 통합을 선언하면서 가까이 하던 사람들을 많이 잃어버렸지만 혁신이냐 아니냐의 갈림길에서 과감하게 탈당을 택함으로써 과거의 조력자들과의 극적인 조우도 가능해졌고, 새로운 외연 확장도 가능하게 되었다.

탈당 기자회견에서 안 전 대표는 "허허벌판에 혈혈단신으로 나선다."고 했다. "나침반도 지도도 없다."고 했다. 본인의 표현대로 굉장히 험난한 길을 선택했음에 틀림없다. 하지만 그럴만한 가치가 있는 것도 틀림없다. 한 번 창당의 실패를 경험한 사람으로서 그 트라우마를 극복하기가 여간해서 쉽지 않은데도 이를 극복하고 다시 세력화를 하겠다고 한 것은 최초의 독자 세력화를 추진했을 때보다 두 배, 세 배는 더 어려운 결정이었을 것이다.

일부 신문, 방송에서는 벌써부터 탈당 명분의 부족을 끄집어내어 비판하기 시작했지만, 이미 탈당의 명분은 차고도 넘쳤다. 새정치 세력과 민주당의 통합의 명분이었던 '기초 무공천'은 민주당 주류들의 극렬한 반대에 부딪혀 무산되었다. 석연치 않은 투표 실시도 문제였지만 그 자체로서도 결별의 이유는 충분했다. 이후 주류들은 쉴 새 없이 연판장을 돌려 가며 공동대표들을 끊임없이 흔들었다. 당 대표가 교체된 이후에도 줄곧 친노패권주의의 완성과 공천권을 장악하기 위한 탐욕의 독주 독선이 지속되었다. 일촉즉발의 상황으로 치달으면서 파국이 예상되었음에도 그들은 끝끝내 기득권을 내려놓지 않았다. 이 모든 파국의 책임은 친노, 친문 기득권에게 있다고 해도 과언이 아니다. 통합 당시 안 전 대표는 친노와 비노를 구분짓지 않는 정치를 원했던 것으로 보이지만, 친노들은 그렇지 못했던 것 같다. 그것이 새정치민주연합 몰락의 결정적 이유이다.

이제 안철수 의원이 해야 할 일은 분명하다. 처음 정치 세력화를 시도했던, 지금은 흩어져 버린 새 정치의 가치에 버금가는 시대적 가치가 무엇인지를 명쾌하게 유추해 내고, 그것을 제도권 안에서 빠르고 강하게 복원시켜 나가야 한다. 그 가치에 걸맞은 외연 확장이 우선이다. 따라서 이미 새정치민주연합을 선도 탈당한 세력들과 향후 큰 틀에서 야권 재편을 이루되, 서둘러서 합칠 필요는 없다.

새정치 세력이 민주당과 합치면서 이미 새 정치의 신선도는 떨어졌고, 안 의원 개인적인 인기나 구심력도 실추되어 있는 것도 사실이다. 하지만 현실적인 상황을 고려했을 때 오히려 최초로 독자 신당을 추진하던 시점보다 더 여건이 나을 수도 있는 정황들도 많이 있다. 여느 때보다 친노패권주의의 민낯이 포괄적으로 노출되었고, 이는 곧 제1야당에 대한 불신으로 이어지고, 야권의 정계 개편의 동력으로 작용하고 있기 때문이다.

안 의원이 정치를 시작한 지 3년이 조금 지난 시점에서 돌발적이지만 필연적일 수밖에 없는 새로운 출발을 선언함으로써 '새 정치에 버금가는 가치의 복원과 제도권 내에서의 정치 세력화를 통한 기득권 타파'는 그에게 새로 주어진 과제가 되었다. 기성 정치권에서 염증을 느끼고 등을 돌린 사람들이 다시 그를 주목하고 있다. 지지율도 다시 오르고 있다. 친노와의 결별을 통해서 정치적 포지셔닝을 되찾는 것도 성공했다. 하지만 이것은 시작에 불과하다. 과거에 비해 비토 세력도 많이 늘었다. 우선 과거 새정치연합 지지자들에 대한 복원에 매진했으면 좋겠다. 지난 3년의 여정보다 훨씬 험난한 뉴시즌이 시작되었다고 볼 수 있지만 희망의 불씨를 다시 살린 것에서 큰 의미를 찾을 수 있다. 기득권으로 봐서는 건너지 말아야 할 강을 건넜지만, 야권의 정치 변화를 간절히 바라는 사람들을 위해서라면 마땅히 건너야 할 강을 건넜다. 구불구불 돌아 다시 있어야 할 곳으로 돌아오는 데 긴 시간이 걸렸지만, 그래도 지금은 그의 귀환이 반갑기만 하다. (2015-12-15)

■ 야권발 신당의 핵심 키워드는 정권 교체

새정치민주연합 주류 세력의 패권적 기득권 지키기가 결국 화를 자초했다. 당내 비주류의 유력 인물들이 간격을 두고 이탈함으로써 단순한 개별 탈당으로 그치는 것이 아니라, 야권 지형의 변화를 가져오고 있기 때문이다.

그 변화의 동력이 되어 주고 있는 민심도 야권을 혁신하라는 주문에서 정권 교체라는 대의제로 거침없이 옮겨 가고 있는 상황이다. 그중에서 특히 호남의 민심이 야권발 신당 세력들에게 던지는 메시지는 명쾌하다. 첫째로, 친노로는 더 이상 안 된다는 것이고, 둘째로는 정권을 교체할 수 있는 세력을 키우라는 것이다.

천정배 의원이 신당을 창당하겠다고 선언한 후에 기회가 될 때마다 호남 신당이 아닌 전국 정당을 목표로 하고 있다는 점을 거듭 강조한 이유이기도 하다. 안철수 의원 역시 탈당 기자회견에서 "나침반도 지도도 없습니다. 그러나 목표는 분명합니다."라는 말로써 향후 행보를 예고했고, 전국 주요 도시들을 순회하면서는 '정권 교체'에 거듭 방점을 찍은 이유이기도 하다.

그런데 문제는 야권발 신당 세력들이 처음부터 서로 협의하에 같은 시기에 동반 탈당을 하고서 동시에 하나의 정당을 만드는 상황이 아니었기 때문에 여기저기 흩어진 신당 세력들을 어떻게 하나로 모으느냐도 관건이다.

안철수 의원보다 먼저 탈당한 천정배 의원, 박주선 의원, 박준영 전 전남지사 등이 먼저 확고하게 세력화를 해놓지 못했기 때문에 후발 주자로 나선 안철수 신당 쪽으로 기울고 있는 형국이다. 선두 탈당파들 사이에서 이를 견제하기 위한 목소리들도 들려오고 있다.

신당 세력들은 항상 오픈된 마음으로 소통하되, 다소 시간이 걸리너라도 각자 외연을 확장하고 난 후에 통합하는 것이 맞다고 생각한다. 안철수 의원의 경우에 탈당하자마자 곧바로 천정배 신당에 합류하는 형태를 취했더라면 파급력이 떨어졌을 것으로 보고 있다. 궁극적으로 각자 도생하는 길을 택하는 것이 목적이 아닌 이상, 야권발 신당 전체의 파이를 키워야 할 필요가 있다고 보는 것이다. 현재 안철수 신당은 무당층과 일부 보수 지지층까지 흡수하는 것으로 나타나고 있다. 그리고 박주선 의원이나 천정배 의원, 안철수 의원의 궁극적 목표가 같다고 하더라도 정치적 성향이나 지향점의 차이가 조금씩 있기 때문에 처음부터 통합을 논의할 경우에도, 훗날 당 대 당 통합을 논의할 경우에도 크고 작은 난제들이 숨어 있기 마련이다. 그렇기에 순서를 먼저 논할 필요는 없다.

현재 안철수 신당에게 거는 기대 심리가 높고, 지지율이 높게 나오는 것은 정권 교체에 대한 민심의 요구가 반영된 것이다. 안 의원 개인적으로는 정치 입문을 통해 시행착오를 거치기도 했고 미흡한 점도 있었지만, 탈당을 잘했다는 여론이 더 높게 나올 정도로 탈당 과정에서 보여 준 기득권에 항거하는 모습에서 새로운 변화와 출발을 감지했기 때문이고, 자신의 실패를 인정하고 과감히 탈당을 선택하는 순간 다시 한 번 기회를 준 것이라고 볼 수 있다. 그렇기 때문에 안철수 신당은 흐트러짐 없이 민심을 반영해야 할 것이다.

야권발 신당은 호남 신당으로 끝나서도 안 된다. 전국 정당이 될 수 있게끔 신당 세력들이 같이 민심을 끌어오는 노력을 해야 할 것이다. 야권발 신당 세력들의 지혜가 필요하다. (2015-12-23)

■ '국민의당'을 창당하다

1월 10일 오후 3시 30분 세종문화회관 세종홀에서 '국민의당' 창당 발기인 대회가 열렸다. 세종문화회관 세종홀은 2014년 3월 16일에 새정치연합과 민주당이 통합을 선언하고 '새정치민주연합'이라는 새로운 모습으로 창당 발기인 대회를 개최한 곳이기도 하다.

당시 새정치연합 측 중앙당 창당 발기인 355명과 민주당 측의 발기인 324명이 참여해 모두 679명이 명단에 이름을 올렸지만, 당시의 분위기와 비교해 보면 사뭇 다른 분위기가 느껴졌다. 우선 약 2년 전의 발기인대회 때는 안철수 의원의 민주당과의 급작스런 통합 선언으로 인해 표면적으로는 제1야당이었던 민주당의 풍부한 인프라를 그대로 활용할 수 있는 여건을 마련했지만, 반면에 독자 세력화를 중단함으로써 동시에 어두운 그림자를 드리운 창당 대회였다고 생각하기 때문이다. 당시 대회에 참가하여 임시 의장을 맡았던 윤여준 전 장관의 얼굴은 시종일관 어두운 표정이었고, 행사장에 참석한 새정치연합 출신의 발기인들도 대부분 반신반의하는 태도로 조심스럽게 마음속의 우려를 표명하는 이들이 많았던 것으로 기억한다.

게다가 이번 대회는 이례적으로 중앙당 창당 발기인의 수가 1,978명이나 되었기 때문에 대회장은 추운 날씨임에도 불구하고 전국에서 찾아온 참석자로 인해 발 디딜 틈이 없었다. 총 1,978명의 중앙당 발기인들 가운데서 1,213명이 참석하였고, 따라서 대회장 입구의 명단 접수 데스크는 매우 혼잡하였다. 주최 측은 참석자 명단을 일일이 확인하면서 참가자들에게 명찰과 자료집, 그리고 특이하게도 연두색 손수건을 나누어 주면서 스카프처럼 목에 걸라는 설명까지 해 주었다.

유성엽 의원이 사회를 맡아 행사를 진행하였으며, 임시 의장으로는 이옥 덕 성여대 명예교수가 선출되었다. 임시 의장의 진행으로 당명 채택 등의 건(件)들을 차례대로 상정시켜 나갔다. 신당의 당명 채택 과정을 문병호 의원이 일어나서 설명을 해 주었는데, 지난 1월 1일부터 국민 공모로 당명을 모집하면서 모두 14,000여 건의 당명들이 접수가 되었다고 한다. 그중에서 가장 많이 접수된 당명이 '국민행복당' 이었는데, 같은 맥락으로 국민의 염원을 담고, 정치의 기본으로 돌아가서 '국민의, 국민에 의한, 국민을 위한 정치' 를 펼쳐 나가기 위한 의지로 '국민의당' 이라는 당명을 채택하게 되었음을 강조하였다.

황주홍 의원은 '오늘 우리는 미래를 향한 담대한 변화를 선언합니다.' 라는 장문의 창당발기취지문을 발표하였는데, "적대적 공존의 양당 체제하에서 민주정치의 기본이 부실해졌다. 시대 변화에 뒤처진 낡고 무능한 양당 체제, 국민 통합보다 오히려 분열에 앞장서는 무책임한 양당 체제의 종언을 선언한다. 의제에 따라 진보와 보수의 양 날개를 펴면서 합리적 개혁을 정치의 중심에 세울 것이다." 등의 인상적인 문구로 포문을 열면서 고령화, 양극화, 저출산, 저성장, 청년 일자리와 비정규직 문제, 보육과 교육, 남북관계, 사회적 격차 해소 등의 주요 핵심 현안들에 대해서도 당이 나아가야 할 방향들을 포괄적으로 제시하기도 했다. '국민의당' 의 방향성은 '부패를 척결하고 낡은 진보와 수구 보수를 넘어선 합리적 개혁'으로 규정지었다.

당의 규약 채택의 건은 이태규 단장이 단상 위에 올라 창준위의 조직과 운영, 시도당의 창당 절차 등에 대한 안내를 하면서 일사분란하게 집행할 것을 약속하였다. 이어서 안천수 의원이 윤여준(건강상의 이유로 불참), 한상진 두 사람을 공동창당준비위원장으로 추대할 것을 제안하였고, 이는 곧 만장일치로 통과가 되었다.

공동창당준비위원장으로 추대된 한상진 위원장은 "인생에서 가장 과찬의 말씀을 들었다. 하지만 분명히 끝까지 잘 해내겠다. 진보와 보수 양 날개의 조화를 위해 혼신의 힘을 다할 것을 약속드린다."고 말문을 열면서 "분열 시대의 종식 선언으로써 국민의당은 정치 참여 문호를 활짝 개방하겠다. 모든 폐쇄적, 독단적, 이분법적 사고를 단호히 배척하며, 최고의 인재와 전문가들을 모시겠다."면서 "당의 단합을 위해 정치인과 시민 사이의 소통을 강화하여 양심과 윤리가 살아 있는 '용광로 정치 공동체'와 같은 21세기형 참여적 정당 조직을 만들겠다."고 힘주어 말했다.

대회장을 가득 메운 참석자들 대부분 만족스럽고도 기대에 차 있는 모습이었다. 행사장 뒤편으로는 피켓을 들고 '국민의당'과 '안철수' 등의 구호를 외치는 안철수 지지 그룹에서 나온 지지자들의 모습도 보였다. 안철수 의원이나 그와 함께하는 모든 당 지도부들은 과거 새정치민주연합의 실패를 교훈 삼아 양당 정치의 폐해에 식상해하는 국민들에게 신뢰를 받을 수 있도록 사회적, 정치적 양극화와 격차 해소에 최선을 다해 줄 것을 간곡하게 희망한다. (2016-01-11)

■ 일찍 찾아온 국민의당의 위기

　안철수 의원이 지난해 12월 13일 새정치민주연합 탈당을 선언했으니 이제 갓 한 달이 지났다. 그사이에 참 많은 일들이 일어났다. 신당 창당 선언, 세 규합, 당사 마련, 당명 공모, 중앙당 창당 발기인 대회, 조직 인선 등 그야말로 질풍노도와도 같은 모양새다.

　짧은 시간에 급속히 많은 일들을 적은 규모의 인력으로 진행을 하다 보니 과부하가 걸린 걸까. 곳곳에서 아쉬운 대목들이 눈에 띄기 시작했다. 우선 중앙당 창당 발기인들을 선정하는 과정에서 애초 언론의 예상(500에서 최대 1,000명 수준)을 훨씬 뛰어넘는 거의 이천 명에 육박하는 인원인 1,978명을 선정하다 보니, 검증 시비는 물론이고 일부 탈락자들 사이에서도 선정 기준이 뭐냐는 볼멘소리들도 들렸다.

　촉박한 시간과 부족한 인력에 비해 명단을 걸러 내는 시간도 턱없이 부족했고, 선별한 인물들에게 발기인대회를 위한 위치나 발기인 입금 등의 안내도 대회가 임박해서야 통보가 되다 보니 입금을 확인 후 작성될 최종 명단이 대회장과 언론에 공개가 되어야 했음에도, 대회장에서 배부한 자료집에 미리 인쇄된 발기인 명단도 틀리고 언론에 공개된 명단도 달랐다. 출석 명단 확인 후 명찰

등을 받기 위해 찾아온 많은 참가자들로 인해 비좁은 행사장 접수대는 일대 혼란이 일어나기도 했다.

발기인들 중에서 과거 불미스런 일들이 언론에 공개되자 스스로 철회한 사람도 있었고, 발기인들 가운데서 인재 영입으로 발표해도 될 만한 인사라고 여겨 선뜻 기자회견을 했다가 일부 인사들의 과거 이력 때문에 몇 시간 후에 영입을 취소시키는 해프닝이 일어나기도 했다.

개인적으로는 700명 선이 적당하지 않았을까 하는 생각을 하게 되는데, 숫자에 좀 제한을 두고 적정 기준을 정하여 굵직굵직하게 선정 작업을 해 나갔더라면 혼란을 피했을 것 같다.

인재 영입 취소 건에 대해서는 무조건 나쁘게 볼 일만은 아니라 생각했다. 오히려 이런 사례가 극히 드물었기 때문에 기성 정당과 대비되는 신선한 모습일 수도 있다. 다만 문제가 당사자들이 겪는 정신적인 충격에 대해 충분히 예견하고서 사전에 당사자들과 부족함 없는 대화가 이루어졌어야 했다. 일반 국민들은 당을 준비하는 내부 상황을 전혀 알지 못한다. 신당을 바라보는 세간의 현미경 잣대는 작은 실수나 빈틈이라도 놓치지 않음을 잊어선 안 된다.

국민의당에서 내부 당직자 공채가 1월 15일부터 18일까지 이루어진다. 정당의 사무를 보게 될 실무자들은 그렇다 치더라도 전국 전 지역에서 여러 주요 조직과 분야별 위원회, 시도 당의 인재 영입이나 기획, 홍보 등을 대국민 공모를 통해 보강하는 건 어떨까 싶다.

당의 공식 입장을 대변하는 창구의 부재를 지적하는 목소리들도 있다. 정식으로 중앙당 창당이 이루어지기 전이라 할지라도 정치 상황이 하루하루가 긴박하게 돌아가고 있고, 이슈의 흐름이 아침과 저녁이 다른 만큼 시급히 갖추어야 할 문제다. 작년 연말과 연초에는 주로 문병호 의원이 여기저기 언론에 인터뷰를 하고 방송 출연을 하면서 대변인과 다름없는 역할을 하기도 했다. "시원하다, 의리 있다, 거침없다, 소탈하다, 가볍다" 등의 여러 평가들이 있었고, 문 의원의 적극적인 행동은 실제로 단기에 신당 세력을 응집시키는 큰 역할을 했던 게 사실이지만, 가끔 문 의원의 입에서 나온 말조차도 창당을 준비하는 중앙의 공식적인 입장이 아니라고 해명하는 경우가 발생하기도 했다.

한상진 공동 창당준비위원장의 '이승만 국부' 논란도 아직 말끔하게 정리가 되지 못하고 있는 점도 매우 안타깝다. 발언의 본질이 과대 해석되고 있다고는 하나, 당의 핵심 인사들이 참배를 앞두고 미리 짧고도 간결한 입장을 정리하여 워딩을 통일시킬 수는 없었을까. 국민의당 지지자들 사이에서도 이승만, 박정희 전직 대통령들의 묘역을 참배하는 일정에 대해 반대하는 여론이 있었음을 감안한다면 아쉬운 대목이다. 필자 개인적으로는 참배 자체는 별로 문제가 되지 않는다고 생각했다. 오히려 가야 될지 말아야 될지를 계산하면서 보수 쪽의 표는 얻고 싶은데 주요 지지층은 잃고 싶지 않은, 어제가 다르고 오늘이 다른 오락가락 행보를 보이는 이가 있다면, 이는 오히려 더 포퓰리즘적인 모습일 것이다.

결국, 참배보다는 말이 길었던 것이 화근이 되었다. "전직 대통령들의 공과를 구분하여 공은 계승하고 과는 역사적인 교훈으로 삼아 다시는 되풀이되어선 안 된다."는 정도로 짧게 코멘트하고 지나갔으면 되었을 일을 다소 사족이 길었기 때문에 반격의 빌미를 제공한 듯하다. 문제가 불거지자, 한상진 위원장의 사견에 불과하다고는 했지만, 그때 당의 신속한 입장 표명이나 언론 대응이 부실한 점은 거듭된 실책으로 보인다.

단기간에 당을 만드는 과정이니 제대로 교통정리가 되지도 않을 것이고, 잡음도 있다. 잡음이 있다는 것은 건설적인 의미로 받아들일 수 있다. 이미 만들어져 있는 당이 아니라 당을 만들어 가고 있는 과정이다 보니 다양한 성향의 지지자들의 요구 사항도 많다. 외관상 피곤할 수도 있는 일이지만 자발적 국민 참여 분위기라면 기성 정당과 비교되는 좋은 의미로 받아들일 수도 있다.

하지만 문제는 언론에 있다. 친노 언론이나 수구 보수 언론, 종편 방송들이 연일 안철수 죽이기에 나서 편파적이면서도 과장, 왜곡, 의혹 부풀리기에 혈안이 되어 있다. 이런 상황은 이미 안 의원에게 탈당을 촉구하면서도 한편으로는 충분히 예견된 상황에 불과하다. 그렇기에 최단시간에 깔끔하고도 신속한 언론 대응이 절실하기만 하다.

호남 중심의 현역 의원들과 중심 세력들 다수가 탈당 러시를 이루고는 있지만 현재 국민의당이 결코 대세를 확정지었다고 볼 수 없다. 친노 언론과 친노 SNS 홍위병들을 이용하고 있는 친노 기득권 세력의 전방위적 반격이 드세고, 호남발 신당의 공격도 거칠어지고 있다. 뒷짐 지고 있는 여권의 도발도 총선이 임박해서는 드세질 것이다. 국민의당은 향후 최소한 사실을 객관적으로라도 기사를 보도해 줄 만한 언론 그룹 형성, 칼럼니스트 양성, 팟캐스트 방송 개설은 기본이고, 각종 텔레비전 토론이나 종편에 출연할 패널 양성은 필수다.

호남 세력뿐 아니라 일부 수도권 현역 국회의원, 시도 구의원들, 당원들의 탈당과 합류가 이루어지고는 있지만 당의 전국적 지지율을 30퍼센트 수준으로 올려 대세를 장악하기 위한 수도권, 충청권의 현역 및 외부 유력 인사들의 영입에 더욱 공을 들여야 함과 동시에 참신한 각계각층의 전문가 출신의 정치 신인 영입이 원만하게 이루어져야 할 것이다.

중앙당 창당 이후 메가톤급 이슈를 선점하여 기성 정당과 차별화를 꾀하면서 궁극적으로 새누리당과 일대일 구도를 형성해야 한다. 당의 전체 지지율을 지금보다 적어도 10퍼센트를 끌어올리려면 수도권과 충청권을 요동치게 할 주요 인사의 영입과 더불어 주요 이슈 선점에 따른 정책 세일즈가 필요하다. 교육, 경제, 통일을 3대 아젠다로 정하되, '교육 혁신 아젠다'는 특히 닫혀 있는 수도권 표심을 열 수 있는 열쇠나 다름없다. 인재 영입은 거듭 강조하지만 투명하고도 공개적으로, 언론 대응은 신속하고도 강력하게, 인물에 대한 검증과 공천은 철저히 시스템화하여 진행하여야 할 것이다.

정치에는 늘 외부나 일반 국민들에게는 잘 보이지 않는 '내부의 역동성'이 있음을 인정하고자 한다. 당장 눈에 보이는 것만이 평가의 전부가 될 수는 없을 것이다. 국민의당이 중앙당을 창당하고 나서 어떤 모습을 보일지, 그동안 준비해 온 것들이 어떻게 가시화되는지에 따라서 당의 운명이 달려 있는 것은 당연한 일이다.

국민의당, 반전을 위한 반성도 필요하고 결과물들을 위해 가속도를 내야 할 시점이다. (2016-01-16)

■ 더민주의 허울 좋은 '혁신선대위'

지난 1월 15일 김종인 전 청와대 경제 수석이 더불어민주당에 입당하였다. 당에서 부여한 직책은 선거대책위원장이다. 김종인 전 수석의 더민주 입당을 앞두고 당에서는 깜짝 놀랄 만한 인사의 영입을 추진 중임을 예고했고, 김 전 수석은 입당을 앞둔 시점에 있었던 언론과의 접촉을 통해 안철수 의원을 전례 없이 강도 높게 비판하면서 혹시 깜짝 영입의 주인공이 아닌가 하는 추측을 불러일으키기도 했다.

특히 최근 더민주 측에서 안철수 의원과 지적 거리에 있는 인물이나 과거 깊은 인연이 있었던 것으로 알려진 인물들 위주로 구체적인 실명을 거론하면서까지 끊임없이 더민주로의 영입설을 언론에 흘리고, 안 의원 측에서 영입에 공을 들이고 있는 인물도 0순위의 영입 대상에 둠으로써 의식적으로 국민의당을 흔들고 있었던 터라 그 예상은 그대로 맞아떨어졌다. 이전에 있었던 일부 영입 인물들조차도 입당 전후에 안철수 의원을 힐난하는 발언을 한 이력이 있거나 공식석상에서 의도적인 비판을 함으로써, 이는 곧 인재 영입이 당의 재건을 위한 순수함보다는 안철수 의원을 흔들기 위한 목적이 더 큰 것으로 느낄 만큼 진정성에 문제가 있어 보이기까지 했다.

김 전 수석의 입당 사실이 공식화되자, 그의 영입을 일컬어 더민주 지지층에서는 무려 '신의 한 수'라는 반응까지 올려가며 열광적인 분위기를 연출하려고 애쓰는 모습이었다. 김 전 수석은 문재인 당 대표가 천정배 의원 등의 외부 인사를 추가로 영입하여 공동 선대위원장에 배치할 의사를 밝히자, 자신은 "단독 선대위원장이기에 수락한 것"이라 잘라 말하며 당의 들러리 역할은 하지 않을 것임을 분명히 했다. 나아가 "친노패권주의를 수습할 능력이 없다고 생각했으면 여기에 오지도 않았다.", "선대위에 친노는 한 사람도 없다."는 등 거침없는 사자후를 토해내며 특유의 카리스마를 뿜어 댔다.

국민의당이 '이승만 국부 발언'으로 연일 휘청거리는 것과는 대조적으로 더민주의 김종인 선대위원장으로의 영입은 즉시 당 내외에 큰 시너지 효과를 가져왔다. 총선을 앞두고 경륜 있는 외부 인사를 선거 요직에 앉힘으로써 대체적으로 안정감을 주는 효과를 가져왔고, 당내의 탈당 분위기를 가라앉히며, 추락하던 당의 지지율을 반등시키는 데 힘을 보탰다. 특히 상당 기간 탈당과 잔류를 고민해 오던 박영선 의원의 잔류 선언을 이끌어 낸 점은 더할 나위 없는 큰 수확이라고 보인다.

하지만 이를 바라보는 다수의 여론은 과연 김종인 한 사람이 고질적인 친노패권주의를 청산할 수 있을까? 그의 거침없는 성격이 이를 감내할 수 있을까? 등의 우려의 목소리들이 흘러나오기 시작했다. 오락가락 행보를 보인 박영선 의원에 대한 비판의 여론도 만만찮다.

그러던 19일에는 문재인 당 대표가 신년 기자회견을 열어 자신의 거취를 밝힌다면서 "선대위가 안정되는 대로 빠른 시간 안에 당 대표직에서 물러나겠다."는 발언을 하였다. 기자회견을 통해 당 대표를 사퇴할 것이라는 언론의 예상을 깨는 참으로 기이한 '조건부 사퇴 예고' 기자회견이었다.

게다가 김종인 선거대책위원장의 과거 국보위 전력 논란이 불거지기 시작했다. 이를 두고 김 선대위원장은 "왜 국보위 참여가 문제가 되는지 나 스스로는 잘 모르겠다. 지금까지 국보위뿐 아니라 어떤 결정을 해서 참여한 일에 대해 스스로 후회한 적 없다."고 맞받아치며 오히려 논란에 불을 붙였다. 이는 곧 국보위 논란을 가중시키는 발단이 될 소지가 커 보인다.

그런 가운데 선거대책위를 구성하는 16명의 명단이 최종 확정되었다. 당에서 최근 영입한 신인들을 포함한 다수의 반(反)안철수 성향자들과 범친노 성향의 전현직 국회의원을 배치하여 그동안 더민주가 공언해 온 계파를 초월한, 기득권을 내려놓은 혁신적인 선거대책위와는 거리가 먼, 차라리 친문전위대에 가까운 명단을 내놓았다.

이 명단을 두고 김종인 선대위원장이 한 발언에 낯이 뜨겁다. "나는 솔직히 누가 친노고 누가 친노가 아닌지 개념이 없는 사람이다."라는 납득하기 힘든 발언을 하면서 불과 며칠 전에 토해냈던 사자후의 거침없는 모습에서 성큼 뒤로 물러난 모습이다.

아무래도 친노패권주의의 청산과 문 대표의 백의종군은 위장술에 불과할 가능성이 커 보인다. 친노패권주의는 여전히 슬쩍 색깔과 이름만 바꾼 채 변신을 거듭하고 있다. (2016-01-23)

▌국민의당 당색에 담긴 의미

국민의당의 PI(Party Identity, 당색 등 정당 정체성)이 공개가 되었다.

2월 1일 오후 1시 30분, 국민의당 마포당사 뒤편에 위치하고 있는 중부여성 발전센터에서 당의 공식 PI가 발표되었다. 송교석 홍보팀장의 사회로 발표회가 진행이 되었고, PI에 관련한 브리핑에는 박찬정 홍보위원장이 맡았다.

송교석 홍보팀장은, "대국민 PI 공모는 지난 1월 14일부터 25일까지 총 12일간 진행하였고, 총 응모 건수는 264건이었다. 엄정한 심사를 통해 최종 PI를 선정하기에 이르렀다."며 PI 공모와 선정 과정을 설명하였다.

이어서 연단에 오른 박찬정 홍보위원장은 기성 정당들인 새누리당과 정의당, 더불어민주당의 당 색상들을 설명하면서 각 색상들 사이에 비어 있는 지점이 녹색이라면서 "녹색은 희망, 젊음, 생명, 상쾌함 등의 의미를 지닌 색상이다. 그러한 것을 우리의 정치와 연계해서 다시 한 번 살펴보면, 녹색은 다른 정당에 의해서 선점되지 않은 새로운 정치를 할 수 있는 색깔의 영역을 가지고 있다. 짧은 파장의 편한 색상의 의미가 기존의 네거티브한 분위기에서 좀 더 편안하고 신뢰할 수 있는 차원의 특징을 가진 색상이다. 젊음의 색상으로서, 새로운 정당으로서, 새 정치를 끌고 가는 입장에서 가장 중요한 특징을 가지고 있다고 말씀드릴 수 있다."고 설명을 이어 갔다.

"새로운 공간의 의미, 젊음의 의미 등이 우리에게 주는 '행복함'의 의미로서 당의 컬러는 '행복한 녹색'으로 규정을 했다. 12일 동안 총 264건의 다양하고 성의 있는 PI들이 접수가 되었는데, 그중에서 세 개의 안을 선정하였다. 대상은 따로 선정하지 않고 우수상으로만 세 개의 작품을 선정하였다."면서 응모작들을 차례대로 공개하였다.

"국민의당이 주인이 아니고, 주어가 국민이 되는 것이 가장 핵심이다. 컬러의 선택이나 로고의 선택이나, 우리를 내세우기 위해서 잘난 척하고 튀고 하는 것이 아니라, 국민의 눈높이에서 신뢰감을 주고 함께하는 차원에서 국민이 주어가 되는 것을 핵심 기준으로 선정을 했다."며 많은 관심을 가지고 긍정적으로 국민의당의 색상과 로고를 받아들이면 좋겠다고 참석자들에게 당부했다.

발표장에 참석한 언론사 기자들의 질문 중 폰트에 대해서 송교석 팀장은 국민의당에서 자체적으로 만든 폰트라고 하였고, 연이어 이어진 녹색당과 겹치는 컬러가 아니냐는 질문에는 박 위원장이 "염두에 두긴 했는데 같은 녹색 계열임에는 분명하지만 색상의 코드가 다르다. 문제는 없을 것으로 본다."고 답했다. 심볼은 언제 공개할 것이냐는 질문에는 "심볼 제작은 절대 시간이 부족함으로 아직 제작 중이고, 완성도를 높여서 발표할 예정이다."라고 하면서 조만간 완성작을 공개할 것을 예고했다. PI는 특정 업체를 통해 선정한 것이 아니라, 당에 있는 전문가들이 다 같이 참여해서 최종 결정을 했다고 마지막 질문에 답하고 발표회는 끝을 맺었다. (2016-02-01)

▋종편 채널의 정치시사 토론방송, 이대로 좋은가

종편은 지상파 방송에 적용되는 방송 시간, 즉 19시간의 제한 시간이 없는 24시간 종합편성 채널인데, 2011년 종편 채널 4사가 개국하게 되면서 전성기를 맞았으며, 이후 정치시사 프로그램 부문에서 뉴스보도 프로그램에 비해 제작이 쉬운 정치패널 토론방송이 크게 유행하여 전국 지역별 유선방송회사를 통해 지역에 송출되고 있다

기차역 대합실이나 관공서, 공공 기관의 휴게실 등에 설치된 텔레비전 모니터에는 종편 채널을 고정시켜 놓은 곳이 많이 있다. 이미 종편은 우리의 일상 속에 깊숙이 파고들어 무의식중에, 혹은 직간접적으로 여과 없이 흡수되고 있는 상황이다.

종편 방송의 정치시사 프로그램이 공정하고도 객관적인 방송을 추구한다면 아무도 이의를 제기하지 않을 것이다. 하지만 그렇지 않으니 문제다. 정치적 주관이 뚜렷한 시민들에게는 본인의 변별력으로 인해 충분히 걸러 낼 수 있겠지만, 그렇지 못한 나머지 일반 시민들에게는 가랑비에 옷 젖듯 종편 시사 방송은 우리의 중추신경을 마비시키는 중금속과 같이 서서히 독성을 체내에 스며들게 한다.

종편 방송은 방송 초기의 논조가 대부분 수구 보수의 편에 서 있는 곳이 많았다. 그러다 보니 당시 민주당에서는 종편 시사 방송의 폐해를 지적하면서 소속 의원들의 종편 출연을 금기시하는 분위기가 형성된 적도 있었다.

그런데 안철수 교수가 대선 출마 선언을 하고 난 후에 그 패턴이 바뀌기 시작했다. 종편 시사 프로그램에도 안철수의 측근이라고 불리는 사람들이 종종 출연함으로써 진영을 대변하는 목소리들이 좀 더 다양해졌다. 또 하나는 안 교수이 대선 출마가 종편에게는 무한한 소재거리를 제공하게 되어 안철수와 관련한 시시콜콜한 루머나 말꼬리 잡기 등으로 전파를 낭비하기 시작했다.

안철수 의원이 독자 세력화를 진행할 당시엔 측근들이 방송에 출연해서 해명도 하고, 알릴 것이 있으면 알리기도 하여 그나마 형편이 나았으나 신당 창당이 무산되고 난 후에는 출연자들도 모두 사라져 거의 무방비 상태가 되어 버렸다.

언젠가부터 새정치민주연합이 전략을 바꿔서 종편에 자당의 당직자들을 적극 출연시키고, 종편에서도 친노, 친문 패널들을 고정 출연시킴으로써 당에 대한 적극 홍보에 나섰고, 특히 문재인 의원에 대한 홍보와 방어, 그리고 안철수 의원에 대해 적극적인 비판에 나섬으로써 종편 시사 프로그램은 보수 수구와 진보 수구가 손을 잡고 안철수 세력을 성토하는 장이 된 듯하다. 덕분에 현재 안철수 의원이나 국민의당은 종편에서는 처절한 동네북으로 전락해 있다.

친노들은 본인들의 기득권 유지를 위해 상당 기간 공을 들여 친노 여론을 형성하는 데 주력해 왔다. 조중동에 맞서 소위 대안 언론이라는 미명하에 여러 진보 매체들을 발족시켰지만, 개중에는 저급한 친노 기관지로 전락한 곳들도 많이 있다. 인터넷 방송 붐에 편승하여 각종 팟캐스트 방송을 개설하여 여러 친노 성향의 진행자와 출연진들을 심어 놓고 친노들의 합리화나 안철수를 물고 뜯는 데 대부분 시간을 할애하는 방송들을 하는 곳들도 많다. 문재인 의원이나 더불어민주당이 어려울 때마다 나타나 도와주는 듯한 느낌을 받는 석연치 않은 여론조사 기관도 있다. 여론조사 발표를 하면 문제의 매체들과 종편 채널에서 이를 적극 활용하며 두고두고 돌려보며 가십거리로 삼고 있는 순환구조가 지속되고 있는 것이다. 이뿐이 아니다. 장외 친노, 친문 게릴라 부대들은 안철수 관련, 안랩 관련, 과거 안 원장의 이력 관련하여 각종 허위 문서와 동영상들을 제작하여 무차별 살포하고 있다. 종편에서는 이를 신속하게 다루면서 시청자들을 흥분시키기도 한다.

이렇게 된 데에는 국민의당도 책임이 있다. 국민의당의 지지율의 하락에는 부실한 메시지 관리가 주요인이라는 것을 많은 사람이 지적한다. 창당 작업을 진행하면서 가장 신경 썼어야 할 부분이 언론 대응과 통일된 스피커 부분이었는데 그것을 하지 못했고, 국부론 발언 한방에 지지율의 폭락을 초래했다. 총선이 50일 남은 시점에서 나머지 시간을 어떻게 지혜롭게 활용할 것인가?

우선 종편 채널에 대한 모니터링과 대응을 강화해야 한다. 전반적인 온라인 디지털 소통 부문을 대폭 강화해야 한다. 이름이 알려지지 않은 뉴스 매체라도 포털 사이트에 검색이 되는 게 문제이다. 해명이 필요한 것은 적극 해명하고, 시정을 요구할 것은 적극 요구해야 한다. 상습적으로 안철수 대표와 국민의당을 폄훼하는 패널에 대해서는 방송사에 강력하게 항의도 해야 한다. 친국민의당 패널들을 양성하여 출연을 늘려야 한다. 서둘러 팟캐스트 방송을 개설해야 한다. 친국민의당 정치 칼럼니스트들을 모아야 한다. 필자만 이렇게 생각하고 있는 것은 아닐 것이다.

가랑비에 옷이 젖고, 이미 옷은 젖어 있다. (2016-02-20)

▌언론의 과도한 국민의당 폄하

J신문사에서 게재한 〈안철수가 수렁에 빠진 이유〉라는 사설을 읽었다. 요즘은 유력 일간지뿐 아니라 웬만한 인터넷 뉴스와 대부분의 종편 채널에서 안철수 의원이나 국민의당을 깎아내리기에 여념이 없는데, 보기에 딱할 지경이다.

당의 내부 사정에 대해서 어느 정도는 알고 있는 필자로서는 최근 국민의당에 대해 대부분의 방송과 언론에서 즐겨 사용하는 '사분오열' 같은 표현에 대해 동의하기가 참 힘들다. 언론의 표현만큼 국민의당이 실제로 사분오열하는 분위기일까? 언론 방송을 통해 우리가 접하는 만큼의 국민의당의 궤멸 직전의 분위기는 사실무근이라고 말하고 싶다.

안철수 대표가 아무리 신의 능력을 가진 정치인이라고 하더라도 탈당 후 겨우 두 달도 안 되는 기간 안에 거대 양당에 맞서는 당을 창당한다는 게 쉬운 일이었을까? J신문사에서 게재한 기사에는 "신생 정당이 기성 지지층의 부스러기만 탐한다면 갈 길은 뻔하지 않을까요?"라고 썼는데, 이 글을 쓴 기자는 국민의당에게 무슨 억하심정으로 이런 비유를 했을까 하는 생각이 든다.

약 2년 전인 새정치연합 창당을 준비하던 시기에 겪었던 일이지만, 사람이 없으면 없다고 폄훼하고, 사람을 구해 오면 정치 신인이라서 인지도가 낮다고 폄훼하던 그들이다. 그렇다면 결국 정치라는 것은 현실인 것이고, 기존의 정치인들이 합류해서 정당을 만드는 것을 피해 나가기는 힘들지 않았을까. 현역 정치인이라면 무조건 구태라는 등식도 납득하기 어렵다. 오죽했으면 현역들이 탈당을 했을까 여겨지고, 특히 수도권 의원들의 경우는 더욱 힘들었던 선택인데도 이를 폄하하는 건 도의적으로도 맞지 않다.

영입의 기준이란 것도 국민의당에서 강조해 온 법적, 도덕적인 하자가 없다면 함께하는 것이 맞다. 과거 야당도 기성 야당들에 속해 있는 전현직 의원들이 의기투합해서 신당을 만들어 국회의원 선거에서 돌풍을 일으킨 예도 있었다. 그런데도 새로운 정당을 만든다는데 기성 정치인을 받으면 부스러기를 탐하는 것인가.

기사는 국민의당 홈페이지의 디자인과 내용물에도 평가절하를 하고 있다. 그런데 기사에 소위 '썰렁한' 사진만 캡처해서 올린 이유가 뭔지 모르겠지만, 국민의당 홈페이지 제작자는 제작 의도를 개방형으로 만들다 보니 한 페이지에 노출되는 게시물이 화면을 차지하는 비중이 크다고 한다. 그런데 막상 좌측 카테고리를 눌러 보면 J신문사 기자가 지적한 내용적으로 썰렁하다는 부분도 설득력이 떨어짐을 알 수 있었다. 홈페이지를 제작한 지 얼마 되지도 않은 상태에서 너무 과한 평가라 여겨졌다.

여러모로 국민의당이 부족한 점이 많이 있을 것이다. 아직 내용물도 부족하고, 채워야 할 정책들도 많이 있을 것이다. 비주얼적인 임팩트도 필요하다. 국민의당이 아주 많이 노력해야 하는 것은 공감한다.

언론들은 국민의당이 인재 영입난에 허덕인다고 지적한다. 하지만 그것도 사실은 아니다. 영입된 인재의 수가 적은 편이 아니고 나름 꾸준히, 그리고 개중에는 꽤 괜찮은 분들이 많이 보이는데도 불구하고 그런 분들이 영입될 때 언론들은 대체로 조용하다. 기자들은 좋은 내용을 찾아서 있는 그대로 성실하게 보도해 주었으면 한다.

이제 겨우 창당 깃발을 올리고 홈페이지도 꾸며 나가는 신생 정당이다. 과도한 비판은 보기에 민망하다. (2016-02-22)

■ 국민의당, 긍정적 변화는 시작되고

더민주당이 주도한 필리버스터 정국이 열흘 만에 막을 내렸다. 외관상으로는 여당이 발의한 테러방지법에 대한 국회의장의 직권 상정 처리를 막기 위해 선택한 강행군이었으나, 이를 바라보는 국민 모두가 고운 시선으로 바라보았던 것만은 아닌 것 같다.

이미 작년 12월 3일 국회가 2016년도 지역 예산안 처리를 두고 새누리당과 새정치민주연합이 북한인권법, 관광진흥법 등과 함께 테러방지법까지 포함시켜 합의를 했었기 때문이다. 그런데 느닷없이 필리버스터를 들고 나왔으니, 그 진정성이 의심스럽다는 것이다.

더욱이 국민의당에서는 안철수 대표도 언급했듯이 필리버스터는 어차피 끝나는 순간에 즉시 통과되기 때문에 테러방지법이 초래할 수 있는 인권과 프라이버시 침해 문제를 두고 수정된 법안으로 통과시킬 것을 제시했고, 이를 위해 국회의장과 각 당 대표의 끝장 토론을 제안했지만 더민주당의 독주는 계속되었다.

필리버스터에 참가한 더민주당 소속 의원들이 장시간 고생한 것에 대해서는 높이 평가하고 싶지만, 고 김대중 전 대통령의 필리버스터 기록을 깬 것에 대한 과도한 과시 행위들과 해당 의원과 김대중 대통령의 합성 사진이 SNS에 유포되면서 거부감을 주기도 했고, 심지어 총선에서 야당에 표를 달라고 울부짖는 모습까지 연출되면서 눈살을 찌푸리게 했다.

더불어민주당 입장에서는 전통 지지층을 결집시키고 총선을 앞둔 시점에서 정국을 일시적으로 주도하는 효과는 거두었으나, 국민 전체의 여론으로 봐서는 오히려 더민주당에 대한 여론이 부정적으로 흘러가기 시작했다. 이는 곧 당 지지율의 하락으로 이어졌고, 마침내 당 지도부는 일부 의원들의 강한 반발에도 불구하고 필리버스터 중단을 결정했다. 이렇게 열흘 천하가 끝이 난 것이다.

용두사미 격으로 막을 내린 필리버스터에 대해서 전통 지지층에서조차 실망감과 비난의 여론이 거세졌다. 결국 테러방지법은 원안대로 통과되었고, 아무런 명분도 실리도 국민을 위한 결과물도 얻지 못했다. 따라서 수정안과 방법론을 제시한 국민의당으로 자연스럽게 시선이 모이게 될 수밖에 없다.

한편 더민주의 총선 컷오프 명단에 포함되어 있는 송호창, 전정희 의원과 무소속 박지원 의원에 대한 국민의당의 영입이 추진되고 있다는 기사들이 보도되기 시작했다. 전정희 의원은 4년간 상위 25퍼센트에게 수여하는 종합헌정대상을 수상할 정도로 의정 활동 평가가 좋았음에도 불구하고 전화 한 통으로 컷오프 최후 통보를 받았다. 전 의원은 탈당을 선언하고 국민의당에서 입당을 제안한다면 고려해 보겠다고 한 상태다.

송호창 의원은 한때 안철수 의원의 측근으로 활동했으나 안철수 의원의 탈당에 합류하지 않고 당 잔류 선언을 한 바 있다. 송호창 의원의 탈락도 왠지 정치 보복성 조치가 아닌가 하는 의문점이 들 수밖에 없다. 그런 가운데 무소속 박지원 의원의 국민의당 합류가 전격적으로 이루어졌다.

박지원 의원에 대한 세간의 호불호도 있겠으나, 김대중 대통령의 신임이 두

터운 최측근 인사였고, 호남의 상징적인 인물 중 하나임엔 틀림이 없다. 권노갑 전 의원을 포함한 동교동계 인사 100여 명도 동반 입당을 천명했으니, 꽉 막혀 있는 국민의당의 숨통을 열어 주는 계기가 된 것은 부인하기 힘들다.

국민의당의 지지율 하락에는 여러 이유가 있겠으나, 많은 사람이 지적하듯이 당의 통일된 스피커가 없었고, 즉각적인 언론 대응을 하지 못한 탓이 크다. 그런 면에서도 박지원 의원의 능수능란한 정치 9단으로서의 경륜은 국민의당이 전략적으로도 활용할 수 있는 면이 충분히 있다.

박지원 의원에 이어 송호창, 전정희 의원 영입에 대한 전망도 밝아지고, 원내교섭단체 구성의 가능성이 다시 커지면서 당의 위상이 높아질 수 있고, 당의 정체로 인한 지지율 하락을 반전시킬 수 있는 계기가 될 것 같다. 총선 전 원내교섭단체 구성이 궁극의 목표가 아닐지라도 현실적인 점을 고려한다면 스무 석 이상을 확보해 두는 것은 매우 중요한 사안이기도 하다.

국민의당은 정책면에서도 심혈을 기울이고 있는 것으로 알려지고 있다. 지난 2일에는 제20대 총선 12대 복지 공약을 발표했다. 의료비 부담 완화를 포함한 복지 사각지대 해소를 위한 내용들이 구체적으로 기술되어 있다. 훑어보면 꽤 괜찮은 디테일들이 들어가 있기도 한데, 비록 신생 정당이지만 민생을 최우선으로 하겠다는 의지의 표출은 충분히 높이 평가받을 만한 대목이다.

안철수 대표의 행보에도 변화가 있었고, 걸음걸이가 더욱 빨라졌다. 1일부터는 인터넷 방송을 시작했다. 보통의 인터넷 방송에 게스트로 출연하는 형태가 아니라 매일 저녁에 직접 앱을 통해 1인 생방송 토크쇼 형태로 국민들과 직접 소통하겠다는 것이다. 짬짬이 시간을 내서 시민들과 만나고, 걸어 다니기도 하고, 전철 같은 대중교통을 이용하면서 국민들의 목소리를 경청하겠다는 것이다.

국민의당 내부를 훑어보면 얼마든지 긍정적인 내용도 있을 만한데도 오로지 자극적인 기사나, 국민의당을 침몰시키기 위한 악의적인 기사 내용으로 가득한 기성 언론의 행태에 맞서 직접 나서서 소통하는 방법을 선택할 수밖에 없었을 것 같다. 실시간 동영상 스트리밍 SNS로 해외에서 많이 알려져 있는 페리스코프를 소통의 경로로 선택한 것은 괜찮은 아이디어로 보인다.

답은 현장에 있다는 진리와, 같은 내용물이라도 포장도 중요하다는 의미에서 국민의딩은 내실과 외관을 동시에 강화해야 할 시점이다. 다소 늦은 감은 있지만 여러모로 긍정적인 변화를 보이고 있는 국민의당의 행보에 국민들의 관심이 계속 이어질지 지켜볼 일이다. (2016-03-04)

■ 야권 연대 없는 총선을 치러야

최근의 야권에 대한 언론 보도를 보면 전통적으로 더불어민주당을 지지해 온 우리 사회의 지식인들 일부와, 일부 재야 원로들이 마치 때를 기다렸다는 듯이 사설 기고나 인터뷰를 통해 야권 연대의 필요성에 대한 강한 목소리를 내기 시작했다. 야권 연대를 강하게 압박하면서 동시에 안철수 대표를 강력 성토하는 내용들이 주를 이루고 있는데, 이는 지난 2012년 대선에서의 야권 후보 단일화 압박 경험을 완벽하게 연상시키는 판박이 '데자뷔'다.

예의 기고문에서는 안철수 대표의 과거에 있었던 양보와 대선 후보 사퇴를 통한 단일화를 선한 정치적 행위의 가장 모범적이고도 교과서적인 사례로 들면서까지 저 높이 띄워 주기도 하면서, 동시에 야권의 선거 결과가 좋지 못할 경우에 모든 책임은 안철수 대표가 져야 하고, 대권의 꿈도 사라지게 될 것이라는 공갈도 치면서 들었다 놓았다를 반복하기도 했다.

왜들 그러는지 그 이유가 궁금했다. 이분들이 언제부터 이렇게 새누리당을 의식하고, 두려워하기도 하면서, 심지어 안철수 대표의 앞날까지 걱정을 해 주고 있는 것일까? 이런저런 생각을 연결해 나가다 보니 '이분들은 실제로는 제1야당의 붕괴를 우려하고 있는 것은 아닐까?' 하는 의구심으로 이어지게 되었다.

아마도 이런 생각으로까지 이어지게 된 연유는 과거 일련의 선거에서의 학습 효과 탓이 아닐까 하는 생각이 들었다. 더불어민주당은 야권에서 최다 의석을 가진 집단으로서 겸손함을 잃어버렸고, 그 오랜 익숙한 안락함은 곧 그들이 차지하고 있는 자리엔 그들 이외엔 그 누구도 침범할 수 없는 거대한 기득권의 성역으로 변질되었다. 그래서 선거 때마다 그들에 의한, 그들을 위한, 그들만의 선거를 치렀다. 그리고 그 연이은 선거에서 패배를 거듭했다. 그럼에도 그들만이 어태껏 누려 온 달콤한 기득권의 금수저를 차마 내려놓고 싶진 않았으리라.

그들의 '우리가 아니면 안 된다.'는 극한의 이분법적 선민의식은 국민 절반 이상의 보수 여당에 표를 준 사람들을 모조리 '악의 축'으로 간주한다거나, 대선 때 정권 교체를 위해 마지못해 민주당 후보에게 표를 몰아주었던 중도층에 대한 고마움을 외면한 오만에 가까운 처사다. 당의 공식적인 태도 이외에도 장외에 광범위하게 포진되어 있는 각종 친위 조직이나 인사들을 동원하거나, 자발적인 지원 사격을 통해 여론몰이 효과를 톡톡히 보아 왔다. 선거를 앞두고 그 비슷한 패턴이 반복되고 있는 것이다.

지금으로부터 2년여 전 안철수 독자 신당(새정치연합) 창당이 추진되고 있을 즈음에 제1야당은 신당의 출연을 극도로 견제하고, 그 궤를 같이하는 수구 진보 매체들은 각종 수치와 도표를 만들어 제시하면서까지 신당 세력과 민주당이 합치면 엄청난 시너지 효과로 인해 새누리당을 압도적으로 이길 수 있으니 절대로 야권이 쪼개져서는 안 된다며 쉴 새 없이 언론 플레이를 해댔다. 새정치연합과 민주당이 극적인 통합 결정으로 새정치민주연합이 탄생하였지만 통합 신당의 간판으로 치른 지방선거와 재보궐선거에서의 결과는 어떠하였는가.

과거 선거 때마다 국민의 성향, 정치와 정책, 정당, 선거에 임하는 후보자들의 다양성을 인정하지 않고 소위 '빅텐트'로 일컬어지는 정치 공학적인 야권 연대, 후보 단일화에 몰입했었지만 결과는 참담했다. 돌아온 건 여권 지지층의 결집과 연이은 지방선거, 총선, 대선에서의 연전연패였다.

어렵고도 먼 길을 돌고 돌아 국민의당이 창당되었다. 신당을 바라보는 기성의 방송 언론의 잣대는 가히 놀라울 정도로 가학적이고도 편파적이다. 인물과 정책 선거는 실종되고, 다수의 기자들은 연일 말초적인 특종거리들을 찾아 헤매는 꼴이다.

국민의당을 흔드는 세력들은 외부에만 있는 것도 아니었다. 짧은 기간에, 넉넉지 않은 당직자들로 창당 작업을 하다 보니 과부하가 걸린 탓에 여러 크고 작은 실수들이 있었고, 당을 통째로 삼키려는 일부 패권지향적 의원들의 불한당 같은 행태 덕분에 언론에 맛깔난 소재거리들을 제공했고, 국민의당을 하루라도 바람 잘 날 없는 당으로 묘사해 나갔다.

최근에는 당내 통합, 연대주의자들이 당의 분란을 일으키고 있다. 안철수 대표나 이상돈 공동 선거대책위원장은 선거 막바지에 이르러 야권 후보들 간의 개별적인 연대에 대해서는 막을 수 없는 것 아니냐는 말로 제한적인 연대의 길을 열어 놓고 있다. 당내 연대주의자들이 주장하는 연대는 수도권에서 선택적으로 처음부터 후보를 내지 말자는 인위적인 연대이므로 안철수 대표나 이상돈 선거대책위원장의 생각과는 크게 다르다. 친노패권주의에 강한 반발심을 가지고 있는 박주선 최고위원이나 누구보다도 제3신당의 필요성과 역할에 대해서 강하게 역설하고 있는 김성식 최고위원의 생각과도 많은 차이가 있다. 친노패권주의가 청산되지 않은 더민주당과의 연대나 통합은 제3당의 존재 의미조차 퇴색시키는 최악의 선택일 수밖에 없다. 두 거대 정당의 담합 정치 청산을 위한 제3정당의 소임도 외면하는 선택이기도 하다.

당의 결속을 위해 온몸이 부서져라 뛰어다녀도 모자라는 상황에 그들의 이질적인 행위는 대다수 국민의 공감을 얻지 못하고 있다. 안철수 대표가 당의 분란을 수습하기 위해 통합, 정치 공학적인 연대 불가를 천명하고 나서 일시적으로 국민의당의 지지율이 상승하고 있던 차에, 거듭된 그들의 해당 행위는 그 분위기에 찬물을 끼얹고 말았다. 자신이 소속된 당을 결속시키는 데 힘을 보태지는 못할망정 이렇게 당을 흔들어서야 되겠는가. 야권 연대를 통해 쉽게 당선되는 길을 택하고자 창당의 초심을 저버린 채 당의 뿌리를 흔들거나, 한가하게 이순신 코스프레 하는 것보다는 당이 최근 발표하고 있는 복지 공약, 청년 공약 등에 대한 홍보를 몸소 실천하거나, 예비 후보들을 지원 사격하고 다니거나, 자신의 지역구에 한 번이라도 더 찾아가는 것이 자신과 당을 위한 길일 것이다.

일부 여론조사 기관에서 국민의당의 서울, 수도권 지역의 지지율이 3퍼센트 수준이라고 발표하면서 고사 직전임을 알렸으나, 실제 좀 더 디테일한 표본수의 지역별 조사에서는 대부분 국민의당 지지율이 15퍼센트 수준으로 나타났다. 수도권에 많이 거주하고 있는 호남 출신 유권자들과 중도층을 감안한다면 국민의당의 지지율 3퍼센트는 상식적으로도 납득하기 힘들다.

더불어민주당의 3차 컷오프 명단이 발표되면서 더민주당의 내홍도 커지고 있는 상황이다. 김종인 비대위 대표는 친노 청산을 약속했지만 지지율이 낮은 일부 범친노 인사들과 영향력이 거의 없는 노회한 일부 원조 친노들과 일부 운동권 출신 의원들을 컷오프시킴으로써 큰소리 뻥뻥 치던 그 모습은 온데간데 없고 애꿎은 도마뱀의 꼬리만 잘라 내는 격이 되고 말았다.

그리도 오랫동안 시간을 끌면서 국민 앞에서 혁신을 천명하던 혁신안의 일부 주요 안들도 손바닥 뒤집듯이 뒤집어짐으로써 혁신안은 휴지통으로 들어가 버렸고, 심지어 총선에 불출마하겠다던 김상곤 혁신위원장마저도 대국민 약속을 번복하고 공천을 기다리고 있다는 소식이다. 컷오프시킨 홍의락 의원에 대한 지역의 여론이 악화되자, 김종인 비대위 대표는 구제 방침을 시사하며 수습에 나서기도 했다. 일관성도 없고 체계도 없을 뿐더러, 혁신이라는 이름이 무색해지는 대목이다.

그렇기 때문에 신당은 기성 정당들과는 다른 모습을 보여야 하고, 선거를 통해서 유권자들의 심판을 받음으로써 정치 지형을 바꿔야 한다. 국민의당 창당의 시대적 소임은 거대 양당의 담합 구조 혁파에 있을 것이다. 이번 총선 한 번으로 정치가 쉽게 바뀌리라고 기대하지 않기에, 시간이 걸리더라도 길게 보고 가야만 한다. 그러려면 당의 내구성(콘텐츠 강화)을 견고하게 다져야 하고, 장기전을 견뎌 낼 동력(결속력 강화)을 장착해야 한다. 총선 전인 현재뿐 아니라 총선 후에도 선거 결과를 가지고 수구 보수, 수구 진보 언론들의 전방위 융단 폭격이 가해질 것이 틀림없고, 통합론자들은 당을 더욱 가열차게 흔들 가능성이 크다. 어쩌면 현재보다 총선 후가 국민의당으로서는 더 어려운 시기가 올지도 모를 일이지만, 당 내외의 타격을 견디기 위해서 적정의 유의미한 의석 확보와, 새로운 당선자들 중심으로 당의 화합을 이끌어 내는 것이 관건이 되겠다.

당을 지속적으로 흔들어 온 내부 분란자들의 해당 행위에도 불구하고 국민의당에 대한 여론이 반드시 밑바닥인 것만은 아니다. 안철수 대표에 대한 동정 여론도 늘어나고 있고, 끝까지 독자 노선 완주를 당부하는 바닥 민심이 확인되고 있기 때문이다. 특히 배신과 음모 행위를 밥 먹듯이 하는 정치 캐릭터들에 대해서는 국민의 시선이 곱지가 않다.

제3의 신당 창당이란 것이 단순한 정치 실험으로 끝나서도 안 된다. 제3신당의 첫 번째 의미 있는 실천은 인위적 야권 연대 없이 선거를 치르는 것이다. 끝까지 독자 노선으로 완주한다는 의지 표명으로 지지를 유보하고 있는 중도층에 신뢰감을 주어야 한다. 인위적으로 수도권에서 자당의 후보를 곳곳에 내지 않음으로써 더불어민주당과 야합하며 쉬운 길을 선택한다면 그것은 영구적으로 제1야당의 위성 정당임을 자처하는 행위이며, 그동안 밑바닥에서 선거를 준비하고 뛰어온 예비 후보들에게 큰 상처를 입히는 배신 행위가 될 것이다. 이미 제3신당의 출현으로 거대 양당들이 긴장하고 변화를 모색 중인 것만으로도 신당의 존재 의미는 시작부터가 삭별하다. 국민의당에 대한 지지 여부를 떠나서 이번에도 제3신당이 실패하고 역사의 뒤안길로 사라진다면 유권자들은 앞으로 영원히 거대 양당의 속박에서 벗어나기 힘들지도 모르겠다. 그런 연유로 국민의당의 분발이 요구된다. (2016-03-14)

■ 안철수 후보, 노원병 선거사무소 입주

서울 노원병 지역의 각 당 후보들의 윤곽이 드러나고 있다.

국민의당에서는 현역 지역구 의원인 안철수 후보, 새누리당에서는 이준석 후보, 더불어민주당에는 황창화 후보, 정의당은 주희준 후보로 정리가 되고 있는 상황이다. 더불어민주당의 경우 그동안 가상의 후보군을 통한 여론조사에서 이동학 예비후보를 유력 후보로 넣고 조사를 해 왔었는데, 황창화 후보가 경선에서 후보로 확정이 되어 새로운 상황을 맞이하게 되었다.

안철수 후보의 선거사무소는 지난 3월 3일에 임대차 계약을 맺고 오픈을 준비해 왔고, 노원역 1번 출구에서 200미터 정도 직진을 하면 군산회집이 보이는 건물의 2층에 입주했다. 선거사무소의 개소식은 오는 26일경으로 내정되어 있다고 한다.

안철수 대표는 지난 3월 8일 도봉운전면허시험장 내 카페에서 "꾸준히 노력한다면 산도 바다도 옮길 수 있다. 우공이산의 마음으로 뚜벅뚜벅 걸어가겠다."며 노원병 출마 선언을 공식 선언한 바 있다.

안 대표는 최근 색다른 소통을 이용하고 있어서 화제이기도 하다. 실시간 동영상 스트리밍 SNS인 페리스코프(periscope)를 통해 매일 실내, 혹은 현장에서

번갈아 라이브 방송을 이어 가고 있는 중인데, 반응이 괜찮은 편이다.

당의 공식적인 내외부 활동을 하면서도 틈틈이 지역구 스케줄을 통해 지역 현안들을 챙기거나 주민들을 만나는 데 시간을 할애하고 있고, 안 대표의 부인인 김미경 교수도 차분하게 지역 주민들을 만나고 다니면서 힘을 보태고 있다. 김 교수는 수수한 이미지에 어지간한 이동에는 전철과 같은 대중교통을 이용할 정도로 검소한 것으로 알려져 있다.

국민의당이 창당되고 나서 발생했던 당 안의 여러 내홍들이 상당 부분 가라앉았고, 특히 당의 근간을 흔드는 당 지도부 일각의 야권 통합이나 연대 주장을 뚝심 있게 진압함으로써 당의 안정화에 가속도가 붙고 있다.

최근 정호준 의원, 부좌현 의원도 국민의당에 합류하며 원내교섭단체 진입과 유지의 안정권에 들어가게 됨으로써 정당 보조금 추가 확보는 물론이고 국회 운영에 대한 교섭권을 가지게 되어 당의 위상에 큰 변화를 가져올 수 있게 되었다. 당의 분열이나 존립 자체에 대한 불안 심리의 해소는 곧바로 각종 여론조사에서 당 지지율이 완만한 상승세를 타는 결과로 이어졌다.

안철수 대표로서는 서울, 수도권인 지역구에서의 재선을 포함한 국민의당이 총선에서의 유의미한 결과물을 얻기 위해 눈코 뜰 새 없는 상황이고, 당 내외의 여러 크고 작은 심리적 압박에 직면할 수도 있겠으나, 제3정당 창당이라는 어려운 길을 선택한 것을 감안한다면 출마 선언 때 인용한 '우공이산'의 마음을 잊지 말고 그 의미에 담긴 보폭을 유지하며 의연하게 나아가길 바랄 뿐이다. (2016-03-20)

▌각 당의 공천, 경선 잡음

　4년마다 선거판이 몸살을 앓고 있다. 각 당의 공천, 경선 과정에서 일부 비상식적인 일들이 발생하고, 일부 예비 후보들의 저급한 행태를 목격하면서 이들 정당과 예비 후보자들이 지역 주민이나 국가를 위해 봉사할 준비가 되어 있는 책임 있는 존재들인가에 대한 강한 의구심이 들었다.

　최근 어느 라디오 방송에서 박지원 의원의 전화 인터뷰를 들은 적이 있다. 공천 과정의 혼탁함을 지적하는 진행자의 질문에 박 의원은 "4년 전에도 그랬고, 8년 전에도 그랬고, 그 이전에도 그랬다."는 것이다.

　그런 인과관계로 현재도 과거와 마찬가지일 수밖에 없다고 한다면 앞으로 4년 후에도 똑같고, 8년 후에도, 그리고 그 이후에도 똑같을 거라는 상상을 하니 무척 암담해졌다.

　대통령의 눈 밖에 나면 국물조차 없는 식의 새누리당의 제왕적 공천과, 더불어민주당의 기준을 알 수 없는 현역 컷오프와 유례를 찾기 힘든 셀프 비례 공천 해프닝은 씁쓸한 한 편의 블랙 코미디와 같았다.

　비례대표 배정이 가장 무난했다는 평가를 받는 국민의당도 광주숙의배심원제가 도입된 경선에서의 미숙함으로 인해 많은 상처와 후유증을 남겼다.

단수 공천에 대한 아쉬움도 크다. 해당 지역에 입후보자가 한 사람뿐이라면 심사를 거쳐 공천 유무를 결정하면 될 일이지만, 그렇지 않은 경우 현역 의원에 비해 모든 면에서 불리할 수밖에 없는 정치 신인에게 우선은 끝까지 경선을 치르게 할 수는 없었을까.

경선 룰에 큰 문제없이 치른 곳에서조차도 일부 예비 후보들은 결과에 불복하고 무소속 출마를 선언하여 눈살을 찌푸리게 하는가 하면, 단수 공천에 반발하여 중앙당을 겨냥하여 극렬히 비난하며 탈당하는 사례들도 발생하기도 하고, 경선 과정에서 예비 후보 간의 극한의 상호 비방은 물론이고 결과에 승복하지 못한 채 삼류 조폭 영화에서나 볼 수 있는 막가파식 아사리판을 연출한 곳도 있다.

출마가 목적인지, 당선이 목적인지, 그 목적을 알 수 없는 예비 후보가 있는가 하면, 중앙당의 당헌, 당규조차 기본적으로 이해하지 못한 채 외부에서 불필요한 언행으로 언론에 이름을 올리며 구설수에 올랐다가 결국은 탈당한 상식 이하의 예비 후보도 있었다. 여기 갔다 저기 갔다 철새 행보에, 공천을 받자마자 후보직을 사퇴하며 타 정당 후보를 돕겠다고 선언한 어처구니없는 경우도 발생하고 있다.

초등학교 반장 선거에서조차도 촌지가 오가고, 학부모끼리 서로 멱살을 잡는 경우도 발생한다 하니 완장과 권력이 좋긴 한가 보다.

이념도 노선도 가치도 소명의식도 없이 선거를 정치 자영업자로서의 데뷔 무대로 삼는 듯한, 개념을 상실한 사람이 국가에 봉사하겠다고 나서는 행위는 결국 국민은 안중에도 없는 밥그릇 싸움에 다름 아니다.

이러한 저급한 선거 행태가 오래전에도, 8년 전에도, 4년 전에도, 그리고 지금까지도 바뀌지 않고, 앞으로 4년 후에도, 8년 후에도, 그리고 그 이후에도 바뀌지 않을 거라면 선거가 축제의 장이 되기는커녕 정치 염증만 누적 유발시켜 앞으로 유권자들을 투표장으로 끌어오기가 좀처럼 쉽지 않을 것 같다. (2016-03-25)

■ 일부 재야 원로들의 뻔뻔스런 선거 개입

선거일이 다가오니 여기저기 분위기가 번잡스럽고 어수선하다. 어제는 일부 재야 원로들이 뭐라 뭐라 한 모양이다. 그 내용이 궁금해서 언론 기사들을 들여다봤더니 "야권 단일화를 거부할 경우에 안철수 대표와 국민의당 후보들에 대한 낙선 운동을 펼치겠다."는 것이었는데, 읽고 나니 좀 황당했고 어이가 없었다.

과거, 선거에서 제1야당이 야권 연대나 단일화와 같은 식상한 단골 메뉴를 띄우면, 이에 동조하는 진보 언론들이 여론을 띄우고, 장외에서는 시민 단체나 재야 단체의 이름을 빌린 무리들이 등장해서 흔들어 대는 모습은 이미 낯설지가 않은 익숙한 풍경이다.

야권의 근본적인 체질 개선에 대한 건설적인 제안이나 제1야당의 패권주의 행태에 대한 비판이 배제된 일방적인 선거 연대 주장은 제1야당 진영의 논리와 사고의 동선을 같이하고, 기득권 세력에 부역하는 행위 그 이상의 의미가 없다.

많은 이들이 지난 대선 때의 악몽을 잊지 않고 있다. 민주통합당 후보를 지지하는 장외 친노, 친문 지식인들이 제1야당의 편에서 '문안드림' 등의 그럴듯하게 포장된 이벤트 상품을 들고 나오면, 친민주당 성향의 여론조사 기관과 언론이 가세하여 제3지대 국민 후보로 나온 사람을 줄곧 흔들어 댔다. 일부 시민 단체, 재야 원로들도 가세하여 나라를 걱정한다는 미명하에 야권 후보들을 단일화 협상 테이블로 끌어들였다.

야권 단일화 프레임에 발을 걸쳐 놓는 순간 제1야당 후보가 아닌 제2, 제3의 후보가 단일 후보의 자리를 획득하는 것은 사실상 불가능에 가깝다. 제1야당이 갖추고 있는 당 내외 인프라와 경선 시스템은 매우 조직적이고 체계적이기 때문이다.

제1야당은 지금까지 그들이 원하는 프레임대로 치른 야권 단일화나 연대의 선거에서 연전연패했다. 그리고 그 연대는 제1야당의 기득권을 유지하는 데 큰 도구로 이용되어 왔다. 하지만 선거의 결과에 대해서 그 누구도 책임지는 이가 없었다. 잇따른 패배에도 야당은 체질이 개선되지 않고 오히려 패권주의는 더욱 강화되었다.

그 누구도 이렇다 할 원인 규명도 책임도 반성도 없이 새로운 선거가 다가오면 낯 두꺼운 얼굴로 단일화나 연대를 주장한다. 그러고는 또다시 익숙한 패배를 맞이해 온 것이 지금의 야권의 모습이다. 제3정당의 탄생은 이런 배경에서 성장했다.

"언론에서 자꾸 얘기하는데 연대는 무슨 연대를 해. 선거구 공식적으로 나눠 갖자는 건가? 나는 그런 거 절대 안 한다. 오늘 아침 조선일보 보니까 수도권에서 국민의당 지지율이 3퍼센트 정도밖에 안 돼. 그 정도면 무시해도 상관없다." 이 독선적이고도 오만한 말은 김종인 더불어민주당 비대위 대표가 한 말이다. 그럼에도 불구하고 진보 언론이나 시민 단체나 재야의 원로를 자처하는 이들은 국민의당에게 책임을 전가시키고 있는 것이다. 그도 모자라서 안철수 대표나 국민의당 후보들마저 낙선 운동을 하겠다고 하니 기가 막힐 노릇이다. 재야 원로들은 야권이 이렇게 되기까지 가장 큰 책임을 져야 할 친노 세력들과, 야권 연대를 거부한 현재 더불어민주당 비대위부터 먼저 성토해야 마땅할 것이고, 그렇지 못한다면 다수 국민들의 공간대를 얻기는 힘들 것 같다.

제3원내정당의 대표와 그동안 선거를 준비해 온 후보들에 대한 낙선 운동은 명백한 불법 선거 개입이며, 유권자들이 제3의 선택을 할 수 있는 자유와 권리를 침해하고, 정당의 나양성을 차단하는 무지한 시대착오적인 월권이자 협박에 다름 아니다.

민주사회에서 그 누구나 자신의 생각을 주장할 권리는 있겠으나, 제3정당 역시 민의에 의해 탄생했고, 이런 정당을 향해 반민주 세력으로 몰아가며 선거 개입의 방법을 통해 낙선을 협박할 권리는 없다. 누가 이들에게 이런 권리와 권력을 부여했는가.

이번 선거는 거대 양당과 더불어 제3의 정당이 유권자들에게 공정하게 심판받는 기회가 되어야 하고, 유권자들의 선택의 폭이 넓은, 자유 투표의 권리가 보장된 가장 민주적이고도 혁명적인 선거가 되어야만 할 것이다. 감히 그 권리를 막을 수 있는 권리를 가진 사람은 아무도 없다. (2016-03-30)

▌노원병 안철수 후보 유세 현장 스케치

D-6, 총선 6일을 남겨 둔 시점에서 노원병 지역을 방문했다.

안철수 의원이 평소 주민들과의 소통 공간으로 활용하는 '정책카페'를 잠시 들렀다가 안철수 후보의 노원병 선거사무소로 발길을 옮겼다. 선거사무소는 개인적으로는 두 번째 방문이다. 개소식을 하기 이전 시점에 처음 방문을 한 관계로 실내장식 마무리나 인력 세팅이 완전히 갖추어지지 않은 상태였기 때문에 외관상으로 사무실이 허전한 느낌을 받을 수밖에 없었지만, 개소식을 기점으로 많은 지역 주민들이 이곳을 방문하고 있다.

건물 입구의 계단을 딛으려는 순간 이동섭 안 후보 비서실장과 마주쳤고, 가벼운 인사를 나누었다. 사무실로 들어가는 계단 입구의 벽면에 부착된 포스터들이 빈틈을 가득 채우고 있었고, 여러 종류의 스탠딩 배너들과 축하 화분들, 그리고 수백 장의 사진들을 조합하여 만든, 인상적인 후보자의 모자이크 사진을 부착한 유리창들, 그리고 벽면을 적당히 보기 좋게 채운 대형 사진들과 다양한 종류의 포스터들은 최초 방문 시의 그 허전한 느낌을 완전히 채워 주기에 부족함이 없었다.

무엇보다도 자원봉사자들의 활발한 모습과, 상담을 하기 위해 찾아오는 지역 주민들, 선거사무소 인력들의 모습이 내부의 정경과 잘 어우러져서 사무실의 역동성을 느끼게 해 주었고, 테이블 위에 비치된 민원 상담일지, 지인 추천서, 방명록, 명함 상자 등이 방문자들의 손길을 기다리고 있었다.

최근 안철수 대표의 하루 일정은 몸이 열 개라노 모자랄 정도로 빡빡하다. 당 대표로서의 당무, 그리고 전국에 있는 국민의당 후보들에 대한 지원 유세로 눈코 뜰 새 없이 바쁜 하루를 보낸다. 안 대표는 매일 오전부터 해가 질 무렵까지 여러 지역을 옮겨 다니면서 국민의당 후보들과 국민의당에 대한 지지를 호소하지만, 오후 7시 30분경이 되면 어김없이 노원역 2번 출구에 있는 문화의 거리에 나타난다. 타 지역 후보들에 대한 지원 유세 탓에 자신의 지역구인 노원병을 훑고 다니기엔 시간이 턱없이 모자라지만 선거 운동 기간 중 매일 약속된 시간에 상계동 지역 유권자들과의 만남을 챙기고 있다. 이를 선거 캠프에서는 '거기 가면 철수 있다.'라는 슬로건으로 함축시켰다. 유세 현장에 없는 주민들이나 전국의 지지자들을 위해서 앱을 이용한 인터넷 생방송 중계도 빠뜨리지 않고 있다.

노원병 지역은 선거 초반 판세가 새누리당 후보와 박빙인 것으로 나타나면서 안 대표에게 어려운 선거가 될 것으로 예상되었으나, 선거가 중반을 넘기면서 일부 조사에서 안 후보가 다자 구도에서도 새누리당 후보와 격차가 많이 벌어진 것으로 나타나기도 했다(동아일보가 여론조사 기관인 리서치앤리서치에 의뢰해 7일 발표한 지지율과 같은 날 YTN이 여론조사 기관 엠브레인에 의뢰해 발표한 결과 참조).

이는 안철수 대표의 야권 연대에 대한 일관된 입장 표명과, 당 안팎에서의 여러 공격들을 잘 방어하고 극복하는 모습을 보임으로써 지난 1월 중순부터 2월 말 사이 국민의당이 상당한 내상을 입고서 힘든 기간을 보냈음에도 불구하고, 당이 경선을 마무리한 시점부터 당이 급속하게 안정을 되찾고, 당이 나아가야 할 방향을 당 지도부가 흔들림 없이 일사 분란하게 보여 줌으로써 호남 지역 유권자들을 비롯해서 중도층에게도 다시 신뢰를 얻고 있는 이유로 보인다. 안 대표의 사뭇 달라진 결기 있는 모습은 전국에 포진되어 있는 국민의당 후보자들에게 힘을 실어 주는 효과를 가져왔고, 전국 후보자들이 세팅됨으로써 생긴 지역별 구심력은 역으로 안 대표에게도 힘을 실어 주고 있다. 그것은 곧 안철수 후보 개인의 지지율 상승에도 크게 영향을 끼친 것으로 보인다. 게다가 현재 진행중인 여러 지역 현안들이 안철수 후보가 지역구의 현역 의원과 유력 대선 주자로서의 포지션과 맞물리면서 플러스 요인으로 작용한 것으로도 보인다.

안철수 후보 선거 캠프는 '공정성장을 위한 국민만세 정책공약 시리즈'를 창안하여 ▲서민만세(서민들만 힘들지 않아도 되는 만족한 세상) ▲사장만세(사업하는 중소기업 사장님들도 만족하고 살 만한 세상) ▲점빵만세(점빵 주인들도 행복하게 살 만한 세상) ▲청년만세(청년이 만족하고 살 만한 세상) ▲고졸만세(고등학교만 나와도 살 만한 세상) ▲여성만세(여성에게만 차별을 강요하지 않는 만족한 세상) ▲노인만세(노인만이라도 폐지 줍지 않아도 되는 만족한 세상) ▲지방만세(지방도 교육, 문화, 복지, 일자리 등 격차 없이 살 만한 세상) 등과 같이 개별 부문별로 공약들을 내놓았다.

창동차량기지, 도봉면허시험장 부지를 서울의 새 중심지로 만들겠다는 비전과 수서발 KTX 창동~의정부 연장 등은 가장 역점을 두고 있는 지역 현안 사업들이다. 이를 성공적으로 추진하기 위해서는 유력 정치인인 자신이 계속해서 지역구를 맡아야 되지 않느냐는 입장이다. 이를 뒷받침할 구체적인 지역 발전 공약 등을 매일 저녁 '거기 가면 철수 있다.'라는 슬로건으로 녹여 낸 유세 현장에서 유권자들에게 어필하려는 것이다.

7일 안철수 대표의 일정은 다른 날과 마찬가지로 오전 남양주 세 곳에서부터 구리시, 하남시, 강동, 송파 세 곳, 동작구 지역 지원 유세에 이르기까지 빡빡했다. 저녁에 노원으로 오는 시간에 차가 많이 밀려 다소 늦게 약속 장소에 나타났다. 유세장에서 미리 후보를 기다리는 동안에 근처에서 부지런히 유권자들에게 인사를 건네고 있는 안 후보의 부인인 김미경 여사의 모습도 볼 수 있었다.

안 후보는 목이 완전히 잠긴 상태였지만 강한 어조로 연설을 이어 갔다. 주로 낡은 것과 미래에 대한 비유와 양당 체제의 모순에 대한 설명으로 연설 시간을 많이 할애했다. "우리나라가 정말 큰 위기지만 그 위기를 해결해야 할 우리나라의 정치가 제대로 역할을 안 하고 있다."고 하면서 '철밥통'에 비유한 거대한 기득권 양당 체제의 부작용을 지적하면서 국민의당이 이 구조를 깨뜨려 보겠다며 지지를 호소했다.

"이대로도 괜찮다고 생각하면 1번, 2번을 찍으시되, 이대로 안 된다, 바뀌어야 된다고 생각하면 꼭 기호 3번 국민의당을 선택해 달라."며 당선되면 민생 정치를 하겠다고 약속했다.

"3당 정당 대표들이 모두 텔레비전 앞에서 각 당의 공약들을 설명하고, 국민들의 심판을 받기 위해 티비 토론을 제안했으나 각 당은 묵묵부답으로 일관한다."며 양당을 강하게 비판했다.

"국민의당은 85만 개 일자리를 공약함으로써 다른 당들과 비교해서 가장 현실적이면서도 실현 가능하고 거짓 없는 공약을 제시했다."고 자평하기도 했다.

안철수 대표는 최근 사석에서 "몸은 많이 힘들지만 그래도 마음은 힘들지 않다."고 말할 만큼 총선을 앞두고 강한 의지를 보이고 있다고 한다. 한때 국민의당이 끝없는 추락의 위기를 맞이하기도 했지만, 최근 그 상승세가 거침없다. 정당 지지율이 50퍼센트 가까이 상승한 것으로 보도되고 있는 호남에서부터 불어닥친 국민의당의 바람이 수도권으로 북상하는 분위기다. 투표 당일 뚜껑을 열어 봐야 알겠지만 현재로서는 큰 이변이 없는 한 국민의당의 약진이 예상된다. (2016-04-09)

■ '안철수의 국민 속으로' 인터넷 생방송 40일째

안철수 대표가 특별한 소통을 시작한 지 40일째 되는 날이다. 'periscope' 라는 앱을 이용한 인터넷 생방송을 진행하기로 결정하고, 매일 방송을 통해 만날 것을 약속한 지 벌써 40일이 되었다.

최근 인터넷상에서 흔히 접할 수 있는 정치 팟캐스트 방송들은 특정 정파나 특정 유력 정치인을 옹호하거나 비난할 목적으로 만들고, 그 내용도 상당히 편파적이고 선동적이어서 극렬한 소수 마니아를 제외한 다수에게는 외면받는 존재가 되어 버린 것도 사실이지만, 일부 프로그램들은 언론과 연계되어 대중들에게 확대 재생산되는 것이 가장 큰 문제라고 여겨진다.

상황이 그렇다 보니 국민의당이나 안철수 대표 쪽을 대변하는 인터넷 방송의 필요성에 대해서 여기저기에서 적지 않은 요청이 있는 것으로 알고 있던 차에, 안철수 대표가 직접 인터넷 생방송을 진행하게 되었다는 소식을 듣고 나서 자연스럽게 관심을 가지고 지켜보게 되었다.

필자에게 처음에는 'periscope' 라는 앱이 생소했다. 개인적으로는 한 번도 사용해 본 적이 없었기 때문에 스마트폰에 설치하면서 계정을 만들어야만 했다. 그러다 보니 일부에서는 해외 앱 대신에 국내 앱을 이용하면 안 되겠느냐는 건의도 있긴 했지만, 막상 설치를 해 보니 계정을 만드는 데 복잡한 과정을 거치지도 않았고, 사용하는 데 불편함을 느끼지는 못했다. 검색해서 안철수 계정을 팔로우만 하면 된다. 트위터 계정이 있으면 연계도 가능했다. 최근에 다시 페리스코프 앱에 대해서 인터넷을 검색해 봤더니 국내에서도 총선 홍보용으로 사용 중인 후보들이 조금씩 늘어나는 것 같았다.

어떤 앱을 사용하는 것이 중요한 것은 아니고, 생방송을 매일 할 수 있느냐는 것이 관건일 텐데, 처음에는 '정말 매일 할 수 있을까?' 하는 생각이 언뜻 들었다. 그런데 그런 생각도 잠시 뿐, 방송은 벌써 40일째 진행되고 있다.

안 대표는 총선을 앞두고 눈코 뜰 새 없이 전국을 누비는 강행군을 펼치다 보니 이제는 '안길동'이라는 별명까지 얻었다. 그러한 상황임에도 안 대표의 방송은 시간과 공간의 제약을 받지 않는다. 택시 안에서 방송을 하기도 하고, 늦은 밤 귀가하자마자 서재에서 진행하기도 하고, 야외, 유세 현장, 공항, 커피숍, 노원 정책카페, 의원실, 선거사무소 등 다양한 소재와 장소를 통해 방송이 진행되고 있다.

여과 없이 하루도 거르지 않고 생방송을 진행하다 보니 '피곤해 보이신다, 건강 챙기시라.'는 댓글도 심심찮게 보게 된다. 빡빡한 유세 지원 때문에 목이 다 잠겼는데도 생방송은 중단이 없다.

생방송 도중에 재미있는 에피소드들도 있었다. 어떤 날은 식용곤충농장을 운영 중인 어느 지지자가 보내온 '밀웜(mealworm, 갈색거저리)'을 방송 중에 보여 주면서 "이게 바로 미래 식량이라는 건데 어찌 먹어야 할지 모르겠다."며 멋쩍게 웃기도 했다. 어떤 날은 방송 도중에 안 대표 뒤로 보이는 냉장고의 문이 열린 것 같다는 댓글이 올라오고 나서 다른 일부 시청자들도 동조하여 냉장고 관련한 댓글들을 올려, 갑자기 냉장고 쪽으로 관심이 쏠린 적도 있었다. 급기야 안 대표가 뒤돌아보면서 "열린 게 아니라 원래 그렇다."면서 방송 도중에 해명하는 방송사고(?)도 있었다. 냉장고 덕분에 발생한 엉뚱하고도 재미있는 해프닝으로 인해 의원실에서도 '안철수 냉장고'라는 제목으로 기념 동영상을 제작해서 배포하기도 했다. 국회 본회의 일정으로 인해 새벽 2시에 의원실에서 방송을 진행한 날도 기억에 오래 남는다.

오늘이면 40일째 되는 생방송 '안철수의 국민 속으로'는 안 대표에게도 각별한 시간이겠다는 생각이 들었다. 단순한 현장의 중계 차원이 아니라, 시청자들에게 하루에 있었던 주요 일정과 생각을 정리하여 압축된 메시지로 전달하고, 시청자들의 댓글과 트위터, 페이스북 등 여러 SNS를 통한 소통 과정은 자산이 될 것 같다. 시청자들 입장에서도 단순 청취나 시청이 아니라 실시간으로 즉석에서 생각과 건의사항 등을 올릴 수 있다는 장점이 있다.

안 대표가 방송을 시작하고 나서 하루도 빠지지 않고 진행해 온 점을 감안한다면 '약속은 지킨다'는 점, 그리 길진 않은 기간이지만 방송을 통해 전달하고자 하는 '진정성'은 충분히 전달이 되고 있는 것 같다. 작은 믿음들이 모여서 안철수 대표 개인뿐 아니라 국민의당의 신뢰감도 쌓여 가고, 그것이 곧 당 전체의 지지율로 이어지는 것은 아닐까 하는 생각이 들었다. (2016-04-10)

▌저급한 일부 정치 평론가들

제20대 총선이 끝났다. 이번 총선에서 국민의당은 38석을 얻었다. 개인적으로는 국민의당이 37석을 얻을 것으로 보았다. 예상 의석수로서는 실제 수치와 거의 일치했는데, 이는 기존의 여론조사를 토대로 예상한 수치는 아니었다. 밑바닥의 표심이라는 것이 여론조사보다 더 중요하고도 정확한 이유이다. 물론 내용적으로는 예상이 빗나간 부분도 있다. 수도권에서 5석 정도를 계산했고 비례는 10번 정도로 봤다. 그런데 수도권 당선은 2석에 그쳤고, 비례는 무려 13번까지 당선이 되었다.

그런데 웃긴 건 그 흔한 전문 여론조사 기관들이나 정치 평론가들조차 국민의당에 대해서 근거 있는 예상 의석수를 제시하지 못했다는 점이다. 대부분 20석, 혹은 그 이하 정도로 평가절하한 예상 수치를 제시한 기사를 본 적이 있는데 터무니없는 듯하여 좀 어이가 없었다.

일반인도 아닌 전문가라는 이들의 예상 수치가 왜 이랬을까? 여론조사나 평론의 용도가 어디까지나 참고용으로 끝나야 하는데 본인들의 자의적 설명을 계속 습관적으로 덧붙이다 보면 이것은 본인의 희망사항을 읊조리는 것이 되고, 나아가 여론 조작이 되는 수가 있다. 실력이 없어서 그런 거라면 직업을 바꿔야 되고, 고의적으로 여론을 부추길 목적이라면 더욱 문제다.

돌아가는 상황이 뻔히 그렇지가 않은데도 무슨 특별한 사유를 갖다 붙여 문재인 의원이나 더불어민주당은 지지율이 올라야 되고, 반면 안철수 대표나 국민의당은 무슨 이유를 갖다 붙이더라도 지지율이 떨어지고 선거에서 대패해야만 하는 이상한 예측과 분석, 그리고 정치 평론들.

객관적 시각으로 명쾌한 해설을 하고 있는 평론가들까지 덩달아 이미지 훼손을 가져오는 경우가 아닐까 싶은데, 필자도 한동안 종편 시사 프로그램을 많이 시청하곤 했으나, 대부분 방송들이 전체적으로 균형 감각이 없고, 상습적으로 특정 정치인(안철수)을 조롱, 매도하거나 편파적인 자신의 생각을 합리화하려 애쓰기도 하고, 심지어 스스로 흥분해서 방송 도중에 고래고래 소리 지르기도 하는 일부 몰상식한 패널들과 의혹을 되려 부추기거나 말장난이나 하려 드는 일부 진행자들 때문에 스트레스를 받곤 해서 더 이상 시청을 하지 않고 있다.

이번 총선을 통해 일부 여론조사 기관과 정치 평론가들의 신뢰도는 완전히 바닥까지 추락한 듯하니, 해당 패널들은 스스로 방송 출연을 자중해야 마땅하고, 방송국에서도 자체 정화 작업이 시급하다. (2016-04-15)

■ 김미경 교수에 대한 기억

4월 14일 상계동 선거사무실에서 노원병 선거 캠프 해단식이 있었다. 선거 기간 동안 많은 수고를 아끼지 않은 자원봉사자들, 선거 캠프 스태프들, 지역구 지지자들이 찾아와 사무실을 가득 채웠다. 김미경 교수가 먼저 사무실에 올라와서 방문객들과 일일이 덕담을 나누는 동안 담담한 표정의 안철수 의원이 사무실에 들어왔다.

선거 기간 동안 안 대표는 전국을 누비며 눈코 뜰 새 없이 빡빡한 후보 지원 유세 일정을 소화했다. 당장 눈앞에 있는 지역구 선거도 챙겨야 했지만 신생 정당의 공동대표로서 지역구에만 머무를 수 없는 상황이었기 때문이다.

그런 빈자리를 훌륭하게 채워 준 사람이 바로 안 대표의 부인인 김미경 교수였다. 하지만 그런 김 교수조차도 시간을 쪼개야만 활동이 가능한 상황인지라 주로 출퇴근 시간을 이용할 수밖에 없었으며, 한번 짬을 내서 일정을 잡으면 몇 시간씩 집중적으로 밑바닥을 훑는 방식을 택했다.

김 교수는 몇 시간을 휴식 없이, 물 한 모금 마실 여유도 없이 한분 한분 지역 주민들에게 인사하고 다니면서도 수행원 앞에서조차 힘든 내색을 하지 않는 모습이었다. 사람들이 많이 모여 있는 번화가나 아파트 밀집 지역보다는 상대적으로 사람들의 발길이 뜸한 후미진 지역을 골라서, 때로는 으슥해 보이는 외딴 상가 깊숙한 곳까지도 그냥 통과할 순 없다며 찾아 들어가는 적극적인 모습도 인상적이었다. 고된 일정을 마무리하는 순간에도 수행원에게 동선을 꼭 기록해 두라는 당부도 잊지 않았다.

김 교수는 매스컴에 자신을 드러내는 것을 그다지 좋아하지 않는 것으로 보였다. 그렇기 때문에 언론 앞에서 의식적으로 이미지를 꾸미는 것을 좋아하는 정치 풍토와 멀어 보였다. 안 후보의 연설이 있던 노원역 앞 문화의 거리에서는 어느 인터넷 신문사의 즉석 인터뷰 요청을 극구 사양하는 모습을 목격하기도 했다.

해단식에서 소감 요청을 받은 김미경 교수는 다음과 같은 말을 했다. "많은 사람들이 교수 하면서 존경받고 살면 되는데 왜 정치에 나와서 이렇게 고생도 하고 명예를 잃고 사느냐는 말씀을 하시는데, 저도 처음엔 그렇게 생각했습니다. 그런데 사람들이 어떤 오해를 하더라도 본인이 온전하면 아무 문제가 되지 않는다는 것을 깨달았고, 저와 남편이 4년째 하고 있는 일들이 저로서는 굉장히 힘들지만 한편으로는 그게 제 인생을 굉장히 풍요롭게 해 줍니다. 제가 남편 덕에 이런 경험을 하지 않았으면 인생은 아마 안정되지만 단조롭고, 별 의미가 없었을 것 같습니다. 물론 교수로서 성과도 있었겠지만 우선 제가 여러분들을 만날 수 없었을 거고, 제가 세상에 대해 아는 그것은 굉장히 적었을 것입니다. 이게 진정한 인생 같고요, 앞으로도 여러분이랑 살아 나가겠습니다. 고맙습니다."

소감 말씀에서 권위나 가식이 없는 내면의 솔직함이 묻어 나왔다. 김 교수는 청순한 이미지에 부드럽고 온화한 말투와 미소를 갖춘, 검소하면서도 꼼꼼한 성격의 소유자로 보였다. 외유내강의 분위기가 안철수 대표와 많이 닮아 있었다. 노원병의 승리는 내조의 승리였다. (2016-04-27)

6장 · 대선을 어떻게 준비할 것인가

국민의당의 등장으로 인한 중도층의 움직임 | 희망을 품은 정당 득표(비례대표) 결과 | 국민의당의 힘으로도 대선 승리는 가능하다 | 추가 정계 개편의 필요성 | 달라진 안철수의 위상 | 2017 대선, 안철수에게 기회를 주어야 하는 이유

■ 국민의당의 등장으로 인한 중도층의 움직임

　제20대 총선에서 여당인 새누리당은 122석, 제1야당인 더불어민주당은 123석, 그리고 신생 제3정당인 국민의당은 38석을 얻었다. 놀라운 결과였다. 하지만 선거 기간 동안에 거대 양당의 지도부, 그리고 대부분의 언론과 여론조사 기관들, 정치 평론가들은 그들만의 세계에 도취되어 있었다. 여당은 자신들의 위기를 깨닫지 못하고 있었고, 제1야당은 제3정당의 존재감을 애써 외면하며 여전한 야권 분열 프레임으로 여당 견제론을 펼쳤다. 제3정당에 대해서는 너나 할 것 없이 20석 미만, 혹은 턱걸이 의석을 예상했다. 설령 결과를 예측했다 하더라도 표면적으로는 애써 외면했을 것이다. 그러다 보니 유권자들은 '알 권리'를 챙기지 못했고, 결과적으로 각 당의 아전인수 격 언론 플레이와, 심지어 일부 오피니언 그룹의 여론 왜곡 행태를 적나라하게 보여 주는 계기가 되기도 했다.

　저조한 응답률로 정밀도가 많이 떨어지는 일부 여론조사는 밑바닥 민심과 동떨어지는 것이었고, 이런 부정확한 조사 결과를 가지고 대부분의 진보 언론은 기사를 확대 재생산하며 엇나간 여론을 부추겼다. 오죽했으면 요즘은 차라리 보수 매체가 더 객관적이고, 읽을 게 더 많다는 소리까지 나오겠는가.

　이것이 끝은 아니었다. 정밀도 낮은 여론조사 결과 발표=〉언론 확대 재생산

=> SNS 호위무사들로 이어지는 조직적 포털 여론 장악도 가짜 여론을 부추겼다. 정치 성향이 확연히 드러나는 좌와 우의 포지션과는 달리 중도 성향 유권자의 경우는 평소 쉽게 자신의 의사 표시를 하지 않으며, 실제로 온라인 커뮤니티를 이용하지 않는 이들이 많다. 정치 무관심층은 이예 SNS 계정이 있다 하더라도 정치 게시물을 보지도 올리지도 않으며, 온라인 정치 기사도 마찬가지로 관심을 가지고 들여다보질 않는다. 그러다 보니 온라인 여론 또한 실제 민심과는 거리가 멀었다. 총선 결과의 핵심은 국민의당의 등장으로 인한 중도층의 움직임으로 야권의 지형 확장이 이루어졌다는 사실이고, 여론조사와 실제 결과는 많이 다르다는 사실을 재확인했다는 점이다.

4월 14일자 한겨레신문에 게재된 〈국민의당 약진, 야권 분열 아닌 야권 확장이다", 전문가 5인의 평가와 전망〉에서 오승용(전남대 연구교수)도 "교차 투표가 어느 정도로 영향을 미쳤는지는 명확히 평가하기 힘들다. 확실한 것은 야권의 확장이다. 지금까지는 주로 제1야당과 진보 정당의 연대라는 형식으로 확장이 시도됐지만 성공과 실패가 교차했다. 이번엔 그 반대였다. 심판론이 작동하는 대통령 선거나 정권 말기 선거에선 중도·중간 정치 세력을 통한 확장 전략이 보수 여당을 지지해 온 중간층과 보수 유권자들에게 다른 선택지를 제공할 수 있다는 점에 주목할 필요가 있다."며 결국 국민의당의 등장은 야권의 분열이 아니라 야권의 확장임을 말하고 있다.

박성민(민컨설팅 대표)도 "야당 지지층은 결집한 반면, 여당 지지층은 이탈했다. 새누리당 후보들은 줄곧 지지율 30퍼센트대에 묶여 있었다. 30퍼센트대의 박근혜 대통령을 긍정 평가하는 핵심 지지층을 제외하곤 다 이탈한 거다. 국민의당의 선전 역시 야당 지지자들의 '전략 투표' 덕이라기보다 국민의당이 새누리당 지지층을 잠식했기 때문이라 보는 게 타당하다."면서 국민의당의 확장성을 지적했다.

채진원 경희대 후마니타스 칼리지 교수는 4월 18일자 허핑턴포스트지에 기고한 〈'양극단에서 중도로 수렴하라'는 유권자 메시지〉를 통해 "국민의당이 원내3당으로 등극할 수 있었던 배경에는 중도 유권자들의 '전략적 교차 투표'에 따른 '중도 확장 노선'의 선택이 있었다. 김종인 대표가 구사한 우클릭한 중도 진보 성향의 더민주당과 중도 보수 성향의 국민의당 사이의 경쟁과 협력이 중간 지대로 이동하는 새로운 유권자층을 창출하고 결집시킴으로써 선거판 전체 구도의 변화를 가져왔다. 중앙선관위와 KBS의 '사전 출구조사'에 따르면, 약 400만 명의 유권자들이 동일 정당의 후보와 정당 투표를 선택하는 '일관 투표' 대신에 후보와 정당을 분리하여 투표하는 '교차 투표'를 선택, 후보는 더민주당, 정당 투표는 국민의당을 찍는 '전략 투표'가 광범위하게 나타났다. 새누리당 후보를 찍은 유권자 중 정당 투표로 국민의당을 찍은 경우가 12.9퍼센트이다. 더민주당 후보를 찍은 유권자 중 정당 투표로 국민의당과 정의당을 찍은 경우가 20.8퍼센트와 13.3퍼센트나 됐다.(중략) 거대 양당에 불만이 있는 중도 성향의 유권자들이 이탈을 했다. 이탈자들은 제3당의 출현으로 '투표 선택의 폭'이 넓어지면서 '투표 다양성의 확장'이라는 민주주의를 쟁취했고, 진영 논리를 넘어섰다. 제1당과 제2당에 불만이 있지만 반대당에게 투표할 수 없었던 유권자들이 '전략적 교차 투표'를 통해 국민의당을 선택함으로써, 중간 지대를 키웠다.(중략) 종전의 '진영 논리에 기댄 야권 연대론'에서는 결코 볼 수 없는 현상이다. 오히려 종전의 야권 연대로 선거를 치렀다면 더민주당이 원내1당으로 등극하기 힘들었을 것이다."며 국민의당의 등장으로 인해 정치 양극화의 굴레에서 벗어날 수 있었던 중도층의 선택에 주목했다.

김호기 연세대 교수는 4월 21일자 한국일보에 기고한 〈제20대 총선의 지질

학)에서 "중층적 의미는 중도층의 능동화다. 우리 사회 이념 구도의 특징은 '단봉(單峯)형'과 '쌍봉(雙峯)형'이 공존한다는 데 있다. 크게 보아 중도가 두터운 단봉형 낙타 모양으로 나타나지만, 자세히 보면 보수적 산업화 세력 대 진보적 민주화 세력이 강력한 발언권을 갖는 쌍봉형 낙타 모양을 이룬다. 정치적 공론장에서 종합편성 채널(종편)과 소셜네트워크서비스(SNS)는 쌍봉형 구도의 전위대라 칭할 만하다. 하지만 선거 결과는 종편과 SNS에 상대적으로 무관심한 중도층이 정치적 의사를 적극적으로 표시한 것으로 드러났다. 이렇게 보지 않고선 지역구 공천을 전국적으로 하지도 못했던 국민의당의 선전을 독해하기 어렵다."며 중도층의 표심을 분석하고 있다.

이번 총선의 최대 성과라면 국민의당 창당으로 인한 중도층 유권자의 적극적 의사 표시라고 봐야 될 것 같다. 양당 체제에서 마지못해 차선을 선택하거나, 의사 표시를 포기한 많은 중도층을 투표장으로 끌어낸 것이다. 중도층은 예전부터 양당 체제에 식상한 유권자들이 이른바 무당층으로 불리는 두터운 정치 무관심층을 형성하며 각종 선거에서 전체 투표율의 하락을 가져오는 요인이 되기도 했으나, 이번 총선을 계기로 전면적으로 수면 위로 부상하게 된 것이다. 이러한 현상을 가장 두려워한 쪽이 거대 양당들이었으며, 이들의 정치적 선택권을 줄이기 위해 특히 제1야당은 자신들의 야권 독식 체제가 무너지는 것이 두려워 야권 분열 프레임을 만들었으며, 최근 몇 년 사이 안철수 현상에서 안철수 세력화로 이어지는 제3의 신당의 탄생, 중도층의 정치 의사 표시를 극렬히 견제해 왔던 것이다. 이번에 안철수 의원은 과거 일련의 정치 실험의 실패와 기득권의 방해에도 불구하고 담대한 결단을 통해 마이 웨이를 개척할 수 있었다. 따라서 우리나라의 척박한 정치 환경에서 제3의 중도 신당을 창당하고 총선을 성공적으로 이끌었다는 사실만으로도 새로운 정치의 절반은 실현했다고 볼 수 있다.

▌희망을 품은 정당 득표(비례대표) 결과

　제20대 총선의 정당 투표(비례대표) 결과는 새누리당 33.5퍼센트, 더불어민주당 25.54퍼센트, 국민의당 26.74퍼센트 순으로 나타났다. 국민의당은 정당 득표율에서 오히려 제1야당인 더불어민주당을 앞서는 놀라운 성과를 얻었다. 비례의석도 예상을 뛰어넘어 무려 13석을 차지했다. 다만 정당 득표에 비해 크게 아쉬운 의석수와 관련한 의문점은 김성식 국민의당 최고위원이 MBC 라디오 '신동호의 시선집중'에 출연하여 "소선거구제만 아니었다면 저희가 80석이 되었을 것이다. 수도권에서는 1당과 거의 차이가 없을 정도의 2등이고, 대구 지역에서도 2등을 기록했다. 소선거구제다 보니 수도권에서 좋은 성적을 많이 못 낸 것"이라고 발언한 대목에서 충분히 이해된다.

　따라서 국민의당은 2017년 대선에서도 야권 연대나 단일화 없이 다자 구도로도 승리할 수 있는 토대를 마련했다. 중앙선거관리위원회가 집계한 지역별 정당 득표율을 살펴보면, 서울의 경우 새누리당이 30.82퍼센트, 국민의당 28.8퍼센트, 더민주 25.90퍼센트의 순이었다. 인천에서는 새누리당 33.42퍼센트, 국민의당 26.87퍼센트, 더민주 25.43퍼센트, 경기 지역은 새누리당 33.42퍼센트, 국민의당 26.87퍼센트, 더민주 25.43퍼센트의 순으로 나타났다. 국민의당은 수도권에서도 선전하며 독자적 경쟁력을 확보했다. 호남에서는 독보적인 지지를 얻어 냈다.

총선 결과로 드러난 온건 보수를 포함한 중도층의 표심은, 국민의당으로는 이동할 수 있지만 더불어민주당 쪽으로는 거의 이동하지 않아 향후 대선에서 새누리당으로부터 마음에 드는 대선 후보가 나타나지 않을 경우 스펙트럼이 넓은 국민의당 후보를 선택할 가능성이 높다. 이번 총선 결과로 인해 가장 큰 피해를 입은 쪽이 새누리당에 있는 내선 주자들이었다. 온건 보수의 여권 지지 이탈 현상이 가속화될 경우 국민의당은 차기 대선에서 야권 연대 없이도 집권할 수 있는 가능성이 더욱 높아진다. 이는 곧 더불어민주당의 단골 메뉴인 야권 단일화 프레임은 더 이상은 통하지 않는다는 것을 의미한다.

비록 더불어민주당이 제1당을 차지하였으나, 총선과 다르게 대선은 인물 한 사람만 선택하는 선거이다 보니 정당 득표율이 차지하는 의미는 매우 크기 때문에 겉표정과 다르게 더민주당의 속내는 불안할 수밖에 없다. 친노패권주의가 실질적으로 당을 장악한 더불어민주당의 경우, 차기 대선 후보로 문재인 전 대표가 나올 가능성이 가장 크지만, 총선에서 호남 민심을 잃어버린 것은 돌이키기 힘든 과오이다. 총선 때 호남을 향해 내걸었던 '정계 은퇴' 논란도 계속 발목을 잡을 것이고, 설령 다시 대선에 나온다 해도 국민의당이 과거와 같이 야권 단일화 늪에 쉽게 빠져들 리 없고, 야권 단일 후보를 또다시 문재인 후보로 대선을 치른다 해도 제18대 대선처럼 안철수 주요 지지층에서 재탕해서 표를 몰아줄 가능성은 희박해 보인다. 따라서 현재의 더불어민주당은 제1당이라는 위상에 걸맞지 않게 향후 대선을 앞두고 다시 흔들릴 가능성도 배제할 수 없다.

■ 국민의당의 힘으로도 대선 승리는 가능하다

이제 국민의당도 다자 구도에서의 대선 승리에 초점을 맞춰야 한다. 우선 새누리당은 지지율이 반등할 만한 거리가 없고, 총선에서 대선 주자들이 낙선하거나 영향력을 잃어버려 현재로서는 마땅한 인물도 없다. 일각에서 반기문 대망론을 주장하기도 하지만, 여론조사와 현실 정치 사이의 간극이 커 보인다. 실제로 반기문 총장이 대선에 뛰어들지도 의문이고, 설령 뛰어든다고 해도 당내 경선에서 경쟁력이 있을지도 의문이다. 현미경 검증대도 통과해야 한다.

게다가 거의 친노 후보로 확정된 거나 마찬가지인 더불어민주당은 국민의당과 비교해 상대적으로 확장성이 떨어진다. 이번 총선에서 제1당이 되었다고는 하지만 막상 정당 득표율을 본다면 얘기는 달라진다. 대선에 임하는 자세도 차이가 난다. 친노패권주의가 당을 장악해 폐쇄적인 구조에 비해 대선 주자들의 문호를 개방하겠다는 국민의당은 상대적으로 유연한 자세를 취하고 있다. 만일 확장성 높은 안철수 대표가 국민의당의 대선 후보로 나올 경우, 보수 성향 이탈자, 중도층, 진보 성향의 유권자들의 지지가 쏠릴 가능성이 높다. 굳이 야권 후보 단일화의 방법을 택하지 않더라도 정권 교체가 가능하다는 뜻이다.

정한울 고려대학교 교수의 총선 결과 요약보고서에 관한 한국일보 기사를 살펴보면, 3당 체제가 가능했던 이유로는 단일화할 경우 국민의당 표 10명 중 4명만 더민주를 지지할 것으로 나타난 여론조사의 분석 결과를 들고 있다.

"지금까지 단일화 논의에서 마치 국민의당 표가 단일화만 하면 더민주당 표로 전환되거나 혹은 그 역이 성립하는 것으로 가정하는 것은 타당하지 않다는 것이다. 또한 더민주당의 경우 새누리당의 승리를 막기 위해 단일화를 해야 한다는 주장을 강력하게 제기한 바 있는데, 이러한 주장이 국민의당 지지자들을 설득하는 데 제한적이라는 것이다. 실제로 지역구 투표에서 국민의당을 지지한 지지자들의 경우 60.5퍼센트 이상이 이번 총선에서 새누리당이 승리할 것으로 예상하고 있었다는 점이다. 즉 새누리당이 총선에서 승리할 것으로 예상하면서도 자기 지역구에서 끝까지 국민의당 후보를 지지했다는 것은 독자적인 제3정당 노선에 대한 확신을 갖고 있는 것으로 볼 수 있다."는 것이다.

더불어민주당의 지지자가 새누리당을 지지하기가 힘들 듯이 새누리당의 지지자가 더불어민주당을 지지할 가능성은 낮다. 반면 새누리당과 더불어민주당 지지자가 대안으로 국민의당을 지지할 가능성은 훨씬 높다. 한국갤럽의 여론조사는 이를 뒷받침한다.

〈한국갤럽이 지난 4월 26~28일 전국 성인 남녀 1001명을 대상으로 유무선 전화 설문조사를 한 결과 21퍼센트의 지지를 얻은 안 대표는 17퍼센트에 그친 문 전 대표를 추월해 1위를 기록했다. 문 전 대표의 지지율도 한 달 반 전인 지난달 2주 차(8~10일) 조사 때보다 1퍼센트 포인트 상승해 올해 최고치를 기록했지만 무려 11퍼센트 포인트나 급등한 안 대표의 기세에 밀린 것이다. 한국갤럽 관계자는 "안 대표의 상승은 이번 총선에서 나타난 국민의당의 외연 확장에다 총선 패배로 마땅한 대선 주자가 없어진 새누리당의 지지층에서 10퍼센트 정도가 안 대표 쪽으로 옮겨간 때문"이라고 분석했다.〉(4/30 서울신문)

■ 추가 정계 개편의 필요성

2012년과 달리 2017년 대선에서 더불어민주당과 국민의당의 후보 단일화는 궁극적으로 어렵다. 통합을 가로막는 친노패권주의가 청산되지도 않았고, 정당의 지향점도 많이 다르다. 만일 국민의당이 제19대 대선에서 후보를 양보하는 경우에는 당의 존립 자체가 흔들릴 수도 있다. 친노나 운동권 출신 후보로는 표의 확장성이 떨어져 당선 가능성도 높지 않다. 하지만 더불어민주당은 차기 대선에서 제18대 대선 때보다 더 공격적으로 나올 가능성이 크다.

당 밖의 친위 언론이나 시민 단체와 같은 우군도 충분히 갖췄다. 온라인을 장악한 사이버 전사들도 아직 건재하다. 따라서 그들은 어떤 상황에서도 출마를 하려 들 것이고, 여론몰이를 하면서 단일화 압박을 시도할 것이다.

우선 단일화 룰을 정하기도 만만치 않다. 지난 대선에서 국민 후보 안철수는 민주통합당과의 후보 단일화 논의를 시작하는 순간 이미 패배의 길로 들어섰다고 해도 과언이 아니다. 정권 교체도 이루지 못했다. 제19대 대선은 후보 단일화 없이 선거를 치러야 한다. 여론조사로 단일 후보를 정하는 일은 더욱이 없어야 한다. 친노 언론의 공갈에도 견딜 수 있는 맷집도 키워야 한다. 대안으로 선택할 수 있는 결선 투표제는 새누리당이 반대할 가능성이 크다. 이런저런 난관이 있는 만큼 최우선적으로 다자 구도에 대비할 수 있는 독자적인 경쟁력을 키우고, 미리 정계 개편을 주도하는 것도 좋다.

최근 정치권 안팎에서 정계 개편이 화두다. 언론도 연일 핫 이슈로 다루면서 정계 개편에 촉각을 세우고 있다. 국민의당과 더불어민주당 비노와의 연합, 새누리당 비박과의 연합, 연정 등 국민의당과 관련해서도 여러 가지 시나리오가 흘러나오고 있다. 현재로서는 어디까지가 진실이고, 어디까지가 현실 가능한 것인지는 가늠하기 힘들지만 정치는 살아 있는 생물이고, 지금까지 정치권은 역대 예측 불허의 결과들을 자주 내놓았던 전례를 생각한다면 실현 불가능하게만 보였던 것이 현실로 다가올지는 그 누구도 알 수 없다.

다만, 확실한 것은 지난 제18대 대선과 같은 허망한 선택은 결코 되풀이되면 안 될 것이며, 향후 대선을 앞두고 어떤 변수가 발생할지도 모를 일이지만, 정치 돌발 상황에 의한 정국에 대처하기보다는 선제적으로 밑그림을 그려 나가는 것이 절실하게 필요하다.

▌달라진 안철수의 위상

고려대학교 정한울 교수는 4월 18일자 한국일보 기사를 통해 "제3당 체제의 구축은 역시 총선 과정을 통해 안철수 대표의 리더십 강화 과정의 산물로 볼 수 있다. 지난 3차 조사에서 가장 관심이 가는 정치인으로 22.3퍼센트의 가장 높은 응답을 받은 바 있는데, 이번 조사에서는 30.9퍼센트까지 상승했다. 2월 만 해도 군소 후보로 전락하고 원내교섭단체 구성 전망도 불투명했던 상황을 고려하면 총선 과정을 통해 이러한 우려를 불식시키며 국민의당 3당 체제를 안착시키는 과정에서 보여 준 역할에 대한 관심을 끄는 데 성공한 셈이다.

3당 체제 등장으로 안철수 대표 및 국민의당의 캐스팅보트 역할이 가능했다. 뿐만 아니라 제20대 총선 과정을 통해 안철수 대표는 유승민 의원과 함께 총선 전후로 호감도가 개선된 대표적인 정치인이다. 안철수 대표의 호감도가 좋아졌다는 응답이 39.1퍼센트, 유승민 의원은 34.6퍼센트로 이번 총선이 기회의 장이 된 셈이다. 문재인 전 대표나 박근혜 대통령, 김무성 대표와 김종인 대표의 경우 나빠졌다는 응답이 좋아졌다는 응답을 상회한다.(중략)"며 신당 창당과 총선 과정에서 강한 리더십을 보인 안철수 대표에 대한 국민적 호감이 다시 높아지고 있음을 데이터로 설명해 주고 있다.

유창선 정치 평론가는 〈안철수에 대한 재평가〉라는 칼럼을 통해 안철수 의원의 정치적 성장을 다음과 같이 평가하고 있다. "이번 총선을 거치면서 그는 정치인으로서 다시 태어나는 모습을 보여 주었다. 온갖 비난과 조롱 속에서도, 3당 체제가 필요하다는 자신의 주장이 옳았음을 입증해 보였다. 제1야당에서 혼자 뛰쳐나와 이런 성과를 만들어 낸 것은 결코 과소평가할 일이 아니다. 그는 우리가 가르쳐야 한다고 하수(下手) 대하듯이 바라볼 정치인이 더 이상 아니다."(5/11 주간경향)

안철수 대표는 2014년 민주당과의 통합으로 인한 새 정치 구현 실패의 과정에서 성공의 리더십을 터득했다. 진정한 리더십이란 실패에서 교훈을 찾는 리더십이다. 정치권의 운명을 갈라 놓는 극적인 결단과 뚝심으로 이미지에도 긍정적인 변화를 가져왔다. 창당 초기 메시지 전달 오류로 인한 추락과 내부 총질, 외부의 극심한 견제를 극복하고 총선에서 특히 호남 전체 의석 28석 중 23석을 석권하며 호남 민심을 얻었다는 것은 큰 의미로 와 닿는다.

국민의당은 시종일관 정책 대결을 원했고, 선거 중반 잇따른 교육 개혁안을 내면서 교육 혁명 정당임을 주장했고, 각계각층의 전문가 집단을 영입하면서 민생 경제 정당으로서의 비전을 제시했다. 더불어민주당의 야권 분열 흑색선전에 맞서 야권 확장이라는 논리로 중원을 공략하여 좋은 성과를 냈다. 만일 더불어민주당이 주장한 대로 새누리당이 과반수 이상을 차지하고 야권이 참혹한 패배로 끝났더라면 현재 더불어민주당이나 방송, 언론에서 안철수를 가만히 놔두었겠는가.

안철수 대표는 더민주당에서의 탈당과 신당 창당, 그리고 총선에 이르기까지 무수한 내부 총질과 양당으로부터의 공격을 받았지만, 예전과 완전히 달라진 흔들림 없는 맷집과 묵직한 돌직구를 갖추고, 담대한 결단력으로 안철수에서 강철수, 그리고 심지어 깡철수라는 호칭까지 얻었다. 기득권 세력이 더 이상 얕잡아 볼 수 없는 정치 거목으로 거듭나는 순간이었다.

　당 안팎의 야권 연대 으름장에도 굴하지 않고 제3지대를 뚝심 있게 지켜 냄으로써 중도층으로부터 믿음을 얻어 냈고, 나아가 호남의 민심도 얻어 냈다. 창당 초기, 신생 정당치고는 다소 올드한 느낌을 주었던 국민의당이 창당 후에는 의식적으로 청년층을 공략하는 정책 제시와 젊은 트렌드를 표방하는 적극적 선거 마케팅을 통해 이미지 변신을 위한 노력을 기울였고, 상당 부분 효과를 거두었다. 언론에서 잘 다루어 주지는 않았지만 네거티브 선거가 아닌 교육 혁명과 민생 경제에 중점을 둔 정책 선거를 치른 점도 플러스 요인이었다.

■ 2017 대선, 안철수에게 기회를 주어야 하는 이유

안철수 현상은 살아 있다

안철수 의원의 새정치민주연합에서의 혁신 논쟁, 탈당에서 신당 창당, 그리고 총선 결과에 이르기까지 일련의 과정에서 확인할 수 있었던 것은 '안철수 현상'의 건재함이었다.

'안철수 현상'은 기성의 정치와는 차별화된, 그리고 차별화하라는 국민의 바람이자 명령이다. 일례로 안 의원이 민주당과 통합으로 외관상으로는 제1야당에 합류하여 제1야당을 혁신할 수 있는 기회를 얻는 듯 보였지만, 안철수 개인에 대한 지지율은 곤두박질 쳤고, 실질적으로 민주당이라는 기성 정당 안에서는 제대로 힘을 발휘하지도 못했다.

당과 혁신 논쟁이 가속화되고, 탈당 여부에 대한 여론이 뜨거워졌을 시점에도 안 의원이 만일 탈당한다면 정치 생명이 끝날 것이라는 다수의 전망과는 다르게, 10퍼센트 미만의 낮은 지지율의 장기 고착화가 진행되던 시점에서 오히려 주류와 각을 세우기 시작하면서 지지율이 반등하며 다시 세간의 기대를 받기 시작한 것도 그 이유이다.

성공적으로 제3지대 신당을 창당함으로써 '사람이 모이지 않는다.'는 일각의 비아냥거림과 우려도 보란 듯이 떨쳐냈다. 현역 의원들과는 별개로 당을 구성하는 기초적인 사람들이 자발적으로 모여들기도 했고, 정치 신인들과 각계각층 전문가들을 영입해서 세를 불리기도 했다.

총선 성적도 좋았다. 원내교섭단체 구성 요건인 20석 확보는 물론, 38석이라는 안정적인 의석수를 확보하였다. 결국 2009년부터 시작된 '안철수 현상'이 소멸되지 않고 현재 2016년까지도 지속되고 있는 것으로 본다면, 이는 일시적인 반짝 현상이나 인기와는 차원이 다르다는 뜻이다. 따라서 안 의원이 앞으로 지금보다도 더 정치권에서의 쓰임새가 많고, 그럴 기회가 더 많다는 점이다.

중도층 표심을 움직이는 인물이다

중도층의 표심은 굉장히 중요하다. 중도층은 평소 정치적인 속내를 잘 드러내지도 않고, 정치권과 적정 거리를 두기도 하며, 실제로 선거에서 투표 참여율이 낮은 층이기도 하다. 그런데 안철수는 중도층의 표심을 가장 잘 반영하는 인물이다.

안철수가 독자 신당을 만들어 주도적으로 움직이자 중도층도 함께 움직였다는 것이 확인되었다. 지난 대선 때 민주당이 안철수를 전략적으로 끌어들인 이유도 안철수의 지지율이 필요했고, 안철수 후보가 사퇴하고 나서 민주당 후보를 도왔기 때문에, 그리고 민주당 후보도 유세에 안철수를 적극 홍보하며 안철수 지지층을 끌어들이는 데 공을 들였기 때문에 48.02퍼센트의 득표율도 가능했던 것이다.

국민의당의 경우도 중도 성향으로서는 최초로 총선을 통해 30석을 넘긴 제3지대 신당이다. 정권 교체를 하기 위해서는 중도층의 적극적인 투표 참여와 지지가 전제가 되어야만 가능하다. 현재 중도층의 표를 가장 잘 흡수할 수 있는 인물이 안철수이다. 안철수는 중도층뿐 아니라 좌우 모두를 아우를 수 있는 국민통합형 인물이다.

호남의 민심을 얻었다

정권 교체를 위해서는 중도층뿐 아니라 호남 민심의 절대적인 지지가 있어야 가능하다. 그런데 제18대 대선에서 호남은 민주통합당 문재인 후보에게 전북에서 86퍼센트, 전남에서 89퍼센트, 광주에서 무려 92퍼센트로 표를 몰아주었음에도 불구하고 정권 교체에 실패했다. 후보자의 확장성의 한계 때문이었다. 문제는 호남의 몰표에도 불구하고 친노의 호남 홀대는 계속되는 반면, 친노패권주의는 오히려 강화됨으로써 당이 쪼개지는 사태에 이르렀고, 이번 총선에서 호남은 친노의 퇴장을 명령하게 된 것이다.

호남의 국민의당에 대한 지지 모두가 곧 안철수 개인에 대한 지지라 볼 수는 없지만, 안 의원이 친노 세력의 대체제 역할의 중심에 서 있는 것은 분명하다. 이른바 '안풍'의 진원지도 광주, 호남이었고 국민의당 창당의 주도적 역할을 해냄으로써 이제는 제3지대 신당의 공동대표로서 당당히 평가받을 수 있는 위치에 섰다.

차기 대선에서 유권자들의 선택의 폭이 넓어진 만큼, 호남 민심도 이제는 '미워도 다시 한 번'보다는 실제로 밀어 주고 싶은 사람, 될 만한 사람에게 표를 몰아주는 전략적 선택이 가능해졌다.

총선에서 드러난 호남 민심은 최소한 친노 후보는 더 이상 아니라는 것이며, 이런 현상은 일시적인 것이 아니라 오랫동안 누적되어 온 친노패권주의에 대한 심판의 성격이 강하기 때문에 적어도 친노 후보가 다시 예전처럼 전폭적인 지지를 받을 가능성은 희박해졌다.

시대정신에 가장 부합하는 인물이다

'안철수 현상'의 핵심은 기성 정치권으로부터가 아닌, 기성 정치권과 차별된 인물의 정치권 진입을 통한 정치 쇄신을 의미한다. 과거, 대다수 정치인들은 미리 자신의 정치 비전을 선포해 놓고 국민들이 그것을 이해하고 지지해 줄 것을 설득해 왔지만, 안 의원의 경우에는 먼저 국민으로부터 부름을 받았다는 것도 가장 큰 차이점이다.

기성 정치권에 대한 실망과 피로감이 새로운 인물의 등장을 간절히 열망하고 기대감을 표출한 것은 곧 기득권의 위기를 의미한다. 특히 특정 계파패권주의나 운동권 출신이 주류를 형성하고 있는 민주당에겐 큰 위협이었다. 과거 독재 대 민주의 구도는 문민정부의 탄생, 정권 교체 등으로 자연스럽게 소멸되는 정치적 과도기에 전략 공천에 의해 제도권 안으로 대거 진출한 운동권 출신 인사들이 나름의 한도 풀었고, 역할도 있었다. 그런데 그다음이 문제였다.

시대적 가치가 바뀌었음에도 불구하고 여전히 화석화되고 경직된 사고방식에서 벗어나지 못한 낡은 관습이 새로운 가치관과 충돌하기 시작한 것이다. 낡은 생각으로는 시대적 가치를 담아낼 수 없다.

안철수는 IT강국으로 성장한 한국이 세계화의 중심에 설, 시대 정신에 부합하는 정치 지도자상에 부응한다. IT기업 CEO 출신인 안 대표는 국민의당 창당 후 총선에서 비례대표 후보 1번에 신용현 한국표준과학연구원장, 비례 2번에는 오세정 서울대 물리천문학부 교수를 배치했다. 안철수다운 선택이었다.

뛰어난 학습 능력이 있다

안철수 대표는 과거 "지난 3년이 30년 같았다."며 '압축 경험', 때로는 '농축 경험'이라는 말을 종종 인용하며 정치 입문 후의 자신의 정치 역정에 대한 소회를 밝히기도 했는데, 실제로 안 대표는 다양한 경험뿐 아니라 여러 시행착오도 겪었다.

아무리 국민의 부름으로 정치를 시작했다고는 하나, 기득권과 경쟁하고 견제를 받아야 하는 현실 정치의 벽은 정치 신인에게는 굉장히 높았다. 게다가 안 의원 스스로 민주당과의 통합이라는 정치적 선택을 하면서 여러 크고 작은 실패를 경험했다. 하지만 스스로도 '농축 경험'이라고 표현할 만큼 수많은 일들을 겪는 동안에 정치적 내공은 짐짓 쌓여 갔다.

청춘콘서트를 도입한 노원 토크 콘서트나 좌담회를 정기적으로 해 나가고, 뼈아픈 좌절을 겪고 나서 차분히 복기하면서 반성도 하고, 치열한 내부 토론도 거치면서 내실을 다졌다. 최근에는 심지어 그동안 안철수를 지지하지 않았던 이들의 입을 통해서도 안철수가 많이 달라졌다는 말을 어렵지 않게 들을 수가 있는데, 이는 안 의원이 절박함에서 터득한 정신력과 뛰어난 학습 능력이 있었기에 가능했다.

뚝심 있는 캐릭터로 변모했다

안철수 의원은 외유내강형이다. 우선 외모가 선한 이미지이다. 화법도 여의도 화법과 많이 다르다는 소리를 들어 왔다. 타격 대상에 대해 직설적인 표현을 동원하지 않다 보니 강한 화력에 익숙한 정치권에서 낯설게 여겨졌던 것은 확실하다.

현실 정치에 몸을 담기 전에 호감을 느꼈던 정감 있는 이미지가 현실 정치에서 성공의 전제조건이 될 수는 없었다. 정치 지도자의 반열에 오르기 위해서는 사적인 검증뿐 아니라 정치력, 리더십, 추진력, 결단력, 콘텐츠 등을 두루 갖추어야 가능한데, 우선 가장 부족했다고 여겨졌던 캐릭터 부분이 많이 달라졌다.

탈당과 창당, 총선을 거치면서 '착한 안철수'는 '강철수'로 거듭났다. 맷집은 물론이고 돌직구도 어렵지 않게 구사하고 있다. 아무리 좋은 심성과 콘텐츠를 가지고 있다 하더라도 정무적인 판단, 타이밍을 놓치지 않는 동물적 감각의 결단력, 사람을 모이게 하는 흡인력과 리더십, 뚝심을 갖추기란 쉬운 일이 아니다. 그런데 이번에 안철수는 이를 몸소 보여 주었다. 당 내부의 안 대표의 정치력에 대한 의구심도 해소시켜 준 계기가 되었다.

현미경 검증을 통과한 인물이다

현재 정치권에서 안철수 대표만큼 혹독한 검증을 거친 인물은 없다. 각종 사적인 루머, 왜곡, 허위사실 유포에 시달리면서 정계에 입문했고, 아직도 인터넷상으로 터무니없이 날조된 비방글들이 가장 많이 조직적으로 유포되는 인물도 안철수가 유일하다. 어처구니없는 사생활 문제, 집안 내력을 만들어 유포하는가 하면, 공식 발언조차도 많은 매체들이 비틀고 교묘히 편집하여 기사를 내면서 흠집을 내어도 살아남았다. 나름 상처도 컸지만 그런 가운데에서 오히려 더 성장을 했다. 정치력, 리더십, 콘텐츠도 갖췄다. 정치를 하면서부터는 사람과의 관계에 있어서는 조심스럽고 신중한 성격이다 보니 오해도 많이 받았지만 그만큼 뒷거래가 없고 깨끗하다는 뜻이다. 지도자로서의 높은 도덕성을 갖춘 것이다.

경제 콘텐츠를 갖추고 있다

안 대표가 최근 가장 부각시키고자 애쓰는 부분 중 하나가 경제 콘텐츠이다. 그것은 곧 '공정성장론'으로 상징화되고 있으며, 중소기업과 대기업 간의 격차 해소를 통한 부의 공정한 분배와 균형 있는 성장을 말하고 있다. 특히 '공정성장론'은 낡은 책상에서 나온 이론이 아닌, IT기업을 성장시키면서 현장에서 터득한 경제 이론이며, 대선 때 안철수 대선 캠프의 '경제민주화, 복지와 혁신 성장의 선순환 시스템'인 '두 바퀴 경제'의 연장선이다. 그동안 경제 문제에서 안 대표를 도와 온 장하성 교수의 제자로 알려진 경제 개혁 전문가인 채이배 경제개혁연구소 연구위원이 비례 6번에 배정받아 당선됨으로써 더욱 완성도를 높일 수 있게 되었다.

이제는 양보를 받을 차례이다

누가 뭐래도 안 의원은 양보의 미덕을 말이 아닌 행동으로 보여 준 인물이다. 2011년 10.26 서울시장 재보궐선거 당시 50퍼센트라는 고공의 지지율을 가지고도 5퍼센트의 박원순 후보에게 양보한 일, 제18대 대선에서 박근혜 후보와의 가상의 일대일 구도에서 가장 경쟁력 있는 후보였음에도 후보를 사퇴한 일, 2014년 6.4 지방선거를 앞두고 민주당과 통합한 일 등이다.

아름다운 양보, 통 큰 양보를 실제로 보여 주었지만, 반면에 이런 사실이 독이 되기도 했다. 정치판은 양보가 능사는 아니란 것을 보여 주는 비정한 세계이다. 권력은 주어지는 것이기도 하지만, 스스로 권력 의지가 강해야 가능하기도 하다.

어쨌든, 현재까지 이렇게 양보하고 내려놓은 인물은 전무후무하다. 이제 이런 선한 선택에 대해서도 보상받을 때도 됐다고 생각한다. 더 이상 안철수를 불쏘시개로 이용하면서 양보를 강요하는 파렴치한 행위는 중단해야 한다. 이제는 안철수에게도 기회를 주어야 한다.

에필로그 : 2017 담대한 혁명을 기다리며

제20대 총선의 가장 큰 의미라면 정치 공학적 연대나 단일화 프레임에서 탈피하여 이제 우리 정치도 제3정당이 독자 생존할 수 있다는 것을 입증한 것이다. 정치의 양극화, 양당 체제에서 마음 둘 곳 없는 유권자들이 선택할 수 있는 폭이 넓어졌다는 것이다. 제3정당의 출현은 특히 제1야당이 특정의 정파와 계파주의에 의해 야권 전체를 지배하는 독과점적 패권주의의 틀을 깨는 단초가 되었다. 제3의 신생 정당의 총선 38석이라는 결과는 구태 정치와 결별하라는 국민의 엄명이다.

선거일이 되면 중도 무당층은 투표를 포기하고, 보수는 야당을 찍지 않으며, 진보는 여당을 찍지 않는 굳건한 구도도 크게 흔들리게 되었다. 더 이상 정치 공학적 나눠 먹기식 야권 연대도 통하지 않는다는 것을 보여 주었다. 야권 연대는 이미 정치적 생명을 다 했고, 우리의 정당 정치는 새로운 기로에 서 있다. 성공적인 다당제로 갈 수 있는 귀중한 자산을 얻은 뜻깊은 총선이기도 하다.

본 책의 프롤로그에서도 기술한 바 있지만, 제20대 총선에서 제3정당이 얻은 의석수와 전국 정당 득표율은 대선에서도 빛을 발할 수 있는 소중한 지표이다. 이제 국민의당은 다가오는 제19대 대선에서 담대한 결정을 해야 하고, 거기에 맞춰 준비해야만 한다. 즉, 대선 다자 구도를 통한 집권 플랜이 바로 그것이다. 사실상 대권 후보가 거의 결정된 거나 마찬가지인 더불어민주당의 폐쇄적인 정당 시스템과 비교해 안철수 대표가 언급했듯이 모든 대권 후보들에게 문이 열려 있는 국민의당이 더욱 확장성이 있는 것은 틀림없다.

대선을 앞두고 친더불어민주당 진보 언론들, 종편 채널, 재야 원로, 시민 단체, 각계각층의 친문 지식인들, SNS의 극렬 사이버 전사들이 지난 대선과 마찬

가지로 전방위적으로 국민의당에게 집중 포격을 가할 것이고, 야권 단일화의 압박도 드셀 것이다. 단순 야권 단일화뿐 아니라 친노 후보를 야권 단일 후보로 내세우기 위해 상상을 초월한 일들이 벌어질 게 틀림없다.

국민의당은 이에 절대 흔들려선 안 된다. 2017 대선을 위해서는 아예 머릿속에서 '후보 단일화'라는 글자는 삭제해 버려야 한다.

필자는 대선 전에 제2의 정계 개편이 있을 것으로 예측한다. 정치 지형이 현재와 또 다른 국면에서 대선이 치러질 가능성이 크다. 그 열쇠는 새누리당도 더불어민주당도 아닌 국민의당이 쥐고 있다. 다시 한 번 강조하지만 제20대 총선의 결과에서도 나타났듯이 야권에서는 국민의당만이 보수표를 잠식하고 중도층을 움직일 수 있다. 건전한 진보 유권자들의 표도 흡수할 수 있다. 정권 교체의 열쇠를 쥐고 있는 호남의 민심도 얻었다. 호남을 제외한 나머지 지역에서 높고도 고른 정당 득표율을 얻었다. 야권 취약 지역인 영남에서의 득표율도 높았다.

국민의당이 앞으로 잘 준비한다면 대선에서의 투표율도 당연히 높아질 수밖에 없다. 밑그림을 크게 그려 치밀하게 준비하고, 담대하게 나아가라. 그리하여 2017 정치 혁명을 완수하자.